DER TÜRKISE UNTERNEHMER

Stuber Publishing

DER TÜRKISE UNTERNEHMER

Genialität anstatt Komplexität

Bewusstsein | Führung | Strategie

von Rudolf Bleicher &
Ulrike Bleicher-Rapp

Umschlaggestaltung: Vesna Jüttner, wvj GmbH
Foto Cover: © Gunnar Assmy (Fotolia.com)
Layout: Vesna Jüttner, wvj GmbH
Korrektur: Susanne Sirius
Verlag: Stuber Publishing (StuberPublishing.com)

Angebot für Unternehmer

Sie sind Unternehmer und wollen den nächsten Entwicklungsschritt für sich und Ihr Unternehmen angehen?

Am Ende des Buches finden Sie einen Bonus für eine kostenlose Potenzialanalyse für Ihr Unternehmen im Wert von €1250.- inklusive einem persönlichen Telefoncoaching.

Die Analyse zeigt Ihnen detailliert Ihre größten Engpässe auf, und gibt Ihnen eine Schritt-für-Schritt-Anleitung, wie Sie diese Engpässe auflösen und somit neues Wachstum für sich und Ihr Unternehmen ermöglichen.

Weitere Informationen finden Sie unter:

www.integrale-unternehmerschule.de

www.Q8SL.de

Inhaltsverzeichnis

Kurzes Vorwort der Autoren

Dieses Buch, welches wir ganz bewusst in Form einer Geschichte geschrieben haben, erzählt von 6 Unternehmern, die in dem Moment ganzheitlich erfolgreich wurden, als sie ihr wirkliches WARUM finden und leben.

Wir haben absichtlich diese Form gewählt, obwohl Geschichten und das Erzählen von Geschichten vielleicht ein wenig aus der Mode gekommen sind und man in der Welt des Unternehmertums vielleicht auch eher ein Buch ausschließlich mit Zahlen, Daten und Fakten erwartet hätte.

Uns war jedoch wichtig, dass dieses Buch erfolgreiche Konzepte und Tools nicht nur theoretisch vorstellt, sondern vor allem zeigt, was diese Konzepte in der persönlichen Geschichte der Menschen bewirken können.

So ist ein Business-Roman entstanden, der aus mehreren Lebensgeschichten besteht, die so zwar nicht gleichzeitig passiert sind, jedoch fast ausschließlich auf unseren wahren, persönlichen Begebenheiten beruhen oder auf Begebenheiten, die unsere Kunden (Namen wurden selbstverständlich geändert) bei der Umsetzung dieser Konzepte erlebt haben, entweder im

Einzelcoaching oder im Rahmen unserer integralen UnternehmerSchule.

Wir alle, die gesamte Menschheit, befindet sich jetzt an der Schwelle in ein neues Zeitalter – in ein neues Denken und Bewusstsein. Es wird hohe Zeit, diesem Denken auch unser Unternehmertum anzupassen.

Um als Unternehmer der „Neuen Zeit“ ganzheitlich erfolgreich zu sein, müssen die Werkzeuge und Tools, die man einsetzt, ebenfalls ganzheitlich beziehungsweise integral sein.

Wir sind davon überzeugt, dass es für die „Neue Zeit“ eine neue Generation von Unternehmern braucht. Wir nennen diese *‚TÜRKISE UNTERNEHMER'.*

Wir wünschen uns, dass Sie sich von diesen Geschichten inspirieren lassen, Ihren Weg als Unternehmer noch erfolgreicher und bewusster zu gehen - ganzheitlich und vielleicht auch als TÜRKISER UNTERNEHMER für die „Neue Zeit“.

Kapitel 1

Irgendetwas stimmt hier nicht

Paul Herter war 37 Jahre jung und hatte nun doch schon über 8 Jahre als Unternehmer eine durchaus ansehnliche Karriere hinter sich. Zwar musste er sein Unternehmen nicht wie viele seiner Kollegen bei Null beginnen, denn er hatte den Betrieb seines Vaters übernommen, aber es war vor 8 Jahren noch ein kleiner 14-Mann Betrieb mit knapp 1,5 Millionen Umsatz.

Inzwischen war das Unternehmen auf 58 Mitarbeiter angewachsen und der Umsatz hatte sich fast versiebenfacht. Eigentlich konnte Paul sehr zufrieden sein, denn viele seiner Ziele hatte er, trotz großer Bedenken seines damaligen Umfelds, erreicht. Als Paul den elterlichen Betrieb übernommen hatte, tat er dies mit viel Enthusiasmus, noch mehr Ideen und wirklich großen Zielen. Aber seit einiger Zeit spürte er eine gewisse Stagnation. Irgendwie wurden die Dinge immer komplizierter, brauchten mehr Zeit und gingen ihm nicht mehr so leicht von der Hand wie das ursprünglich einmal der Fall war.

Zu Beginn seiner Karriere war er ein richtiger Senkrechtstarter. Bei allem was er anfasste, bewies er ein richtiges Goldhändchen und sein Unternehmerleben meisterte er mit großer Leichtigkeit und der Erfolg schien ihm einfach zuzufliegen. Das war, wenn er an manchen Abenden in Ruhe über sein Leben nachdachte, seit über einem Jahr nicht mehr wirklich so. Und wenn er ganz ehrlich zu sich selbst war, kam ab und an eine gewisse Angst in ihm hoch, ob sich das Blatt eventuell wendete und ob er sich vielleicht sogar schon Sorgen um sein Unternehmen machen müsste.

Dies waren jedoch nur sehr flüchtige Augenblicke, die er dann auch gleich wieder verwarf und am anderen Tag wieder mit richtig viel Einsatz und Motivation die Dinge vorantrieb. Meist folgten darauf auch sofort wieder positive Ereignisse. Entweder es tauchte unerwartet ein neuer Kundenauftrag auf, oder es wurde eine neue Idee für neue Kundenangebote entwickelt.

Nach einigen Monaten jedoch stellte Paul fest, dass sich dieses Muster, vom Auf und Ab der Gefühle, immer in kürzeren Abständen wiederholte. Und über einen Zeitraum der letzten 6 Monate betrachtet, war die Geschäftsentwicklung eher stagnierend. Paul begann sich, mehr und mehr Sorgen zu machen. Er versuchte zwar, sich nichts anmerken zu lassen, aber irgendwann nahm ihn Oliver, einer seiner langjährigen Mitarbeiter, zur Seite und sprach ihn direkt an: „Paul, was ist eigentlich los? Du wirkst müde, nervös und kraftlos – gibt's Probleme in der Firma?"

Paul war richtig schockiert. Er war eigentlich sicher, dass er seine Probleme so gut verbergen konnte, dass dies im Außen nicht auffallen würde. Schließlich hätte dies äußert fatale Folgen, wenn sein Umfeld etwas von seinen Bedenken und Problemen und seinen innerlichen Kämpfen bemerken würde.

Was würden seine Kunden tun, wenn sie mitbekommen würden, dass er ab und an darüber nachdachte, ob sein Unternehmerleben, so wie es jetzt war, überhaupt noch Sinn machte? Sicherlich würden sie ihren nächsten Einkauf bei ihm gründlich überdenken. Denn nichts kann gefährlicher sein, als der Einkauf teurer Produktionsgüter bei einer Firma, die es eventuell bald nicht mehr auf dem Markt gibt.

Gleiches galt natürlich auch für seine Mitarbeiter. Wie schnell würde er seine besten Leute verlieren, wenn diese bemerken würden, dass er sein Unternehmen infrage stellte. Gute Fachkräfte wissen, dass sie gefragt sind, und können sich sichere Arbeitsplätze inzwischen aussuchen. Und dann auch ganz zu schweigen von den Banken. Bildlich stellte er sich vor, wie er in einem offenen Bankengespräch zu seinem Kreditsachbearbeiter sagen würde: „Wissen Sie Herr Maier, in letzter Zeit stelle ich mir immer öfters die Frage, ob das Ganze so wirklich Sinn macht und ob ich mich noch auf dem richtigen Weg befinde" - und wie der Sachbearbeiter mit Schweiß auf der Stirn und ängstlich weit aufgerissenen Augen versuchte unauffällig den roten Knopf unter seinem Schreibtisch zu drücken, der in solchen Fällen automatisch sämtliche Konten sperrte und alle Darlehen sofort fällig stellte.

Genau diese Gedanken hatte Paul in den letzten Monaten immer wieder erfolgreich mit positivem Denken weggewischt und ganz bewusst darauf geachtet, dass er auch optimistisch und positiv rüber kam. Und nun knallte ihm sein Mitarbeiter diese Aussagen vor den Kopf.

„Nein, nein“, beschwichtigte Paul. „Alles im Lot. Man macht sich halt so seine Gedanken. Schließlich ändern sich viele Dinge ja ständig und da will manches schon immer gut überlegt sein.“

„Ja Chef, da hast Du sicherlich recht“, erwiderte Oliver. „Barbara hat neulich von einem Seminar erzählt, von dem ihr Chef mit großer Begeisterung zurückkam.“ Barbara war Olivers Frau und die rechte Hand eines sehr erfolgreichen Unternehmers mit 250 Mitarbeitern in der Nachbargemeinde.

‚Die Fallen der Veränderung - wie sich Unternehmer aus der Sackgasse der Komplexität befreien' – so hieß der Titel, glaube ich. Wenn Du willst, kann ich Barbara mal fragen, ob sie dir die Unterlagen besorgen kann.”

„Sehr gerne“, erwiderte Paul, und versuchte dabei nicht berührt zu wirken. „Schau ich mir bei Gelegenheit gerne mal an.”

Zwei Tage später lagen die kopierten Unterlagen bei Paul auf dem Schreibtisch. Barbara hatte diese mit einer Notiz versehen, die lautete: „Lieber Herr Herter, anbei die Kopien des Seminars ‚Die Fallen der Veränderung - wie sich Unternehmer aus der Sackgasse der Komplexität befreien'. Ich darf Ihnen diese mit der Genehmigung meines Chefs gerne weiterleiten und Ihnen ausrichten, dass Sie sich bei Rückfragen gerne persönlich an Herrn Dornberg wenden können. Wenn Sie Interesse haben, melden Sie sich einfach bei mir und wir stimmen einen persönlichen oder telefonischen Termin ab. Herzliche Grüße Barbara Neubauer.”

Paul war etwas durcheinander. Einerseits war er sehr neugierig bezüglich des Inhaltes der Unterlagen, die vor ihm lagen. Andererseits war er ziemlich sprachlos über das Angebot dieses Herrn Dornberg. Augenscheinlich schien sich dieser erfolgreiche Unternehmer, genau wie Paul selbst, sehr mit Veränderungen und dem Gefühl sich in einer Sackgasse zu befinden, zu beschäftigen.

Aber völlig konträr zu dem Verhalten von Paul machte dieser Herr Dornberg das nicht heimlich still und leise, sondern ganz im Gegenteil ganz offensiv und zudem mit solch einer Begeisterung, dass er Paul sogar ein Gespräch zu seinen Erfahrungen mit diesem Thema anbot und das, obwohl sie sich persönlich überhaupt nicht kannten.

Am liebsten hätte Paul sofort zum Telefonhörer gegriffen. Aber damit das nicht ganz so sehr danach aussah, als ob er es nötig hätte, verschob Paul den Anruf. Das hatte auch noch 2 Tage Zeit, dachte er. Wichtig war jetzt erst einmal, dass er die Unterlagen hatte, um sich ein Bild zu machen.

Die Unterlagen waren relativ umfangreich und zum ersten Mal seit langer Zeit beschloss Paul, sich während den Geschäftszeiten frei zu nehmen. Er setzte sich ins Auto und fuhr mit seinen Unterlagen in ein gemütliches Café in der Nachbarstadt und verbrachte den ganzen Nachmittag damit die Unterlagen durchzulesen.

Vieles was er las, konnte er inhaltlich nicht wirklich zuordnen. Aber irgendwie überkam ihn das Gefühl, dass dies etwas für ihn sehr Bedeutendes sein könnte, und so ließ er sich nicht davon abbringen, die ganzen Unterlagen zu studieren.

Zwischenzeitlich war es schon später Abend geworden und als er das Café verließ, realisierte er erst, dass er über 6 Stunden mit dem Lesen der Unterlagen verbracht hatte.

Seine Frau Christine war nicht sonderlich erstaunt, dass er jetzt erst nach Hause kam. Auch mit dem Essen hatte sie nicht gewartet. Sie wusste, dass es immer mal wieder später werden konnte, weil Paul nochmals auf einen Termin weg musste oder eben auch verspätet wieder kam. Und dann hatte er in der Regel auch schon unterwegs gegessen.

„Wie war Dein Tag?“, begrüßte sie ihn mit einem mitfühlenden Lächeln, um sein Gemüt etwas aufzuheitern. „Ich weiß es noch nicht genau“, war seine ungewöhnliche Antwort. „Ich habe heute fast den ganzen Tag im Café verbracht.”

Dann erzählte Paul seiner Frau die Geschichte, wie Oliver ihn vor zwei Tagen wie aus heiterem Himmel darauf angesprochen hatte, ob es Probleme in der Firma gäbe, wie er dann heute die Unterlagen erhalten hatte und einfach nicht anders konnte, als sich den Nachmittag freizunehmen, um sich eben dieser Sache zu widmen.

So hatte Christine ihren Mann schon lange nicht mehr erlebt. Er schien irgendwie aufgekratzt, hoch motiviert und dennoch völlig durcheinander.

„Und, was steht denn in den Unterlagen?“, fragte sie ihn. „Ehrlich gesagt habe ich es nicht wirklich verstanden. Zwei Sätze gehen mir aber nicht mehr aus dem Kopf. „...Kompliziertheit entsteht dann, wenn Komplexität die Klarheit verliert. Und, „...auf Komplexität folgt Genialität.“ Und nach einer kurzen Pause fragte er: „Was meinst Du, soll ich diesen Herrn Dornberg bezüglich eines Gespräches anrufen?“

„Ich liebe es, wenn Du diese rhetorischen Fragen stellst“, erwiderte Christine. „Du hast dich doch schon entschieden, oder? Und das macht mich sehr glücklich, denn immer wenn Du dich innerlich schon entschieden hattest, hast du danach ganz tolle Ergebnisse erzielt. Das war beim Neubau so, als dir niemand zugetraut hatte, überhaupt eine Finanzierung zu bekommen. Oliver, ich und ein paar andere, die dich wirklich kennen, merken schon seit Längerem, das einige Dinge nicht so laufen wie es sein sollte, obwohl Du immer versuchst, gute Miene zu machen. Vielleicht ist es kein Zufall, dass dieser Kontakt gerade jetzt hereinschneit. Ich freue mich, dass Du dich dafür entschieden hast.“

Begegnung mit einem Unternehmer der anderen Art

3 Tage später stand Paul im Vorzimmer von Herrn Dornberg und fühlte sich sichtlich unbehaglich. Irgendwie konnte er sich mit der Situation noch nicht richtig anfreunden.

Er fühlte sich unwohl in seiner Haut. Er wusste nicht genau, was jetzt auf ihn zukam und das verunsicherte ihn deutlich. Er wusste nicht einmal genau, was er fragen sollte, weil er ja den Inhalt der Unterlagen nicht wirklich nachvollziehen konnte. Es war ja mehr dieses Gefühl, dass da was wirklich Wichtiges für ihn war, was er unbedingt kennenlernen wollte.

Es blieb keine Zeit mehr zum Überlegen, denn da ging auch schon die Tür auf und Herr Dornberg kam heraus. Er war ein sympathischer, großgewachsener Mann mit schon etwas grauen Haaren. Paul schätze ihn auf Anfang fünfzig.

Sein Jackett unterm Arm, über das ganze Gesicht schmunzelnd, begrüßte er Paul so herzlich, als ob es sich um einen jahrelangen Bekannten handelte. Er wandte sich kurz zu seiner Sekretärin mit den Worten: „Also Frau Neubauer, wir sind dann mal weg, einen schönen Tag noch und bis morgen."

„Wie weg - und was meint er mit ‚bis Morgen'?", ging es Paul blitzartig durch den Kopf. Es war 11:00 Uhr morgens und Paul hatte sich auf ein maximal 1 ½ stündiges Gespräch im Büro von Herrn Dornberg eingestellt.

„Ich hoffe Sie haben ein bisschen Zeit mitgebracht", fuhr Herr Dornberg fort. Mittwoch bis Freitag arbeite ich nur halbtags beziehungsweise von 07.00 bis 11.00 Uhr – und gehaltvolle Gespräche führe ich gerne an magischen Orten. Darf ich Sie zum Mittagessen in den Golfclub einladen?"

„Oh mein Gott", dachte sich Paul, „wo bin ich denn hier reingeraten? Was genau will dieser Mann von mir? Wenn sich das hier zu einen Akquise-Gespräch für irgendeinen dubiosen

Unternehmerclub entpuppt, der sich an magischen Orten trifft, wird das ein sehr kurzes Mittagessen. Nicht mit mir!“

„Ich möchte Ihre Zeit auf keinen Fall überbeanspruchen, ein oder zwei schöne Tassen Kaffee werden sicherlich ausreichen. Ich habe nur ein paar Fragen zu den Unterlagen, die Sie mir freundlicherweise haben zukommen lassen“, versuchte Paul die Situation zu entschärfen.

„Guten Kaffee haben die auch“, erwiderte Herr Dornberg und schon standen sie auf dem Hofgelände. „Ich schlage vor, wir fahren gemeinsam. Steigen Sie ein“, preschte Herr Dornberg erneut vor.

Nun endgültig, vollends überrumpelt, fügte sich Paul seinem Schicksal - wohl wissend, dass er nun zumindest für den Rest des Nachmittags aus der Nummer nicht mehr rauskam, schlicht und ergreifend aufgrund mangelnder Alternative der motorisierten Fortbewegung.

Nicht nur der Kaffee war wie versprochen wirklich richtig gut, sondern vor allem auch das exzellente Mittagessen.

„Wenn die Kochkunst auf den „magischen Ort“ zurückzuführen ist, sollte ich hier vielleicht mal einen Kochkurs machen“, dachte sich Paul – „oder zumindest mal wieder mit Christine ganz gemütlich zu zweit in Ruhe essen gehen.“ Unter diesem Gesichtspunkt gesehen, war die Küche sowie die Umgebung hier wirklich magisch und schön.

„Sie haben also die Unterlagen erhalten und haben noch Fragen dazu? In welchem Stadium Ihrer Krise stecken Sie denn?“, fragte Herr Dornberg. Da hatte Paul noch gerade eben das Essen und die Umgebung richtig genießen können, da riss ihn dieser Satz von Herr Dornberg wieder in die Realität zurück.

„Na ja, um eine Krise handelt es sich bei mir wohl kaum“, konterte Paul, und versuchte so souverän wie möglich zu erscheinen. „Ehrlich gesagt, bin ich eigentlich nur über die beiden Aussagen, ‚*Kompliziertheit entsteht dann, wenn die Komplexität die*

Klarheit verliert' und *‚auf die Komplexität folgt die Genialität'*, gestolpert. Und die Sätze haben dann mein Interesse geweckt. Die Unterlagen habe ich ehrlich gesagt nicht detailliert gelesen. Ich hatte noch keine Zeit dafür. Ich hatte gehofft, Sie könnten mir über den Inhalt eine kompakte Zusammenfassung geben."

Und dabei dachte er sich insgeheim: „Wow, das war jetzt aber eine tolle Retourkutsche - ich hab mein Gesicht gewahrt."

„Aber sehr gerne, genau dafür nehme ich mir ja die Zeit und Glückwunsch, wenn Sie sich zur Zeit in keiner Krise befinden", erwiderte Herr Dornberg. „Bei mir reiht sich zur Zeit eine Krise an die andere, aber genau das ist glaube ich das Erfolgsgeheimnis meines Unternehmens."

Das war wieder einer der Momente, die Paul völlig aus der Bahn schmissen. Wie konnte dieser Typ einfach so zugeben, dass er in einer Krise steckte, dabei seelenruhig im Golfclub mit einem fremden Menschen mittagessen und dann noch behaupten, Krisen wären sein Erfolgsrezept?

Paul war verwirrt und wusste nicht genau, wie er sich nun weiter verhalten sollte. Das war jedoch auch nicht notwendig, weil Herr Dornberg nun direkt auf den Punkt kam.

„Lassen Sie uns über die Unterlagen reden, deswegen sind Sie ja hergekommen. Und wenn Sie gestatten, muss ich aber zuvor noch etwas ausholen", sagte er. „Vor etwas mehr als 3 Jahren habe ich beschlossen zu versuchen, mein Unternehmerleben zu ändern. Ich bin jetzt 56 Jahre alt und gut 28 Jahre davon selbstständig. Gestartet bin ich mit einem gewissen Traum, vielleicht sogar mit einer Vision und ich habe es auch nie bereut. Aber nach einigen Jahren wurde es immer anstrengender, komplizierter und schwieriger diesen Traum auch wirklich zu leben. Manchmal deshalb, weil es zeitlich nicht möglich war, manchmal waren auch die finanziellen Möglichkeiten bescheiden bis erbärmlich. Und oftmals, in den wirklich guten Zeiten, als ich es mir eigentlich erlauben konnte ein gutes Leben zu führen, war ich einfach zu ausgelaugt und energielos, um mein Leben wirklich zu genießen."

Er holte tief Luft und fuhr dann fort: „Eigentlich gab es für mich persönlich nie wirklich die Alternative zum Unternehmertum, obwohl ich viele Möglichkeiten für ein einfacheres Leben gehabt hätte. Angebote hatte ich genug. Und es gab ab und an diese innere Stimme in mir, die mich immer wieder fragte, ob dies der Sinn meines Lebens sei."

Paul kam es in diesem Moment so vor, als hörte er sich selbst reden. Und wieder überkam ihn dasselbe Gefühl als er zum ersten Mal die Unterlagen durchgelesen hatte. Dieses Gefühl, das hier etwas Wichtiges vor sich ging - etwas, was eventuell sein ganzes Leben verändern würde.

„Ich hatte die Erfahrung in meinem Unternehmerleben gemacht, dass die Dinge einfach und leicht laufen können", fuhr Herr Dornberg fort, „aber ich hatte auch die Erfahrung gemacht, dass es schwer und zäh sein kann. Für mich stellte sich die Frage, warum ist bei mir und vielen anderen Unternehmern das Verhältnis von einfach und schwer eher 50/50, und das Ergebnis somit auf lange Sicht eher gegen Null oder nur wenig darüber.

Zumindest stand es für mich nicht im Verhältnis zu dem Einsatz, den ich gebracht hatte. Und ich stellte mir die Frage, was andere Unternehmer anders machten, bei denen das Verhältnis zu Leichtigkeit und Mühseligkeit eher im Verhältnis 80/20 oder noch besser stand und die damit ganz erstaunliche Erfolge erzielten."

Er fuhr fort: „Als ich mir diese Frage stellte, stolperte ich damals, genauso wie Sie jetzt, über diese 2 Sätze: *Kompliziertheit entsteht dann, wenn die Komplexität die Klarheit verliert. Und...auf Komplexität folgt Genialität.*"

Als Paul Herrn Dornberg so reden hörte, breitete sich sein positives Gefühl, das er schon beim Durchblättern der Unterlagen hatte, schlagartig über den ganzen Körper aus und verursachte eine Gänsehaut bis hoch in den Nacken, sodass es ihn sogar ein wenig zu schütteln begann.

„Man sagt, wenn einem ein positiver Schauer über den Rücken läuft, dass man dann von seiner Seele berührt wird“, bemerkte Herr Dornberg, während er sehr konzentriert in seiner Tasche die Unterlagen suchte.

„Wie hatte er das mitbekommen, dass genau so ein Schauer über meinen Rücken floss? War das Zucken so auffällig? Und eigentlich schaute Herr Dornberg doch in eine ganz andere Richtung – merkwürdig“, dachte sich Paul.

„...und führte Sie so zu diesen Unterlagen“, ergänzte Paul Herrn Dornberg. “Und so auch zur Beantwortung Ihrer Frage, wie Sie vom durchschnittlich erfolgreichen Unternehmer bzw. vom mal mehr und mal weniger erfolgreichen Unternehmer zum permanent erfolgreichen Unternehmer werden. Richtig?“

„Theoretisch ja, praktisch erst mal nicht“, erwiderte Herr Dornberg.

„Okay. Sie machen es aber sehr spannend“, bohrte Paul weiter. „Ich möchte mal vorgreifen, wenn Sie erlauben. Beinhalten diese Unterlagen ein Konzept, wie man dieses Ziel erreicht, und wenn ja, gibt es eine Quintessenz aus diesen Unterlagen?“

„Die Quintessenz ist“, dann kniff Herr Dornberg seine leuchtenden Augen etwas zusammen, als ob er sich ganz andächtig dem nächsten Satz nähern musste, „ich habe mich dafür entschieden, ein TÜRKISER Unternehmer zu werden, und jeder der diesen Weg geht, wird erfolgreich werden – auch wenn er nicht bei TÜRKIS ankommt.“

Ok, Paul hatte verstanden. Man konnte nicht die Quintessenz verstehen, wenn man noch nicht einmal die Basics verstanden hatte. Kein Mensch versteht die Quintessenz von Fußball, wenn er sich mit Fußball nicht auskennt, sondern lediglich weiß, dass es sich um ein Spiel handelt, in dem man mit einem Ball spielt.

Zumindest hatte Paul aber so viel verstanden: Herr Dornberg war früher augenscheinlich in einer ähnlichen Situation gewesen wie Paul es heute war. Paul war sich sicher, dass Unternehmertum sein Lebensinhalt war. Er zweifelte aber an dem Grad seiner Möglichkeit, Erfolg zu produzieren. Er spürte, dass es einen anderen, effektiveren Weg geben müsste, um erfolgreich zu werden.

„Wenn ich Sie richtig verstehe, haben Sie einen Weg gefunden, auf eine einfache Art und Weise erfolgreich zu werden. Könnte man das so sagen? Ist das die Quintessenz der Unterlagen?“, fragte er.

„Junger Freund“, Herr Dornberg nahm nun in seiner Stimme und seiner Gestik väterliche Züge an, „ich verstehe Ihre Ungeduld und gleichzeitig tut es mir leid, dass ich Ihnen nur scheinbar ausweichende Antworten geben kann – ich habe definitiv keinen einfachen Weg gefunden, denn den gibt es nicht.

Ich will es mal so ausdrücken. Ich habe einen weit weniger komplizierten Weg gefunden, der mich nicht nur erfolgreicher macht, sondern auch glücklicher, weil er zugleich zu mir selbst führt. Wer Ihnen einen einfachen Weg zum Erfolg verspricht, der lügt. Ich habe schon unzählige Versprechungen kommen und gehen sehen. Und ich gebe zu, dass ich auch schon so einigen falschen Versprechungen während meiner Unternehmerkarriere schmerzlich erlegen bin.

Interessanterweise lernt die Menschheit in diesem Punkt wohl nicht wirklich etwas dazu. Man bezahlt im Leben oft sehr teuer für Erfahrungen, die man selbst macht. Wenn man diese dann umsonst weitergeben will, will sie aber keiner haben. Aber das ist noch mal ein anderes Thema. Fakt ist, Abkürzungen gibt es nicht und unsere Welt wird immer komplexer und komplexer und das wird sich nicht ändern. Ganz im Gegenteil. Es scheint eher so zu sein, dass es unsere evolutionäre Aufgabe ist, uns immer weiter und weiter zu entwickeln. Und viele werden an dieser immer zunehmenden Komplexität scheitern und verzweifeln, das sieht man schon alleine daran, wie exorbitant hoch die Zahl der Burn-out Fälle insbesondere bei Unternehmern steigt.“

Herr Dornberg fuhr fort, „Ich habe einen Weg kennengelernt, wie man mit der Komplexität um ein Vielfaches einfacher umgehen kann, sozusagen den Schritt von der Komplexität zur Genialität. Ich habe den Weg des TÜRKISEN Unternehmers kennengelernt."

Fast andächtig machte er eine kleine Pause und holte tief Luft, bevor er weiter sprach. „Ich hatte schon vermutet, dass sich unser Gespräch nicht auf zwei Tassen Kaffee beschränken lässt und deshalb auch genügend Zeit reserviert, damit wir in die Tiefe gehen können. Aber nur, wenn Sie wollen. Und ich habe dafür einen Ort ausgesucht, der es zulässt, dass Sie diese Tiefe auch erreichen. Wenn Sie Lust und Zeit haben, heute tiefer zu gehen, stehe ich Ihnen gerne zur Verfügung. Wenn Sie sich heute überfordert fühlen, können wir gerne einen anderen Termin vereinbaren."

Bevor Paul nachfragen wollte, was ein TÜRKISER Unternehmer denn sei, schrieb er Christine kurz eine SMS, um Bescheid zu geben, dass es wohl sicherlich viel, viel später werden würde, als er zu Beginn vermutet hatte.

Die anfängliche Angst von heute Morgen im Vorzimmer von Herrn Dornberg, keine wirklichen Fragen an ihn zu haben, wich jetzt eher der Angst, die Zeit würde heute nicht ausreichen, alle Fragen beantwortet zu bekommen.

Prompt schrieb seine Frau zurück. „Ich freue mich auf Dich, wenn Du heute Abend heimkommst - hoffentlich mit dem unglaublich schönen Lächeln, das ganz tief aus Deinem Herzen kommt und mir sagt: Liebling, heute war ein toller Tag. Das habe ich schon so lange nicht mehr bei Dir gesehen und das vermisse ich – hab` Dich lieb", war ihre Antwort.

Es gab wirklich niemand, der ihn so gut kannte wie Christine. Es war in der Tat schon lange her, dass er seine große Begabung, gute Laune und gute Energie in seine Familie und in sein Unternehmen zu tragen, einsetzen konnte. Das lag jedoch nicht daran, dass er diese Begabung verloren hatte, vielmehr lag es daran, dass er nicht mehr in der Lage war, diese positive Energie in sich aufzubauen. Und irgendwie schien das in seiner Umgebung aufzufallen und seine Umgebung schien das auch zu vermissen. Oliver hatte ihn ja mit seiner Bemerkung diesbezüglich schon vor ein paar Tagen konfrontiert.

Paul und Herr Dornberg konnten sich nun also auf einen ausgedehnten Nachmittag einrichten – Open end sozusagen.

„Ich mache Ihnen folgenden Vorschlag“, eröffnete Herr Dornberg den Nachmittag. „Ich erkläre Ihnen Schritt für Schritt den Inhalt der Unterlagen und Sie notieren sich Fragen, die ich nach jedem Kapitel dann beantworte. So kommen wir zügig voran, Sie können in Ruhe folgen und offene Fragen gehen nicht verloren.“

„Einverstanden“, erwiderte Paul und legte sich gleich mal einen dicken Block zurecht, denn er vermutete, dass er viele Fragen haben würde. Beim Durchlesen der Unterlagen im Café vor ein paar Tagen war ja so gut wie nichts bei ihm hängen geblieben.

Herr Dornberg begann also. „Das Erste was ich gelernt habe, war, dass nur dann Kompliziertheit entsteht, wenn Komplexität die Klarheit verliert. Und wie wir beide wissen, ist nichts unproduktiver, als wenn etwas kompliziert wird.

Alles was kompliziert ist, verursacht früher oder später Probleme, und wenn diese Probleme auftauchen, handelt es sich in der Regel auch um keine einfachen Probleme, sondern um komplizierte. Was alles in Folge immer noch komplizierter und unproduktiver macht. Einmal in diesem Rad gefangen, ist es ungeheuerlich, schwer dem wieder zu entkommen.

Als ich das erkannte, entschied ich mich, neue Aufgaben in meinem Unternehmen zu übernehmen. Ich lernte aus den Unterlagen, das meine wichtigste Aufgabe als Unternehmer, die ist, dafür zu sorgen, dass die Ordnung in der Komplexität erhalten und steuerbar bleibt. Einer im Unternehmen sollte ständig das große Bild im Auge behalten und das kann nur der Chef selbst sein. Ähnlich wie bei den Mosaikbildern oder auch Pickdums. Kennen Sie solche Bilder? Im Kleinen bestehen sie aus vielen, vielen Einzelbildern, die erst dann als ein Bild zu erkennen sind, wenn man weit genug vom Bild weg steht. Stehen Sie zu nahe dran, sehen Sie zwar die einzelnen Bilder, diese haben aber in der Regel eine völlig andere Aussage, als das daraus entstehende große Gesamtbild.

Solange Ihr Unternehmen noch eine kleine Größe hat, ist es nicht notwendig, dass ein Einzelner dafür verantwortlich ist, ständig das gesamte Bild im Auge zu behalten. Das wäre auch nicht besonders produktiv, denn bei einem 3-8 Mann-Betrieb braucht man jede produktive Hand. Sobald jedoch ein Unternehmen wächst und eben damit auch komplexer wird, braucht es jemanden, der die Komplexität im Auge behält.

In meinem Unternehmen war das in den Zeiten, als wir die 20 Mitarbeiter-Grenze überschritten haben. Dann wieder beim Erreichen von 50 Mitarbeitern, bei ca. 80 und danach nochmals bei ca. 140 Mitarbeitern. Das ist jedoch bei jedem Unternehmen, je nach Branche, unterschiedlich. Das hängt auch davon ab, welche Farbe Sie als Unternehmer haben und welche Farbstruktur Ihre Mitarbeiter aufweisen."

„Genau, da war doch noch was", unterbrach Paul Herrn Dornberg. Er wollte ja vorher schon nachfragen, was ein TÜRKISER Unternehmer denn sei. Anscheinend spielten diese Metaphern bezüglich der Farben in den Unterlagen eine wichtige Rolle. Paul wollte seine Frage eigentlich gleich loswerden, aber Herr Dornberg kam ihm zuvor.

„Jetzt wäre ein guter Zeitpunkt, Ihre ersten Fragen einmal aufzuschreiben, damit wir dazwischen nicht unnötig unterbrechen müssen - ich nehme an, dass es vor allem bezüglich der Farben welche gibt. Auf der anderen Seite können Sie diese Frage dann später wieder streichen, weil ich ohnehin ausführlich nochmals darauf eingehen werde. Sie sehen also, dass wir, wenn wir nach diesem Prinzip arbeiten, am schnellsten voran kommen. Und das müssen wir auch, denn ich habe heute noch jede Menge Informationen für Sie."

„Irgendwie scheint dieser Herr Dornberg solche Gespräche mit Leuten wie mir schon öfters geführt zu haben", dachte sich Paul etwas verwundert. „Es scheint doch noch ein paar mehr Unternehmer zu geben, die sich in ähnlichen Situationen befinden wie ich." Das beruhigte ihn zwar nicht in eigener Sache, aber irgendwie fühlte er sich weniger alleine mit seinen Problemen als sonst.

„Bevor wir jetzt richtig in die einzelnen Kapitel eintauchen, müssen wir zuerst noch ein paar Fragen klären", fuhr Herr Dornberg fort. „Wie lange sind Sie jetzt schon Unternehmer?"

„Gute 8 Jahre", erwiderte Paul.

„Und warum?", schoss ihm von Dornberg sofort auch schon die nächste Frage entgegen.

Die Antwort von Paul war wesentlich weniger spontan. Im Gegenteil, viel mehr breitete sich erst einmal ein betretenes Schweigen aus, bis schon fast eine Peinlichkeitsgrenze erreicht wurde.

„Na ja", langsam hatte sich Paul dann doch wieder gefangen, „natürlich um erfolgreich zu sein. Ich möchte ein Unternehmen betreiben, dass gute Gewinne abwirft und mir einen guten Lebensunterhalt sichert."

„Tut mir leid, dann kann ich Ihnen leider nicht weiterhelfen, Sie haben kein Unternehmer-Gen", war die prompte Antwort von Herrn Dornberg, die wieder wie aus der Pistole geschossen kam.

So langsam hatte sich Paul an den immer wieder aufflammenden Sarkasmus von Herrn Dornberg gewöhnt und irgendwie mochte er seine provokante Art sogar. Er spürte, dass diese Vorgehensweise ihn zu Denk-Prozessen anregte, die er ansonsten wohl nicht denken würde. War es das, was Herr Dornberg vielleicht mit „tiefer einsteigen" gemeint hatte?

„Helfen Sie mir. Ich stecke gerade gedanklich fest“, war Pauls kurze und anerkennende Antwort, auf die Art wie Herr Dornberg mit ihm kommunizierte.

„Na ja, wenn es nur um das Geldverdienen geht, dann gibt es aber zwei bis drei wesentlich lukrativere Branchen als die Aluminiumbranche. Sie sind doch in der Aluminiumbrache?“

Paul nickte und Herr Dornberg fuhr fort: “Waffen-, Organ- oder Drogenhandel zum Beispiel wären da um einiges lukrativer. Wenn Ihr Ziel Gewinnmaximierung ist und Ihre einzige Strategie darin besteht, in der Aluminiumbranche 10 Stunden am Tag darauf zu lauern, ob nicht ein paar Brotkrumen abfallen, um Ihre Fixkosten zu decken, dann stimmt mich das nicht besonders zuversichtlich, bezogen auf Ihr Talent als Unternehmer.“

Paul war ziemlich verdutzt - das war jetzt schon sehr nahe an dem Punkt, an dem er innerlich schon so langsam an seine Grenzen kam. Er fragte sich, ob er sich das wirklich bieten lassen musste - schließlich stand er ja nicht vor seinem Konkursverwalter.

„Wissen Sie“, fuhr Herr Dornberg fort, und seine Stimme begann wieder, die beruhigende Schwingung eines großväterlichen Märchenerzählers anzunehmen, dessen Anziehungskraft man sich einfach nicht entziehen konnte.

„Wissen Sie, wann ich mir die Frage nach dem WARUM gestellt habe und wann ich ungefähr solche Verlegenheitsantworten gegeben habe, wie Sie gerade eben? Und wann ich dann diese verbale Ohrfeige bekommen habe? Das war vor ungefähr 7 Jahren. Und da war ich schon beinahe 50 Jahre alt und hatte schon fast 20 Jahre Unternehmertum auf dem Buckel. Erst da wurde mir klar, dass ich kein echtes WARUM hatte oder noch schlimmer, nicht mehr hatte.

Ich hatte mich arrangiert mit meinem Leben. Ich hatte mich kleinkriegen lassen. Ich war angetreten um ein fantastisches Leben zu führen und war nach 20 Jahren nicht viel weiter gekommen, als dass ich mich mit Brotkrümeln und Almosen abgefunden hatte. Junger Mann, ich habe den größten Respekt vor Ihnen und ich stelle mir gerade vor, um wie viel reicher mein Leben gewesen wäre, wenn ich bereits in Ihrem Alter die Weisheit und den Mut besessen hätte, mein Leben infrage zu stellen. Aber gleichzeitig bin ich unendlich dankbar dafür, dass meine Seele mein Selbst dazu gebracht hat, mein Ego ab jetzt richtig zu führen. Und dies bleibt hoffentlich so bis an mein Lebensende."

„Na das kann ja heiter werden", dachte sich Paul, der sich jetzt erst einmal von seinem Gefühlschaos erholen musste. Im ersten Augenblick war er fast nicht in der Lage, seine Wut über die vermeintliche Beleidigung im Zaum zu halten, um im anderen Augenblick schon damit kämpfen zu müssen, seine Schamesröte zu unterdrücken, vor lauter Lobhudelei über seine anscheinend so große Weisheit und seinen Mut. Und jetzt philosophierte dieser Dornberg auch noch über Seele, Selbst und Ego.

„Was halten Sie davon", fragte Herr Dornberg, „wenn wir erst ein paar Schritte über den Golfplatz gehen, bevor wir uns dann eine schöne Tasse Tee und etwas Gebäck gönnen? Die haben hier herrlich feine Macarons aus einer elsässischen Patisserie. Ein Golfplatz hat für mich immer eine äußerst beruhigende und meditative Ausstrahlung."

Paul kam der Vorschlag sehr gelegen. Er musste nicht nur das üppige Essen verdauen, sondern vor allem auch all das, was heute inhaltlich über ihn herein prasselte.

Beim Spaziergang ging Herr Dornberg weiter auf das Thema ‚Mein WARUM als Unternehmer' ein - und diese Ansätze faszinierten Paul.

Reich und glücklich oder gar nichts

An einem Sandbunker besorgte sich Herr Dornberg einen Haselnusszweig aus dem angrenzenden Gebüsch, und zeichnete damit vier Quadraten in den Sand.

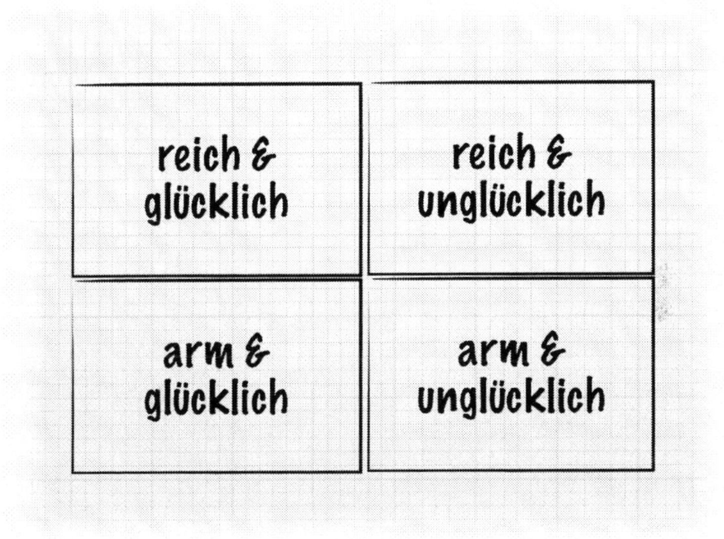

Quelle: Q8 – Success & Living ©

„Schauen Sie, ich habe einmal auf einem Seminar in der Schweiz folgendes gehört. Viele Menschen haben hauptsächlich nur zwei Ziele im Leben. Sie wollen reich und glücklich sein. Und das sind in der Tat nicht die schlechtesten Vorsätze. Allerdings gibt es, je nachdem wie gut man diese Ziele erreicht, vier Ergebnisvarianten daraus."

Nun begann er die Quadranten zu beschriften: *reich und glücklich – reich und unglücklich - arm und glücklich und arm und unglücklich.*

Er fuhr fort: „*Arm und unglücklich* scheint die einfachste Variante zu sein, die man erreichen kann. Die meisten Menschen fühlen sich arm beziehungsweise nicht reich genug und nicht glücklich genug. Die zweitgrößte Gruppe besteht aus denjenigen, die *reich und unglücklich* sind. Die Boulevardblätter sind voll von wohlhabenden A-, B-, C-, und D-Promis und deren Problemen.

Und jetzt kommt eine sehr interessante These. Die nächste Konstellation *arm und glücklich* gibt es nicht wirklich! Kein Mensch, der glücklich ist, würde sich als arm bezeichnen. Ganz im Gegenteil - er fühlt sich sogar besonders reich - nämlich so reich, dass es in ihm einen Impuls entstehen lässt, sein Glück sogar zu teilen.

Als Letztes bleibt noch die Konstellation *reich und glücklich*. Sie bleibt als einziges, wirklich anstrebenswertes Ziel übrig, *reich und glücklich* zu werden. Und genau das muss auch das Ziel eines jeden Unternehmers sein – *reich und glücklich* zu sein, um dann sein Glück zu teilen. Natürlich ist die Definition von reich, eine sehr persönliche. Meine Definition von reich ist, wenn ich es schaffe, mein WARUM zu leben. Das ist es, was mich erfüllt und somit *reich und glücklich* macht.

Kaum ein anderer Berufsstand, wie der des Unternehmers, bietet die Freiheit, sich komplett seinem WARUM im Leben zu widmen und somit die Fülle in allen Variationen zu kreieren. Ein guter Freund von mir sagt immer: „*Wir werden erst dann in einer besseren Welt leben, wenn eine Vielzahl von Unternehmen von ganzheitlich erfolgreichen Unternehmern geführt wird.*"

Herr Dornberg kniff dabei wieder seine Augen sehr vielsagend zusammen und fuhr dann fort: „Und irgendwie verstehe ich so langsam, was er meint. So, genug Bewegung. Jetzt wird es Zeit für unseren Tee und dann schauen wir mal, was wir für Ihren Reichtum und Ihr Glück tun können."

Lässig, aus dem Handgelenk, pfefferte Herr Dornberg den Haselnusszweig zurück ins Gebüsch und setzte sich mit großen zielstrebigen Schritten Richtung Kuchenbuffet in Bewegung. Nach ein paar schweigsamen Minuten auf dem Rückweg stellte

Paul etwas verlegen die Frage: „Sind Sie denn reich und glücklich?“

„Ja, das bin ich wirklich“, kam sehr unverblümt die Antwort.

„Aber ich dachte, Sie sind in einer Krise?“, konterte Paul und spielte auf die Bemerkung von vor dem Mittagessen an.

Herr Dornberg antwortete: „Die größten und häufigsten Fehler, die Unternehmer machen, sind, dass sie ihre Krisen solange verleugnen, bis daraus echte Probleme entstanden sind. Krise kommt im Wortstamm aus dem griechischen krísis und bedeutet so viel wie ‚Entscheidung an einem Wendepunkt'.

Unternehmer werden nicht für ihr Know-how bezahlt, sondern für die Qualität ihrer Entscheidungen. Ich habe die Anzahl meiner richtigen Entscheidungen mehr als vervierfacht und somit meine Ergebnisse verzehnfacht. Verstehen Sie mich nun, wenn ich sage, dass mein Unternehmen deshalb so erfolgreich ist, weil wir uns ständig in Krisen befinden? Sie werden das spätestens dann verstehen, sobald wir tiefer in die Unterlagen eintauchen.“

Die Macarons aus der elsässischen Patisserie waren für Paul ein wirklicher Hochgenuss. Es war schon ein Weilchen her, dass er so bewusst genossen - fast hätte er gedacht, gelebt - hatte. Erwartungsfroh blickte Paul auf die Unterlagen, die Herr Dornberg nun aufschlug.

Unsere Firma stinkt am Kopf nach Fisch!

Herr Dornberg erzählte weiter: „Alles was Sie verstehen müssen, wenn Sie nach dem Prinzip dieser Unterlagen arbeiten und erfolgreich werden wollen, ist, dass es im Wesentlichen nur 3 Dinge gibt, um die sich ein Unternehmer zu kümmern hat. Beziehungsweise 3 Dinge, die er verändern muss, um andere Ergebnisse zu erzielen.

1. Er muss seine Art zu führen, verändern und optimieren – wir nennen das *Change Leadership*.

2. Er muss seine Strategien permanent verändern und optimieren – dies fällt unter den Begriff *Change Strategie*.

3. Er muss die Energie und die Kraft, die in seinem Unternehmen steckt, verändern und optimieren. Dies nennen wir *Change Energy*. Herr Dornberg machte eine kleine, fast andächtige Pause, bevor er weiterredete.

„Und diese 3 Punkte können nur vom Unternehmer selbst ausgehen. Wenn Dinge im Unternehmen also nicht optimal laufen, liegt es ausschließlich an einem dieser drei Punkte oder einem Mix daraus. In mindestens einem dieser drei Punkte leistet der Unternehmer selbst dann keine gute Arbeit. Hier gibt es keine Ausnahme! Alles, wirklich alles, hat seinen Ursprung beim Unternehmer selbst. Das Unternehmen stinkt am Kopf nach Fisch", betonte Herr Dornberg nochmals, und er schien sichtlich Gefallen an diesem Wortspiel zu haben. Überhaupt hatte er oft einen eigentümlichen Humor.

Grundsätzlich konnte Paul diese Ausführungen schon nachvollziehen. Trotzdem gab es da schon den einen oder anderen Einwand, den er einbringen musste.

„Aber es gibt ja schon Dinge, auf die man als Unternehmer nur begrenzt Einfluss hat", stellte Paul fest. „Zum Beispiel die Mitarbeiter. Manche entwickeln sich einfach in eine ganz andere Richtung als geplant. In meiner Firma ist Norbert zum Beispiel so ein Fall."

Paul erzählte dann Herrn Dornberg davon, dass Norbert bei dessen Einstellung ein ganz anderes Bild von sich abgab. Er war hoch motiviert und hatte zu Anfang auch gleich richtig Vollgas geben. Aber schon nach einigen Monaten ließ seine Leistung ganz erheblich nach. Heute zählte er maximal noch zum Durchschnitt, wenn Paul so die Leistungsträger seiner Belegschaft beurteilte.

„Wir stellen die Leute ein wegen ihrer fachlichen Kompetenz und entlassen sie wegen ihrer menschlichen Schwächen", zitierte Herr Dornberg einen ehemaligen Vorstand eines Großkonzerns.

„Das ist wirklich eine sehr verbreitete Tatsache. Aber wer hat denn diesen Norbert eingestellt? Ich denke doch Sie, oder? Dann sind auch Sie verantwortlich dafür! Klassischer Fall von Führungsschwäche! Fällt unter den Punkt 1: *‚Ein erfolgreicher Unternehmer muss die Art zu führen, verändern und optimieren - Change Leadership'.*"

Paul hasste es, wenn Dornberg ihn so direkt mit der Wahrheit konfrontierte.

„Heißt das, dass ich als Unternehmer jetzt erst noch eine Ausbildung zum Psychologen oder Hellseher machen muss, bevor ich einen Mitarbeiter einstelle?", konterte Paul nun ziemlich angenervt.

„Auch eine Variante", kam Herrn Dornbergs Antwort. „An diese Möglichkeit habe ich noch gar nicht gedacht. Hätten Sie da versteckte Talente?" Mit dieser Bemerkung nahm Herr Dornberg mal wieder, jeglicher aufkommender Negativstimmung den Wind aus den Segeln, ohne das Thema zu verharmlosen.

„Es geht nicht um Schuld", fuhr er dann weiter fort, „es geht um Verantwortung, in dem Kontext, wer in solch einer Situation zuständig ist. Wenn sich die Leistung eines Mitarbeiters verändert, kann das 1000 Gründe haben. Geschäftliche oder private, einfache oder komplizierte. Die einzige Frage, die sich stellt, ist, wer ist dafür zuständig, dass man diesen negativen Umstand wieder reguliert. Der Mitarbeiter selbst ist in der Regel damit überfordert.

„Aber ich doch auch", erwiderte Paul. „Ich kann doch nicht jedes Problem der Mitarbeiter zu meinem Problem machen."

„Sondern?", war die kurze Antwort von Herrn Dornberg.

„Na ja, er muss halt selbst schauen, wie er damit klarkommt", bemerkte Paul, wohl wissend, dass sich das nicht besonders freundlich anhörte.

„Tut er doch", konterte Dornberg erneut. „Anscheinend ist Norbert in Ihrer Firma zu dem Schluss gekommen, dass er besser klar kommt, wenn er seine Leistungsbereitschaft drosselt. Dies scheint sein Problem zu beheben oder zumindest bildet er sich das ein. Er würde ja sonst niemals bewusst seine Leistung drosseln, wenn er sicher wäre, dass ihm dieses Verhalten nur noch mehr Probleme bringt.

Die Frage ist also nicht, ob Sie die Probleme von Norbert zu Ihren eigenen machen - denn in der Auswirkung sind es bereits Ihre eigenen Probleme. Die Produktivität von Norbert ist gesunken. Was schätzen Sie um wie viel?", schaute er Paul fragend an.

„Bestimmt um 20%-25%", war Pauls Antwort.

„Okay, das deckt sich genau mit meinen Erfahrungen in solchen Fällen. Dann machen wir doch mal gemeinsam eine Rechnung auf", fuhr Herr Dornberg fort.

„Norbert war anfangs richtig gut. Sie sagten, er habe richtig Gas gegeben und nun wäre er nur noch Durchschnitt – richtig?"

„Ja, höchstens noch Durchschnitt", erwiderte Paul. „Wie viel Umsatz machen Sie mit Ihrem Unternehmen?", fragte Herr Dornberg weiter.

„Letztes Jahr waren es ca. € 9,2 – 9,4 Millionen Euro", gab Paul zur Antwort.

„Gut, Sie haben 58 Mitarbeiter, folglich sind das pro Kopf ca. 161.000 Euro Umsatz. Laut Gallup-Studie haben deutschsprachige Unternehmen ca. 13% A-Mitarbeiter, 66% B-Mitarbeiter und 21% C-Mitarbeiter. Und das kann ich aus meiner Erfahrung auch genau so bestätigen. Die A-Mitarbeiter sind die motivierten und engagierten Mitarbeiter, die B-Mitarbeiter sind die, die eben nur mal so ihre Pflicht erfüllen, und die C-Mitarbeiter haben innerlich gekündigt und sind oftmals sogar aktiv verweigernd. Sie stimmen mir also zu, wenn ich behaupte, dass ein A-Mitarbeiter, der engagiert und motiviert ist, ca. 20% - 25% mehr leistet als ein durchschnittlicher Mitarbeiter, der nur seine Pflicht tut?", fragte Herr Dornberg.

„Ja, das kommt so ungefähr hin", antwortete Paul.

„Würden Sie mir auch zustimmen, wenn ich behaupte, dass Einer der innerlich gekündigt hat und schon aktiv verweigert, also ein C-Mitarbeiter, nochmals 20% - 25% weniger produktiv ist als ein B-Mitarbeiter?", fragte Herr Dornberg.

„Ja", bemerkte Paul, „das kann ich so unterschreiben."

„Wie hoch ist Ihre Umsatzrendite?", war Dornbergs nächste Frage. „Knapp 5%" antwortete Paul.

„Dann sieht Ihre Firma ungefähr so aus", Herr Dornberg nahm ein Blatt Papier und zeichnete folgende Berechnung auf:

58 Mitarbeiter - ca. 9,30 Mio. Umsatz = ca. € 161.000.- / pro Kopf

38	B-MA		a. € 161.000.-	=	ca. € 6,12 Mio
8	A-MA	+ 25%	a. € 201.250.-	=	ca. € 1,61 Mio
12	C-MA	- 25%	a.€ 121.000.-	=	ca. € 1,45 Mio
					ca. 9,2 Mio
					5 % Umsatzrendite
					= € 460.000.-

Quelle: Q8 – Success & Living ©

„Also erzielt Ihr Unternehmen einen Gewinn von ca. 460.000 Euro", war Dornbergs Resümee. „Und jetzt passen Sie mal genau auf. Was passiert, wenn Sie sich doch um die Probleme Ihrer Norberts in Ihrem Unternehmen kümmern? Angenommen, Sie schaffen folgende Entwicklung“, Herr Dornberg korrigierte die Anzahl der Mitarbeiter in den einzelnen Rubriken.

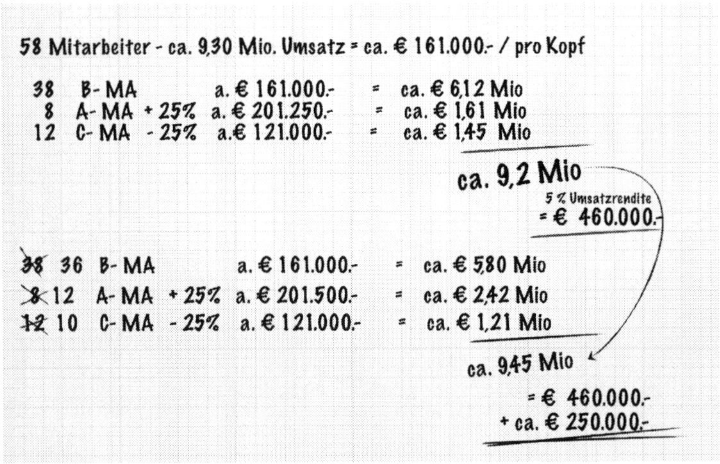

Quelle: Q8 – Success & Living ©

„Das würde bedeuten, Ihr Ergebnis steigt um ca. 250.000 Euro, also von 9,2 auf 9,45 Mio. Euro. Davon ziehen Sie jetzt vielleicht noch einen Teil Mehrkosten für Material ab. Auf der anderen Seite sparen Sie jedoch vielleicht wieder Materialkosten, weil ein motivierter Mitarbeiter nicht nur schneller arbeitet, sondern weniger Verschnitt hat oder achtsamer ist oder was auch immer.

In Summe wären das aber in Ihrem Fall immer gut und gerne 200.000 Euro mehr Ertrag. Von 460.000 auf 710.000 Euro, also eine Steigerung um über 50%. Und das nur, weil Sie 4 Mitarbeiter von B nach A gebracht haben, und 2 Mitarbeiter von C nach B.

Denken Sie, das wäre in Ihrem Unternehmen machbar?“, fragte Herr Dornberg Paul und deutete dann auf Pauls Block.

„Schreiben Sie jetzt bitte 4 Mitarbeiter auf, die B-Mitarbeiter sind und das Zeug zu A-Mitarbeitern hätten, und 2 C-

Mitarbeiter, denen Sie zutrauen, wieder normale Leistungen zu bringen."

Paul fielen mindestens 8 – 10 Mitarbeiter ein, die das Zeug zum A-Mitarbeiter hatten. Mindestens weitere 8, bei denen ihm jetzt erst durch das Nachdenken auffiel, wie enorm diese Mitarbeiter in der Leistung abgerutscht waren, nämlich auf den Status eines C-Mitarbeiters.

„Sie alleine sind dafür verantwortlich, wenn sich Norbert von einem A zu einem B oder sogar C-Mitarbeiter entwickelt, und zwar in dem Sinne, dass Sie dafür zuständig sind, dass sich das wieder ändert. In den allermeisten Fällen geht das fast wie von selbst, wenn man sich wirklich um die Leute annimmt und bemüht ist, ihnen dabei zu helfen wieder A-Mitarbeiter zu werden.

Die allermeisten Mitarbeiter freuen sich bei der Einstellung auf den neuen Job und wollen ihr Bestes geben. Sie rutschen dann in der Leistung ab, weil sie nicht gefördert oder gefordert werden oder private Probleme haben.

Es gibt nur sehr wenige schwarze Schafe. Wenn sich dann der eine oder andere als ein solches schwarzes Schaf herauskristallisiert, dann muss man sich von solchen Mitarbeitern auch konsequent wieder trennen. In beiden Fällen sind Sie als Chef dafür verantwortlich und dafür zuständig, die jeweiligen Gegebenheiten zu ändern. Deshalb gilt auch der Spruch, dass der ‚*Fisch am Kopf zu stinken beginnt*'."

„Das heißt, Sie raten mir, meine Führung zu verbessern?", meinte Paul. „Exakt", erwiderte Herr Dornberg. „Haben Sie auch schon eine Idee, wie Sie das umsetzen wollen?"

„Na ja, vielleicht mit einem guten Führungsseminar?“, meinte Paul.

„Exakt daneben“, war die Antwort von Herrn Dornberg. „Ein Führungsseminar bringt Ihnen vielleicht die eine oder andere gute Gesprächs- oder Verhaltensmethode bei. Zuerst sollten Sie allerdings mal klären, wohin Sie führen wollen. Was ist Ihr Ziel? Und jetzt dürfen Sie gerne wieder antworten, *mein Ziel ist es erfolgreich zu sein, ich möchte ein Unternehmen betreiben, das gute Gewinne abwirft und mir einen guten Lebensunterhalt sichert.........* Die alte Leier. Aber ich werde Sie wiederum fragen - Warum? Ihr Ziel ist Ihr WARUM“, betonte Herr Dornberg mit aller Nachdrücklichkeit.

Er fuhr fort: „Wenn Sie Ihr WARUM gefunden haben, sind Sie auf dem besten Weg alle Ihre Ziele zu erreichen. Besonders leicht verständlich beschreibt Simon Sinek[1], ein amerikanischer Keynote Speaker, die Kraft des WARUM.

Er nennt es, „die 3 goldenen Kreise“. Und dieses Prinzip, das ich Ihnen jetzt vorstellen möchte, bezieht sich nicht nur auf die Art und Weise, wie Sie Mitarbeiter führen sollten, sondern wie Sie Menschen allgemein führen sollten.

Es ist also ein Prinzip, das sozusagen universell einsetzbar ist. Um ganzheitlich erfolgreich zu sein, müssen Sie nicht nur Ihre Mitarbeiter, sondern auch Ihre Kunden und Ihr soziales Umfeld führen. Und zwar durch die Umsetzung Ihres WARUM ins Leben und dass Sie daraus Ihre Ziele definieren.

Oder anders ausgedrückt, indem Sie Ihr WARUM authentisch leben und Ihre Ziele und Vision kommunizieren, können Sie automatisch Ihre Mitarbeiter, Ihre Kunden und Ihr soziales Umfeld führen. Menschen folgen immer einer Person oder einer Idee, niemals ausschließlich einem Produkt oder einer Sache.

In dem Moment, in dem Sie wirklich Ihr WARUM entdeckt haben und leben, wirken Sie wie ein Magnet. Sie gehen voraus und man wird Ihnen folgen, weil man spürt, dass Sie wissen, von was Sie reden, und dass Sie entschlossen sind, Ihre Ziele zu erreichen. Alles beginnt, sich an Ihnen auszurichten. Ein entschlossener, zentrierter, authentischer und ausgerichteter Mensch ist immer die Mehrheit. Aber schauen wir uns die 3 goldenen Kreise etwas genauer an."

Zielsicher blätterte Herr Dornberg in den Unterlagen und legte Paul eine einfache Grafik vor. Diese bestand aus 3 Kreisen, die von außen nach innen jeweils mit den Worten WAS, WIE und WARUM beschriftet waren.

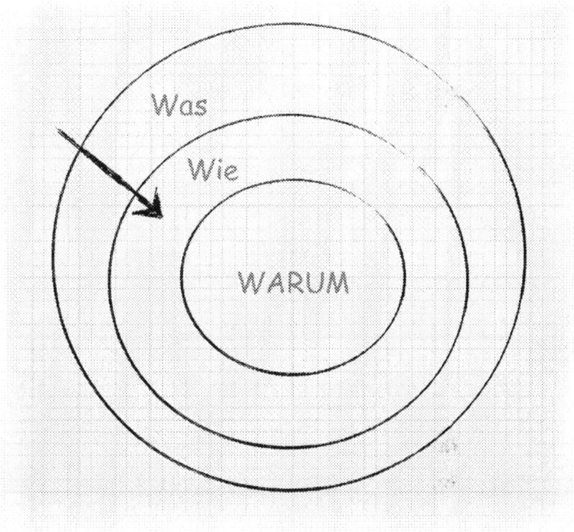

Quelle: Simon Sinek – „Golden circle" – „Start with why"

Herr Dornberg begann zu erklären: „Die meisten Menschen denken und sprechen, bei dem was sie tun, von außen nach innen. Die meisten beschreiben ausschließlich, was sie tun und wie sie es tun. Das Wichtigste, das WARUM, wird so gut wie nie erwähnt.

Lassen Sie mich Ihnen ein Beispiel dazu geben. Ein guter Bekannter von mir, Ingmar, hatte eine Baufirma. Und in der Tat liebte er seine Arbeit. Er baute mit Leib und Seele Häuser.

Eigentlich wollte er damals nach der Schule Architektur studieren, aber leider durfte er nicht. Sein Vater wollte, dass er eine solide handwerkliche Ausbildung machte, um danach die Baufirma zu übernehmen. Ingmar hatte auch nicht wirklich ein Problem damit, und war auch mit seiner Baufirma recht erfolgreich. Natürlich war er jeweils immer abhängig von der Baukonjunktur. Ingmar kümmerte sich auch leidenschaftlich gerne selbst um sein Marketing, und seine Werbebotschaft sah ungefähr folgendermaßen aus."

Dann schrieb Herr Dornberg folgendes auf:

'Wir bauen tolle Häuser'.

„Das war Ingmars WAS", erläuterte Herr Dornberg und schrieb weiter auf:

'Wir verwenden ausschließlich die schönsten und modernsten Materialen, verfügen über die neueste Fertigungstechnik und garantieren Ihnen eine termingerechte und kostengünstige Lieferung mit höchster Qualität'.

„Und das war sein WIE", erklärte Herr Dornberg und schrieb weiter.

'Dürfen wir Ihnen ein persönliches Angebot unterbreiten?'

„Auf den ersten Blick klang das gar nicht so schlecht", erklärte Dornberg weiter, „aber dennoch ist es alles andere als kraftvoll und vor allem auch alles andere als einzigartig. Jeder könnte das sagen, und jeder könnte es im Prinzip kopieren."

Herr Dornberg schaute Paul tief in die Augen und schwieg für einen kurzen Moment, um dann aber auch gleich seine Ausführungen fortzusetzen.

„Ich lernte Ingmar in unserer Mastermind-Gruppe kennen. Er arbeitete gerade eine neue Strategie und ein neues Marketingkonzept für sich aus. Was es mit der Mastermind-Gruppe und den Strategien auf sich hat, erkläre ich Ihnen dann später.

Beim Erarbeiten seines wirklichen WARUM stellte sich dann heraus, dass Ingmar einmal beim Hausbau seiner Schwägerin, vor ungefähr 6 Jahren, ganz besonders gefordert war. Er musste ein Hauskonzept für Allergiker erarbeiten. Sein Neffe Torsten war schon von Geburt an mit Neurodermitis-Schüben geplagt. Und jetzt entwickelte sich das Ganze so langsam zusätzlich zu einem allergischen Asthma. Sein kleiner Neffe lag Ingmar sehr am Herzen, und er kniete sich sowohl bei der Recherche als auch beim Hausbau richtig rein. Das Ergebnis war dann auch entsprechend gut.

Torsten hatte wirklich schon wenige Wochen nach dem Einzug ins neue Haus erhebliche Verbesserungen gezeigt und sein Leben hatte ab dem Zeitpunkt wirklich eine ganz neue Qualität bekommen.

Die Lebensqualität seiner Eltern stieg natürlich auch, was man sich ja unschwer vorstellen kann. Wenn Sie schon einmal erlebt haben, wie es als Elternteil ist, wenn man seine Kinder leiden sieht und nichts unternehmen kann, wissen Sie, wovon ich spreche.

Ingmar selbst hatte aber in dieser Strategiesitzung erkannt, mit wie viel Herzblut er bei diesem Projekt dabei war und wie viel ihm dieses Projekt persönlich zurückgab.

Daraufhin hatte er seine Aussage bezüglich seiner Arbeit nochmals folgendermaßen modifiziert.

Dieses Mal von innen nach außen: WARUM – WIE - WAS

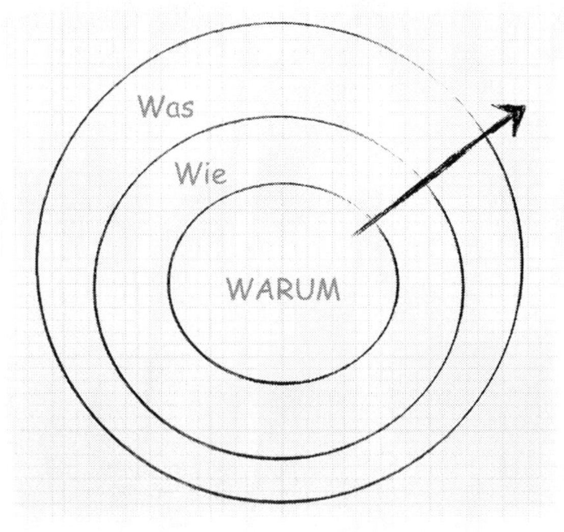

Quelle: Simon Sinek – „Golden circle“ –„Start with why“

“Wir glauben fest daran, dass das eigene Heim der wichtigste Ort für die Gesundheit und die Lebenskraft eines jeden Menschen und das seiner Familien ist. Jeder Handschlag, den wir tun, ist auf diese Überzeugung ausgerichtet. Wir verwenden ausschließlich die schönsten und besten Materialien, um zu gewährleisten, dass wir diesen Ort für unsere Kunden erschaffen. Wir verfügen über die neueste Fertigungstechnik, und garantieren Ihnen eine termingerechte und kostengünstige Lieferung mit höchster Qualität.

Wir bauen tolle Häuser - dürfen wir Ihnen ein persönliches Angebot unterbreiten?“

Herr Dornberg lächelte. „Spüren Sie die Kraft, die Leidenschaft und die Überzeugung, die darin liegt?“

„Ja, wirklich toll“, antwortete Paul, “und das hat sich dann geschäftlich auch ausgewirkt?“

„Ja, sehr sogar“, erklärte Herr Dornberg. „Im ersten Moment am meisten dadurch, dass der ganze Prozess, die Erarbeitung seines WARUM, etwas mit Ingmar selbst gemacht hatte. Diese Erarbeitung ist ein intensiver Prozess, bei dem es darum geht, wirklich tief in sich hineinzuschauen. Dabei entwickelte sich ein neues verändertes Selbstverständnis für Ingmar. Und entsprechend wurde er natürlich auch sehr authentisch mit seiner Aussage. Die Folge daraus war, dass sein Unternehmen deutlich stabiler wurde. Ungefähr ein dreiviertel Jahr später erlebte Ingmar aber einen richtigen Quantensprung in seiner Firma und in seinem Leben.

Das was der Zeitpunkt, als er zusätzlich zu seinem neuen WARUM eine neue Strategie entwickelte. Aber das erzähle ich Ihnen dann, wenn wir bei Punkt 2, den Strategien, sind. Menschen folgen Ihnen dann, wenn diese Menschen Ihre Überzeugung teilen. Das gilt für Kunden, die Ihre Produkte oder Dienstleistungen kaufen, genauso wie für Ihre Mitarbeiter und für Ihre Familienmitglieder.

Ihr WARUM ist das, was die Welt um Sie herum bewegt. Die meisten Unternehmer kennen ihr wirkliches WARUM nicht. Natürlich will und muss ein Unternehmer Geld verdienen, aber das ist kein WARUM. Geld ist die Ursache, die folgt, wenn man sein wirkliches WARUM entdeckt hat und lebt. Unternehmer werden nur dann dauerhaft richtig Geld verdienen, wenn sie ihr Warum erkennen. Ein kraftvolles WARUM entsteht nie aus einem Unternehmen. Aber ein wirklich gutes Unternehmen entsteht aus einem WARUM.

„Was ist Ihr WARUM?", mit dieser Frage riss Herr Dornberg Paul aus seinen tiefsten Tiefen.

Diese Betrachtungsweise hatte ihn genau mit dieser Frage ganz in sich versinken lassen. Und tief im Inneren musste Paul eigentlich auch zugeben, dass er keine wirkliche Antwort darauf geben konnte.

„Wenn ich ehrlich bin, dann weiß ich es nicht", war seine etwas beschämte Antwort.

„Hätte mich auch gewundert“, kam es prompt von der anderen Seite des Tisches.

„Aber machen Sie sich da keine Vorwürfe. Wenn jeder Unternehmer erst dann damit beginnen würde, sein Unternehmen zu starten, wenn er sein wirkliches WARUM kennt, hätten wir vermutlich eine Arbeitslosenquote von über 50%, weil die Hälfte der Unternehmer überhaupt nicht beginnen würde.

Aber wie Sie an sich selbst sehen, kommt irgendwann genau der Tag, an dem diese Frage bei den meisten Unternehmern aufpoppt. Was ist mein WARUM als Unternehmer - was ist mein Lebenssinn?

Der beste Businessplan ist, keinen zu haben

In Wahrheit ist diese Frage oft erst erheblich später und oftmals nicht im vorab zu beantworten. Die moderne Betriebswirtschaftslehre und die Managementlehre will uns jedoch klar machen, dass erst Vision und Mission definiert werden müssen, dann die Marktrecherche und der Businessplan erfolgen sollten - dann werden die Investoren und/oder Geldgeber gesucht - und dann erst geht’s los.

Und bald darauf schon ist dann das Unternehmen etabliert und realisiert Gewinne ganz nach Businessplan, sodass der Unternehmer selbst sich bereits mit den Anlagestrategien für seine Gewinne und seinen 2. Wohnsitz auf Mallorca kümmern kann.“

Paul musste bei den Worten von Herrn Dornberg lächeln, aber eher gequält als erheitert.

„Allerdings gibt es da gewisse Diskrepanzen zwischen der normativen und der deskriptiven Betriebswirtschaftslehre, wie das studierte Haupt sich zu äußern pflegt“, fuhr Herr Dornberg etwas sarkastisch fort. „Oder auf Deutsch gesagt - so einen Blödsinn können sich nur Theoretiker am Schreibtisch ausdenken.

Natürlich gibt es solche Geschäftsmodelle - ohne Frage - es gibt auch weiße Tiger. Die sind aber eher selten und oft hochgezüchtet. Ähnlich wie in der Geschäftswelt, wo solche „Musterunternehmen" meist auch nicht natürlich entstanden sind, sondern eben auch hochgezüchtet wurden. In der Regel irgendwelche Tochterfirmen in Konzernstrukturen, die alleine nicht lebensfähig sind.

Die Realität im Mittelstand sieht da ganz anders aus. Frau Saras Sarasvathy kommt aus Indien, ist Volkswirtin, und hat selbst 5 Unternehmen aufgebaut. Diese Dame hat eine über 10-jährige Studie darüber gemacht, wie Unternehmer weltweit Unternehmen aufbauen und ob es da Parallelen oder Muster gibt. Das Ergebnis war für viele sehr erstaunlich und räumt gleichzeitig mit einigen Mythen auf. Die Studie zeigt nämlich, dass lediglich 28% der Unternehmen mit Businessplänen starten. Die allermeisten legen einfach mal los und setzen sich erst sehr viel später konkrete Ziele.

Es gibt zu Beginn oft keine konkreten wirtschaftlichen Berechnungen. Das Einzige, was ins Auge gefasst wird, ist die Frage, welchen Verlust man verschmerzen und wie hoch das Risiko zu scheitern sein könnte. Die Unternehmer, die dann die Startphase überleben, tun das meistens, weil sie in der Lage sind, aus den anfänglichen Rückschlägen zu lernen und nicht aufgeben.

Ich will damit Folgendes sagen. Solche Unternehmen leben vor allem in der Aufbauphase von einem starken Willen des Unternehmers, weniger von einem starken WARUM. Der eigentliche Zweck des Unternehmens kommt erst viel später, nämlich dann, wenn der Unternehmer zu verstehen beginnt, welchen Beitrag er für seine Kunden wirklich leisten kann und leisten sollte."

Herr Dornberg schaute Paul dabei tief in die Augen. „Sind sie verheiratet Herr Herter?", fragte er dann weiter.

„Ja, dieses Jahr werden es 10 Jahre", erwiderte Paul.

„Glücklich?", wollte Herr Dornberg weiter wissen.

„Was war das denn schon wieder für eine Frage", dachte sich Paul.

„Ja, sehr", antwortete er dennoch und das Wort sehr betonte er mit besonders viel Stolz in der Stimme.

„Kinder?", war Herr Dornbergs nächste Frage.

„Ja, 2 Jungs - Paulchen und Lorenz", antworte Paul.

Herr Dornberg fragte weiter: „Okay, würden Sie sagen, dass sich die Beziehung zu Ihrer Frau in den letzten 10 Jahren verändert hat? Und würden Sie auch sagen, dass Sie andere Ziele haben als zu der Zeit, in der Sie noch nicht oder erst kurz verheiratet waren?"

Paul dachte zurück an die Zeit, bevor die Kinder da waren. Er erinnerte sich sehr gut daran, wie er und Christine Nächte damit verbrachten, ihre Zukunft zu planen. Damals lag ihnen ja wirklich die ganze Welt zu Füßen. Auch die geplante Übernahme des kleinen Unternehmens seines Vaters war ein Teil davon.

Die Pläne waren aber eher unkonkret und alles andere als ausgereift, mehr so eine Träumerei. Erstaunlicherweise hatten sich, wenn er dies jetzt so betrachte, die Dinge jedoch ganz erheblich anders entwickelt, vor allem auch als die Kinder kamen. Und wenn er ganz ehrlich war, hatte er heute eine ganz andere Lebensausrichtung als die, die er und Christine ursprünglich einmal geplant beziehungsweise von der sie geträumt hatten.

„Vermutlich ja", ergänzte Herr Dornberg, ohne Paul überhaupt die Möglichkeit einer Antwort zu lassen. Andere Ziele haben Sie deswegen, weil Sie inzwischen ein anderes, größeres WARUM für Ihr gemeinsames Leben definiert haben. Und das ist auch gut so.

Stellen Sie sich mal vor, Sie hätten zu Beginn Ihrer Beziehung zuerst einmal ganz explizit erarbeitet, wie Ihr Leben aussehen würde. Um das zu machen braucht man viel Ruhe, Übersicht und einen klaren Kopf. Ich kenne keine Beziehung, die mit einem kühlen und klaren Kopf begonnen und dann lange durchgehalten hat. Ich halte nichts von diesen durchgeplanten Vernunftehen, bei denen man sich mit einer eventuellen Trennung und dem Sorgerecht für die noch ungeborenen Kinder beschäftigt, noch bevor man überhaupt verheiratet ist, und ein Entwurf des Ehevertrags von einem gemeinsamen Rechtsanwalt mit der Post zugestellt bekommt.

Entschuldigen Sie, wenn ich jetzt etwas gewöhnlich werde, aber ist es nicht in vielen Fällen genau so, dass genau diese Ehen dann auch wirklich nicht halten? Am Anfang einer Beziehung muss erst einmal Verliebtheit und Leidenschaft stehen. Sie waren vermutlich komplett vernarrt in Ihre Frau und beinahe unfähig über Tage oder Wochen zu planen. Das Einzige, was zählte, war die Frage, wann sehe ich sie das nächste Mal wieder – richtig?

Beim Start eines Unternehmens ist das genau dasselbe. Man kann sich abends von der Arbeit kaum trennen und dann kaum erwarten, morgens wieder aufzuwachen, um sich auf dieselbe wieder zu stürzen. Man ist über beide Ohren verliebt - verliebt in seine Arbeit. Wer als Unternehmer zu Anfang nicht genau dieses Gefühl hat, wird genauso scheitern, wie der Mann oder die Frau, die ihre Beziehung mit Kalkül und Berechnung beginnt.

Aber irgendwann verändert sich dann die Liebe, sie muss sich sogar verändern, um Bestand zu haben. Die anfänglich hohe, überschäumende und nach außen sprühende Energie hält nicht ewig. Irgendwann transformiert sie nach innen zu einer ruhigen, in sich ruhenden Quelle von Erfüllung und dem Gefühl angekommen zu sein, zuhause zu sein. Das ist der Punkt an dem Ihre Partnerschaft Bedeutung erlangt. Ihre Beziehung hat jetzt ein großes, tragendes, echtes WARUM.

Und genauso ist es mit unseren Unternehmen. Aber die meisten Unternehmer verpassen diesen Übergang von der ersten sprühenden nach außen gerichteten Energie, auch oft als

Momentum beschrieben, zur eigentlichen dauerhaften Kraftquelle, die durch das WARUM genährt wird.

Die Folge daraus ist dann immer wieder dieselbe: Das Momentum wird schwächer und schwächer, worauf man mit noch mehr Anstrengung, Kraft und Einsatz reagiert, ohne wirklich andere Ergebnisse zu erzielen. Entweder das Unternehmen bricht dann auseinander, weil einfach die Energie raus ist, oder man arrangiert sich mit einem mehr oder weniger erträglichen Vor-sich-Hinvegetieren.

Man gibt seine großen Pläne auf und begnügt sich damit, einfach durchschnittlich zu sein und zu überleben, so wie alle anderen auch. Exakt so wie in einer Beziehung. Was passiert denn, wenn die anfängliche Euphorie, das anfängliche Momentum, in der Beziehung nachlässt?

Nutzt es Ihnen dann etwas, wenn sie anstatt einmal die Woche dann dreimal die Woche mit Ihrer Freundin ins Kino gehen? Oder anstatt einer Packung Pralinen drei Packungen mitbringen? Sicherlich nicht wirklich. Wenn Sie es nicht schaffen, Ihre Beziehung jetzt auf eine neue Ebene zu bringen, ist Ihre Beziehung zu Ende, oder es wird aus Ihrer anfangs großartigen Beziehung ein Nebeneinander-vor-sich-hin-leben.

Aus dem Mäuschen wird der Hausdrachen, aus einem stolzen „mein Ehemann“ wird dann „meine bessere Hälfte.” Und das Ganze kann man nur noch ertragen, indem man ab und zu am Stammtisch oder bei einem Kaffeekränzchen seinem Frust Luft macht, und mit seinen Leidensgenossen gemeinsam sein Leid beklagt und sich gegenseitig seine Wunden leckt. Wenn sich dann zwischendurch einer oder eine dazugesellt, die eine tolle Beziehung haben, wird gemunkelt, dass da bei denen sicherlich irgendetwas nicht stimmt und nur Harmonie oder Liebe vorgespielt wird. Auf Unternehmerebene spielt sich dieses Szenario auf Tagungen, Kongressen, Verbands- oder IHK–Meetings genau so ab. Man beklagt gemeinschaftlich die schweren Unternehmerzeiten und spekuliert über eventuelle

Machenschaften der erfolgreichen Unternehmer, welche die Ausnahme bilden, weil ja nicht sein darf, was nicht sein kann. Punkt."

„So jetzt hat sich aber mal einer so richtig Luft gemacht", witzelte Paul, durchaus mit einem anerkennenden Nicken. Wo Herr Dornberg recht hatte, hatte er recht.

Vielleicht war die Ausprägung bei Paul im Unternehmen noch nicht ganz so drastisch wie Herr Dornberg dies gerade geschildert hatte. Aber, ehrlich gesagt war der anfängliche Esprit schon ziemlich aufgebraucht, und ja, er erwischte sich ab und an dabei, sich mehr und mehr damit abzufinden, dass sein großer Traum von der Freiheit im Unternehmertum doch vielleicht eher eine Illusion war.

Wenn er jedoch tief in sich hinein spürte, konnte er schon so etwas wie ein verborgenes WARUM spüren. Und er bildete sich auch ein, dass er eine erfüllende Kraft wahrnehmen konnte, die diesem WARUM innewohnte. Obwohl er im Moment noch nicht die leiseste Ahnung hatte, was dieses WARUM in seinem Fall tatsächlich war.

„Sie denken, dass allein mein WARUM die Lösung für meine Krise ist?" Paul schaute Herrn Dornberg dabei fragend an.

„Was denn sonst?", fragte Herr Dornberg, der immer noch zügig in Fahrt war, und fügte hinzu: „Allerdings besteht die Lösung aus mehreren Punkten. Der erste Punkt ist jedoch das WARUM. Diesem vorangestellt ist die Akzeptanz dessen, dass man sich überhaupt in einer Krise befindet. Und bei dieser Erkenntnis sind Sie ja offensichtlich zwischenzeitlich angekommen. Das freut mich persönlich ungemein und ich bin sehr dankbar dafür, dass Sie diese Erkenntnis durch mein bescheidenes Mitwirken erlangen konnten. Herzlichen Dank, dass ich Sie auf Ihrem Weg ein Stück begleiten darf."

Paul war etwas beschämt und wollte gleich zum Ausdruck bringen, dass es an ihm war, sich zu bedanken, und wie sehr er die

Zeit mit Herr Dornberg genoss und dass er eigentlich in seiner Schuld stand und, und, und.

Aber Herr Dornberg ließ ihm keinen Raum, sich hier zu rechtfertigen, und fuhr sogleich mit seinen Ausführungen fort.

„Die einzelnen Lösungsschritte für diesen ersten Punkt Change Leadership bestehen also aus“, und er blätterte dann gekonnt wieder in den Unterlagen und las vor:

„1. Finden Sie Ihr WARUM und definieren Sie daraus Ihre wirklichen Ziele.

2. Entwickeln Sie daraus Ihre Lebensvision.

3. Leiten Sie davon Ihre Unternehmensvision und ihr Unternehmensleitbild ab.

4. Lernen Sie, sich selbst zu führen.

5. Lernen Sie Ihre Mitarbeiter, Ihre Kunden und Ihr Umfeld zu führen.“

Zum ersten Mal bekam Paul eine Ahnung davon, was Herr Dornberg mit „Genialität folgt auf Komplexität“ meinte. Was er hier auf dem Papier stehen sah, waren lediglich 5 Punkte und doch beinhalteten sie alles, um das Thema Führung komplett abzubilden. Und es ging sogar weit darüber hinaus. Den Gedanken, dass man nicht nur Mitarbeiter, sondern auch Kunden führen sollte, indem man einfach seine zu tiefst empfundene Wahrheit kommunizierte und zu 100% authentisch lebte, dieser Gedanke faszinierte ihn völlig.

Mit einem wirklich authentischen WARUM würde man automatisch die Menschen anziehen, die diese Überzeugung mittragen. Sowohl Mitarbeiter als auch Kunden; mehr noch: Diese Überzeugung würde auf die Menschen übergehen. Und wenn dies einmal geschehen war, entfiel jegliches *'bei der Stange halten'*.

Sogar das Gegenteil würde eintreten. Die Menschen würden von selbst nachhaltig darauf achten, dass nunmehr ihre

Überzeugungen auch beachtet und respektiert würden. Sie würden ihre Überzeugungen regelrecht einfordern. Um wie viel einfacher und leichter wäre das Leben, wenn er zum Großteil nur von Menschen umgeben wäre, welche sich auf seiner Wellenlänge befinden würden. „Eigentlich zu schön, um wahr zu sein“, dachte Paul.

„Klingt sehr einleuchtend“, wandte sich Paul dann Herrn Dornberg zu, „und hier habe ich gleich noch eine Frage. Was meinen Sie denn mit ‚Umfeld führen' genau?“

Ein schlechter Unternehmer ist immer auch ein schlechter Vater

„Sie haben 2 Jungs, richtig?“, antworte Herr Dornberg. „Soll denn einer davon mal Ihr Unternehmen übernehmen?“

Paul dachte kurz nach. „Nicht so wirklich, beziehungsweise das müssen die dann selbst entscheiden. Ich will da keinen dazu zwingen“, war die diplomatische Antwort von Paul.

„Und warum nicht?“, bohrte Herr Dornberg weiter.

„Na ja, es ist ja nicht gerade ein Zuckerschlecken“, war Pauls Antwort.

„Sie sind nicht nur ein Unternehmer in der Krise, Sie sind auch ein lausiger Vater“, sagte Herr Dornberg mit ein wenig Sarkasmus in der Stimme.

Mit diesem Ausspruch hatte er nun aber auch bei Paul eine Grenze erreicht, von deren Empfindlichkeit er selbst etwas überrascht schien. Pauls Wangenknochen begannen sich hektisch zu bewegen und vibrierten. Es schien so, als ob er mit großer Anstrengung seinen Mund zusammenpressen musste, damit er nicht Gefahr lief, dass ihm einige unkontrollierte Bemerkungen rausrutschten.

Er versuchte, sich allerdings zu beherrschen, und fragte knapp: „Wie genau meinen Sie das?“ Es war unverkennbar, dass er sichtlich um innere Ruhe bemüht war.

Herr Dornberg fuhr fort: „Ich erlebe Sie als unglaublich liebenswürdigen Vater und Ehemann, und als solcher, vermute ich mal, ist eines Ihrer größten Ziele, dass die Menschen, die Ihnen am wichtigsten sind, auch glücklich sind. Richtig?“

„Natürlich“, antwortete Paul - immer noch in einer sehr lauernden Haltung, aber durchaus schon deutlich besänftigt.

„Warum lernen Sie Ihren Jungs dann, nicht wie man glücklich wird? Warum leben Sie Ihren Kindern nicht vor, dass man niemals aufhören darf, sein Glück zu suchen und an seinem Glück zu arbeiten?

Warum predigen und demonstrieren Sie Ihren Kinder nicht jeden Tag, jede Stunde, jede Minute, dass das Wichtigste im Leben ist, glücklich zu sein? Und dass es die heilige Pflicht im Leben eines jeden ist, sein Glück zu finden, sein Glück zu feiern, dankbar dafür zu sein und sein Glück zu teilen? Stattdessen geben Sie sich mit einem Leben zufrieden, dass nur, wie Sie es nennen, *'kein Zuckerschlecken'* ist.”

Für einen Augenblick war es vollkommen still geworden, wieder versank Paul tief in seinen Gedanken und suchte innerlich nach Antworten auf die gestellten Fragen. Herr Dornberg ließ diese Stille einen Augenblick gewähren, um dann die Antwort selbst zu geben.

„Weil Sie selbst nicht wissen, was Sie wirklich glücklich macht. Weil Ihnen niemand gezeigt hat, wie Sie Ihr WARUM finden und dass Ihr WARUM Ihr Schlüssel zum Glück ist. Und zwar deshalb, weil es denen, die es Ihnen eigentlich hätten beibringen sollen, genauso erging wie Ihnen.

Sie haben jetzt die Wahl, diese Kette zu durchbrechen und Ihre Kinder, Ihre Frau, Ihre Mitarbeiter und jeden der Ihren Weg kreuzt zu inspirieren, niemals aufzuhören, in seinem Bestreben glücklich zu werden. Und das ausschließlich, indem Sie es vor leben, indem Sie Ihre Ziele definieren und Ihr WARUM leben. Wer hätte bessere Voraussetzungen als ein freier Mensch, in einem freien Land, als freier Unternehmer?"

Er machte eine kurze Pause und fuhr dann weiter fort: „Ich kann die Null-Bock-Generation, vor allem bei Unternehmerkindern, sehr gut verstehen. Was bitte schön inspiriert denn unsere Jugend an dem Leben, dass wir ihnen in Wirklichkeit vorleben? Wie inspirierend ist das denn, wenn das vorherrschende Gesprächsthema der Eltern die Probleme im Unternehmen sind. Was kann für ein Kind inspirierend daran sein, seine Eltern dauernd beobachten zu müssen, wie sie gehetzt und getrieben sind, ständig nur aufbrechende Löcher zu stopfen?" Dornberg wirkte immer noch sehr echauffiert.

„Ist das auch maßgeblich der Grund, warum Sie heute fast den ganzen Tag damit verbringen, mir Ihren Weg zu ganzheitlichen Erfolg als Unternehmer aufzuzeigen?", fragte Paul.

„Ja, so könnte man das sagen", erwiderte Herr Dornberg. „Schauen Sie", fuhr er fort, „ich habe fast 25 Jahre immer wieder nach einem für mich tragfähigen Konzept gesucht, um reich und glücklich zu werden. Dabei habe ich fast die ganze Welt bereist und unglaublich viel dabei erlebt. Manches hat mich auf Anhieb sehr viel weiter gebracht, vieles zu Beginn eher nicht. Der dänische Schriftsteller Kierkegaard hat einmal gesagt: *„Verstehen kann man das Leben nur rückwärts, leben muss man es vorwärts"*.

Aber mir persönlich ist das ehrlich gesagt zu pauschal und zu wenig. Ich kann mir nur schwerlich vorstellen, dass das der Sinn des Lebens sein soll. Wir werden sicherlich nie alles verstehen können, aber ich bin mir ganz sicher, dass das Leben so angelegt ist, dass wir es mit Leichtigkeit leben können und sollten. Vielleicht ist es ab und an knifflig und oft auch anstrengend, aber nur deswegen, weil es immer wieder Grenzen gibt, die wir überschreiten sollten, um über uns selbst hinauszuwachsen und um ein noch höheres Level zu erreichen. Ein bisschen wie in einem Computerspiel, von denen es heutzutage ja so viele gibt.

Oder auch in unserer Generation, vergleichbar mit einem Schachspiel. Es gibt unumstößliche Regeln eine unzählige und nie endende Anzahl von genialen Strategien und kein Spiel gleicht exakt dem anderen. Aber erst wenn Sie das Spiel verstanden haben, können Sie die Faszination dahinter erkennen und es mit Hingabe spielen. Und dieses Spiel besteht aus sehr bewussten Zügen, die Teil Ihrer Strategie sind und aus unverhofften Gelegenheiten, die sich unerwartet ergeben.

Das eigentlich Reizvolle sind die unerwarteten Gelegenheiten. Und diese kristallisieren sich immer dann heraus, wenn Ihre Spielstrategie scheinbar durchkreuzt wird. Dann, wenn Störungen auftauchen, dann kommt es zur Krise, die eine Entscheidung und somit eine neue Strategie förmlich erzwingt.

Mit jeder neuen Strategie erfolgt Wachstum. Intellektuelles Wachstum, weil die Erkenntnis gewachsen ist, materielles Wachstum, weil neue Ergebnisse erzielt werden. Und ich nenne es spirituelles Wachstum, weil mit jedem Auflösen einer Störung mehr und mehr mein Vertrauen ins Leben wächst. Ich bin dann in der Lage, ständig neue Lösungen zu finden oder besser gesagt: Es fallen mir Lösungen zu, ich werde irgendwie vom Leben geführt.

Und um noch einen großen Denker zu zitieren - Albert Einstein hat einmal gesagt: *„Die wichtigste Frage, die man sich stellen muss, ist, liebt mich das Leben?“*

Sehr erstaunlich, dass ausgerechnet ein Physiker zu dieser Erkenntnis kommt, finden Sie nicht? Meiner Ansicht nach ist eine unserer Herausforderungen, die Antwort auf diese Frage wirklich zu verinnerlichen – und die Antwort kann immer nur ein JA sein!

Ich zumindest kann das aus vollem Herzen von meinem Leben behaupten. Das Leben liebt mich, immer und zu 100%. Ein großer Teil dieser 100% verstehe und erkenne ich inzwischen bereits. Deshalb gelingt es mir mehr und mehr, diese Liebe jeden Tag sehr bewusst zu erleben. Der Rest wartet noch darauf, von mir entdeckt zu werden. Hier werde ich mein Leben noch einige Male tatsächlich erst rückwärts verstehen. Und das ist auch gut so, weil dieser Umstand dafür sorgt, dass meinem Leben so, und zwar bis zum letzten Tag, die Faszination erhalten bleibt."

Herr Dornberg blickte Paul wieder tief in die Augen und die beiden sahen sich einen Moment lang schweigend an.

Dann fuhr Herr Dornberg fort: „Ein Teil meines WARUM ist es in der Tat, andere Menschen zu inspirieren, vorzugsweise Unternehmer, weil diese Menschen unglaublich wertvolle Multiplikatoren sein können.

Ich habe Ihnen heute Vormittag schon von der Aussage meines Freundes erzählt. ‚*Wir werden erst dann in einer besseren Welt leben, wenn eine Vielzahl von Unternehmen von ganzheitlich erfolgreichen Unternehmern geführt wird*'. Dieser Satz hat mich wirklich sehr inspiriert.

„Werden Sie mir zeigen, wie man sein WARUM findet?", fragte Paul.

„Es wäre mir ein außerordentliches Vergnügen", erwiderte Herr Dornberg.

Inzwischen war es Abend geworden und Zeit für einen kleinen Imbiss. Paul fühlte sich leicht, voller Energie und Tatendrang, obwohl im Grunde noch nicht wirklich etwas Messbares bei diesem Gespräch herausgekommen war. Aber irgendetwas hatte dieser Herr Dornberg an sich, was Paul Kraft, Energie und Zuversicht gab.

Er fühlte sich nach diesen paar Stunden erholter und entspannter als nach 10 Tagen Urlaub und gab dies auch gleich direkt als Feedback an Herrn Dornberg weiter.

„Das hat vermutlich damit zu tun, dass Ihr Unterbewusstsein zum ersten Mal seit längerer Zeit wieder die Hoffnung hat, dass Sie Ihren großen Traum, ein fantastisches aufregendes Leben zu leben, doch noch nicht aufgegeben haben", kommentierte Herr Dornberg.

Er fuhr fort: „Ein hoher hawaiianischer Kahuna hat einmal zu mir gesagt: *„Du bist nicht lebensmüde, wenn Du Dich scheinbar unüberwindbaren Abenteuern stellst. Du bist des Lebens müde, wenn Du ständig versuchst, ihnen auszuweichen.*"

„Wir wollen aber an dieser Stelle nicht zu philosophisch werden, dazu gibt's ein anderes Mal vielleicht noch genügend Möglichkeiten. Also: Ich hoffe, die Wichtigkeit des ersten Grundsatzes ist Ihnen klar geworden. Kommen wir nun zum 2. Grundsatz."

„Moment", intervenierte Paul. „Mir ist sehr, sehr klar geworden wie essenziell das ist, aber dann ist jetzt doch die Frage, was ist die Technik, um mein WARUM zu finden."

„Theoretisch haben Sie recht", antworte Herr Dornberg. „Sie müssen Techniken anwenden, um das WARUM zu finden. Welche Technik allerdings die Ihrige ist, das hängt maßgeblich davon ab, was für eine Farbe Sie als Unternehmer haben – was für ein Unternehmertyp Sie sind."

Jetzt schien der Punkt gekommen zu sein, an dem Herr Dornberg endlich etwas Licht in die farbigen Andeutungen brachte, die er den ganzen Tag über immer wieder gemacht hatte. Zumindest dachte Paul das.

Aber anscheinend war noch nicht der richtige Zeitpunkt dafür, denn Paul hörte Herrn Dornberg bereits sagen: „Dies muss ich leider noch einen Augenblick zurückstellen. Zuerst ist es notwendig, dass Sie das 3 Schritte Modell in sich verstehen und danach werden wir erarbeiten, mit welchen Techniken Sie Ihr persönliches System starten werden."

Strategien ohne Erfolgsgarantie sind nichts weiter als vage Hoffnungen

Herr Dornberg erklärte weiter: „So, der 2. Grundsatz heißt also: Ein Unternehmer muss permanent seine Strategien anpassen oder verändern und optimieren - *Change Strategie*.

Was ist Ihre Unternehmensstrategie, Herr Herter? Beziehungsweise haben Sie überhaupt eine Strategie und wenn ja, welche?“

Paul gab zur Antwort: „Na ja, mir sind meine Ziele schon sehr klar und ich weiß auch, wie ich diese umsetzen will.“

„Okay“, erwiderte Herr Dornberg, „*'Ziele schon klar'* bedeutet, wenn ich das vorher richtig verstanden habe: Ich will erfolgreich werden. Viel konkreter werden Ihre Ziele wohl kaum definiert sein, und ich weiß, wie ich sie umsetzen will bedeutet: Ich weiß zwar wie ich vorgehen will, weiß aber nicht, ob das auch so klappt. So werden Sie aber keinen Quantensprung machen“, sagte Herr Dornberg.

„Aber ich kann doch im vorab nicht zu 100% genau wissen, ob meine Strategien wirklich aufgehen?“, erwiderte Paul.

„Was wäre denn, wenn Sie es im vorab zu 95% wüssten?“, hakte Herr Dornberg nach.

„Das wäre natürlich gigantisch, aber dann wär's ja auch einfach“, war Pauls Antwort.

„Wäre es denn dann ein Zuckerschlecken?“, kam schon die nächste Frage von Herrn Dornberg zurück.

„Allerdings, Herr Dornberg, dann wär's ein Zuckerschlecken.“

„Und wenn es ein Zuckerschlecken wäre, dann wären Sie reich und glücklich und Ihre Jungs und Ihr sonstiges Umfeld wären total von Ihnen inspiriert, auch ein zuckerschleckendes Leben leben zu wollen? Kann man das so in etwa sagen?“, fragte

Herr Dornberg mit einen Tonfall, den Paul nicht wirklich interpretieren konnte.

Paul fragte sich, ob er das jetzt ernst meinte oder ob Herr Dornberg versuchte, ihn auf den Arm zu nehmen. „Ja“, war Pauls kurze Antwort, um sich nicht noch mehr aus dem Fenster zu lehnen.

„Na dann, schauen wir mal, wie wir Ihr Leben mit den richtigen Strategien versüßen können.“ Dornberg blätterte zielsicher in den Unterlagen und legte Paul eine Übersichtsseite vor.

Er las nun vor: „Als wirklich guter Unternehmer sollten sie wenigstens die Grundlagen von Strategien beherrschen, wie zum Beispiel:

1 Analyse der internen Unternehmensressourcen

1.1 ABC-Analyse

1.2 Lebenszyklusanalyse

1.3 Erfahrungskurvenanalyse

1.4 Kostenstrukturanalyse

1.5 Zufriedenheitsanalyse

1.6 Unternehmenskulturanalyse

1.7 Kernkompetenzanalyse

1.8 7-S-Modell

1.9 Wertkettenanalyse

1.10 Marktwachstum-Marktanteils-Portfolioanalyse

1.11 Marktattraktivität-Wettbewerbsstärken-Portfolioanalyse

1.12 weitere Portfolioanalysen

1.13 Stärken-Schwächen-Analyse

2 Analyse der externen Marktkräfte

2.1 Umweltanalyse

2.2 Zielgruppenanalyse

2.3 Konkurrenzanalyse

2.4 Substitutionsanalyse

2.5 Stakeholderanalyse

2.6 Benchmarking

2.7 Branchenstrukturanalyse

3 Aggregation zu einem Portfolio

4 Strategische Positionierung

4.1 Marktfeldstrategien nach Ansoff

4.2 Wettbewerbsstrategien nach Porter

4.3 Marktpositionierung nach Treacy und Wiersema

4.4 Leitbild (Vision, Mission, Kernwerte)

5 Strategische Planung

5.1 SWOT-Normstrategien

5.2 Portfolio-Normstrategien

5.3 Scoring-Modelle

5.4 Szenariotechnik

5.5 Gap-Analyse

5.6 Balanced Scorecard

5.7 Break-even-Analyse

„So und dann wären da noch auf der nächsten Seite wenigstens 6-9 der wichtigsten „Management by…“-Techniken:

01 Management by Objektives

02 Management by Delegation

03 Management by Wandering around

04 Management by Motivation

05 Management by Results

06 Management by Participation

07 Management by Communication

08 Management by systems.”

Paul war schockiert. „Und das beherrschen Sie alles?“, fragte er ziemlich ungläubig.

„Mehr oder weniger“, war Dornbergs Antwort.

„Haben Sie das studiert?“, fragte Paul tief beeindruckt weiter.

„Ich nicht, aber meine Frau“, antwortete Herr Dornberg.

„Aha, Ihre Frau ist also auch im Unternehmen? Das ist ja toll“, sagte Paul, sichtlich beeindruckt.

„Nein, leider nicht. Meine Frau hat ihr eigenes Unternehmen. Aber Gott sei Dank sind wir so organisiert, dass wir trotzdem ein gemeinsames Leben führen können.“

„Und Sie arbeiten beide nach diesen Strategietools und Techniken?“, bohrte Paul weiter.

„Natürlich nicht, sonst hätten wir ja keine Chance auch nur im Ansatz ein gemeinsames, ganzheitlich erfolgreiches Leben führen zu können. Manchmal habe ich den Verdacht, dass diese Strategietools nur von Unternehmensberatungsfirmen entwickelt wurden, um deren teils völlig gehaltlose Inhalte durch spektakuläre Handouts zu kompensieren“, scherzte Herr Dornberg in seiner ganz eigenen Art.

„Aber nein, um Ihre Frage nochmals zu beantworten – nein, wir arbeiten nur im aller äußersten Notfall mit solchen Tools und wenn, dann nur auf eine Quintessenz reduziert. Aber das ändert nichts an der Tatsache, dass Sie unbedingt mit Strategien arbeiten sollten. Allerdings mit Strategien und Techniken, die den nächsten Schritt nach der Komplexität beschreiben, nämlich den der Genialität. Mit minimalem Aufwand größte Ergebnisse zu erzielen. Immer vorausgesetzt, Sie wollen ein ganzheitlich erfolgreiches Unternehmerleben leben."

„Na, wer will das nicht", antwortete Paul im Brustton der Überzeugung, um deutlich zu machen, dass das wohl eine Selbstverständlichkeit sei. Und infolgedessen hatte er eigentlich auch keinen Kommentar zu seiner Aussage erwartet.

„Mehr als 85% aller Unternehmer wollen das nicht", kam sofort eine Antwort von Herrn Dornberg. „Weil, wie wir schon so ausführlich besprochen haben, die wenigsten Unternehmer ihr tiefstes WARUM kennen. Und ohne sein wirkliches WARUM zu kennen, können wir nie ganzheitlich erfolgreich, also nie wirklich reich und glücklich sein. Sich bestens mit den obigen Strategien auszukennen, hilft da recht wenig.

Man geht davon aus, dass:

- fast 2/3 der Unternehmerehen scheidungsgefährdet sind,

- deutschsprachige Unternehmen im Schnitt maximal 18% Eigenkapitalquote haben.

- nur ein geringer Teil von mittelständischen Unternehmen akzeptable Renditen hat,

- maximal 15 % der Mitarbeiter motiviert und engagiert sind,

- und über 50 % der Unternehmer oder Manager Beruhigungsmittel nehmen.

Es ist wirklich schwer, sich erfolgreich zu fühlen, wenn man also beziehungsunfähig, finanziell permanent klamm, im Stich gelassen und medikamentenabhängig ist. Finden Sie nicht auch?", fragte Herr Dornberg und dabei blickte er Paul fragend in die Augen.

Irgendwie beeindruckte dieser charismatische Mann Paul immer wieder. Er schaffte es, ihn einerseits irgendwie in seiner Seele zu berühren und tiefe Denkprozesse in ihm anzustoßen, andererseits half sein manchmal schwarzer, englischer Humor dabei, Dinge einfach nicht zu ernst zu nehmen, und damit trotz aller Schwere und Tragik der Situation, sich nicht lähmen zu lassen, sondern handlungsfähig zu bleiben.

„Aber zurück zu den Strategien“, ging‘s dann auch gleich in Herrn Dornbergs Ausführungen weiter. „Strategien sind Werkzeuge, um den Zweck eines Unternehmens sicherstellen. Oberstes Prinzip jedes marktorientierten Handelns ist es, Kundennutzen zu schaffen. Denn je mehr sich der eigene Kundennutzen von dem der Wettbewerber abhebt, umso mehr Kunden werden sich für Ihr Angebot entscheiden.

Der Kundennutzen ist der wichtigste Indikator für zukünftige Marktanteilsentwicklungen und er sollte die Basis strategischer Unternehmensplanungen sein. Unter Wettbewerbsbedingungen entscheidet sich ein Kunde immer für den Anbieter, der ihm den von ihm tatsächlich wahrgenommenen höchsten Nutzen bietet. Das gilt für jeden Kaufprozess.

Um den maximalen Nutzen bringen zu können, müssen Sie folgende 3 Schritte beachten:

1. Sie müssen Ihren Laden intern auf Vordermann bringen. Überprüfen Sie, wo in Ihrer Firma noch Optimierungspotenziale vorhanden sind. Wo können Kosten gesenkt werden, Erträge gesteigert werden, um dem Kunden ein Produkt zum optimalen Preis-Leistungsverhältnis anbieten zu können und somit Ihre Marktchancen zu verbessern?

2. Bringen Sie werthaltige Innovationen in den Markt. Fragen Sie sich dazu, welche Werte Sie als Lieferant Ihren Kunden zur Verfügung stellen können, sodass der Kunde den optimalen

Nutzen hat. Welches Leistungsangebot muss geschaffen werden, das genau diese Werte beinhaltet? Welche Innovationen oder optimierten Produkte müssen auf den Markt gebracht werden, die genau den Bedürfnissen der ermittelten Zielgruppe entsprechen?

3. Ihr WARUM durch Ihr Unternehmen auszudrücken und somit ein Ideal zu leben, dem sich andere Menschen inhaltlich anschließen können. Dies wird Ihr Unternehmen völlig ändern.

Dazu gibt's 2 Anmerkungen von mir:

Erstens - auf Nummer 1 folgt automatisch Nummer 2. Wenn Sie Ihren Laden mit den richtigen Methoden auf Vordermann bringen, werden Sie immer auf neue Ideen und Innovationen stoßen. Dem können Sie gar nicht ausweichen.

Zweitens - Nummer 3 schließt Punkt 1+2 mit ein.

Jetzt könnten Sie sagen, wenn Punkt 3 automatisch 1+2 einschließt und ich hätte eine Strategie für 3, dann bräuchte ich für 1+2 nicht zusätzlich eine Strategie. Und da hätten Sie grundsätzlich auch recht.

Tatsächlich arbeiten wir mit solch einer Masterstrategie. Allerdings schalten wir, wie bei einem Computerspiel sozusagen, je nachdem ob Sie bei Level 1, 2 oder 3 einsteigen, unterschiedliche Tools frei.

Bei welchem Level Sie einsteigen, hängt von 2 Faktoren ab. Erstens von dem Level, von der Bewusstseinsstufe, auf der Sie sich als Unternehmertyp momentan befinden und zweitens vom Grad der Krise, in der Sie sich befinden. Je höher die Stufe, auf der Sie sich als Unternehmer persönlich befinden oder je größer Ihre Krise ist, desto eher kommt Stufe 3 in Frage und desto schneller sind Sie am Ziel.

Das wird Sie vermutlich im Augenblick noch ziemlich verwirren, aber keine Angst, ich werde Ihnen genügend Beispiele dazu liefern. Insgesamt zeige ich Ihnen heute die 3 Grundstrategien, mit denen wir arbeiten. Wenn Sie diese 3 Strategien beherrschen, decken Sie 70% von Ihrer 100%igen

Erfolgsgarantie ab. Über die restlichen 30% sprechen wir später. Interessiert?"

Da sich die Antwort erübrigte, fuhr Herr Dornberg auch gleich fort: „Beginnen möchte ich mit der Strategieform Nr. 3, die Ihr komplettes Unternehmerleben ändern kann, da Sie in der Konsequenz 1+2 beinhaltet. Danach stelle ich Ihnen 1+2 vor. Lassen Sie uns beginnen.

Die Grundstrategie Nr. 3 heißt *EKS* – die Abkürzung für *Engpasskonzentrierte Strategie*[2] – schon mal davon gehört?", fragte Dornberg.

„Hab ich schon mal gehört, aber ich wüsste jetzt nicht, um was es genau geht.

Ist das was Neues?", fragte Paul.

„Eher nicht", entgegnete Dornberg. „*EKS* Begründer war ein gewisser Wolfgang Mewes in den 50er Jahren. Und *EKS* ist wirklich in den Grundzügen eine beeindruckende Strategie. Die meisten Weltmarktführer - und viele davon kommen übrigens aus Deutschland - arbeiten mit dieser Strategie.

Dass sich die *EKS* bis heute noch nicht wirklich durchgesetzt hat und noch immer nahezu unbekannt ist, liegt nach meiner Einschätzung an zwei Dingen: Erstens, es gibt erst jetzt eine genügende große Zahl von ‚GELB-grünen Unternehmern', die diese Strategie überhaupt voll umfänglich verstehen, und somit umsetzen können.

Denn wesentliche Aspekte dieser Strategie beziehen sich auf Softskills und nicht nur auf harten Fakten. Und die Rolle, welche Softskills in den Märkten und den Unternehmen spielen, ist ja auch erst seit vergleichsweise wenigen Jahren akzeptiert.

Und zweitens fehlen eben die letzten oben bereits erwähnten fehlenden 30%, um *EKS* als nahezu perfekt zu bezeichnen. Was jedoch beeindruckend ist, ist die Einfachheit und die Logik in der Anwendung.

Schauen wir uns dazu nochmals den eigentlichen Zweck eines Unternehmens genauer an. Am größten ist der Kundennutzen natürlich dann, wenn wir dem Kunden die Produkte und Dienstleistungen anbieten können, die er am meisten, sprich am dringendsten, braucht und die seine Bedürfnisse erfüllen. Also Produkte oder Dienstleistungen, bei denen er den größten Engpass empfindet. Klingt eigentlich sehr logisch und ist es auch. Die ganze Strategie besteht nur aus 4 Grundprinzipien und 7 Phasen der Umsetzung.

1. Prinzip: Spitz statt breit

2. Prinzip: Konzentration auf den Engpass

3. Prinzip: Immaterielles vor Materiellem

4. Prinzip: Nutzen vor Gewinn

Wenn Sie sich diese 4 Prinzipien anschauen, dann stellen Sie vielleicht schon einige Parallelen zum Prinzip des WARUM fest. Vor allem bei Punkt 3+4.

Erinnern Sie sich an Ingmar von heute Morgen mit seiner Baufirma und seinem Slogan.

„Wir glauben fest daran, dass das eigene Heim der wichtigste Ort für die Gesundheit und die Lebenskraft eines jeden Menschen und das seiner Familien ist.

Jeder Handschlag, den wir tun, ist auf diese Überzeugung ausgerichtet. Wir verwenden ausschließlich die schönsten und besten Materialien, um dies zu gewährleisten. Wir verfügen über die neueste Fertigungstechnik und garantieren Ihnen eine termingerechte und kostengünstige Lieferung mit höchster Qualität.

Wir bauen tolle Häuser, dürfen wir Ihnen ein persönliches Angebot unterbreiten?“

Herr Dornberg machte eine kurze Pause und fuhr fort: „Wenn das hier eben nicht nur ein Spruch ist, sondern die ureigene tiefste Überzeugung, dann haben Sie schon automatisch Punkt 3+4 der *EKS* abgedeckt.

Der 3. Punkt ist noch folgender: Sie verkaufen Immaterielles, also eine innere Überzeugung - und nicht nur Kubikmeter an Wohnraum.

Punkt 4 bedeutet, wenn tatsächlich jeder Handschlag aus der inneren Überzeugung heraus geschieht, dann ist Ihnen auch kein Handschlag zu viel. Und den einen oder anderen Extrahandschlag machen Sie auch ohne Berechnung. Das heißt, Sie arbeiten nicht gewinnmaximiert, sondern nutzenmaximiert für den Kunden.

Bei Prinzip 1 *'Spitz statt breit'*, schlägt *EKS* vor, sich eine extrem kleine Zielgruppe zu definieren und dann alles daran zu setzen, so schnell wie möglich die Nr. 1 im Kopf dieser Zielgruppe zu werden. Für sehr viele Unternehmer ist das die größte Herausforderung, weil sie der Überzeugung sind, dass je mehr Kunden sie sich anbieten, desto größer die Chance ist, wenigstens einen davon zu bekommen.

Aber genau das Gegenteil ist der Fall. Je kleiner die Zielgruppe, umso direkter können Sie diese ansprechen. Vor allem auch, wenn Sie das Prinzip 2 berücksichtigen und die Zielgruppe auf eine Lösung ihres größten Engpasses ansprechen können." Herr Dornberg holte tief Luft.

Paul nutze die Gelegenheit um nachzufragen: „Sie hatten heute Morgen erwähnt, dass Ingmar hier im zweiten Schritt mit einer neuen Strategie einen Quantensprung in seiner Firma erzielt hat. Wie genau war hier seine Vorgehensweise?", fragte Paul sehr interessiert, denn einen Quantensprung für sich und sein Unternehmen könnte er sich schon auch gut vorstellen.

Herr Dornberg überlegte kurz, bevor er seine Antwort gab. „Für Ingmar war das einerseits nur noch ein kleiner Schritt, andererseits kostete es ihn unglaubliche Überwindung. Wenn wir uns die Prinzipien nach *EKS* nochmals anschauen, hatte er ja bereits Prinzip 3+4 umgesetzt. Prinzip 1 und Prinzip 2 hatten bei der Ausarbeitung ergeben, dass er sich ausschließlich auf junge Eltern mit allergischen Kindern konzentrieren sollte, die ein eigenes Haus bauen wollten."

Für Ingmar war es nur schwer vorstellbar, dass er in seinem Einzugsgebiet hierfür ausreichend Kunden finden würde. Zudem hatte er, weil sein Unternehmen ja in zweiter Generation von ihm geführt wurde, eine nicht unbeträchtliche Anzahl von Stammkunden, die inzwischen auch beträchtliche Aufträge im Bereich Renovierung erteilten.

Herr Dornberg erklärte weiter. „Ingmar fürchtete, dass bei einer Konzentration auf die spitze Zielgruppe, von ausschließlich jungen Eltern und deren Engpass, viel von seinem Grundumsatz wegbrechen könnte. Hinzu kam, dass er damals das Haus für seinen Neffen ja hauptsächlich selbst gebaut hatte. Zumindest war er selbst maßgeblich mit auf der Baustelle, vorzugsweise an Wochenenden, wie das eben in der Verwandtschaft so üblich ist. Das bedeutete, er war derjenige, der alleine über das Know-how seines allergiefreien Wohnkonzeptes Bescheid wusste, und er war auch maßgeblich derjenige, der die 100% korrekte Umsetzung garantieren konnte. Seine Mitarbeiter waren hierauf nicht geschult und hatten auch keine Routine darin. Immer wieder versuchte er, ein Konzept zu finden, wie er die Prinzipien 1+2 doch auf seine spezielle Situation hin aufweichen konnte."

„Und hat er ein aufweichendes Konzept gefunden?", fragte Paul nach.

„Na daran hat es wirklich nicht gemangelt. Alternativen hatte er sich eine Menge ausgedacht, aber wir haben keine davon genehmigt. Das passiert nur in ganz besonderen Ausnahmefällen", erwiderte Herr Dornberg.

„Was meinen Sie mit: Wir haben das nicht genehmigt?", fragte Paul verwundert.

„Ach, ja“, erwiderte Herr Dornberg. „Sehen Sie, jetzt war ich so in der Geschichte vertieft, dass ich völlig vergessen hatte, Ihnen das Prinzip unserer Mastermind-Gruppe zu erläutern.

Vor 3 ½ Jahren habe ich auf der Suche, mein Unternehmerleben neu aufzustellen, durch „Zufall“ eine Unternehmer-Schule entdeckt. In dieser Unternehmer-Schule treffen sich Unternehmer in kleinen Gruppen und lernen alles Notwendige zu den Themen Führung, Strategie und Energieoptimierung in ihren jeweiligen Unternehmen. In dieser Mastermind-Gruppe wird praktisch jeder Unternehmer zum Strategie- und Coaching- Experten für sein eigenes Unternehmen gemacht. Das Grundprinzip ist extrem einfach und hocheffizient, sozusagen - genial“, dabei zwinkerte er mit seinem linken Auge, als ob er das Prinzip dieser Schule selbst erarbeitet hätte. Augenscheinlich konnte er das WARUM dieser Schule voll und ganz unterschreiben und es war inzwischen zu seiner eigenen Überzeugung geworden.

Herr Dornberg fuhr mit der Erklärung des Prinzips fort: „Wie wir vorher gesehen haben, ist es für einen Unternehmer unmöglich, alle sogenannten wichtigen Strategie- und Managementtools so zu kennen und zu beherrschen, dass er sie vernünftig in seinem Unternehmen einsetzen kann. Dazu kommt, dass diese Tools nicht funktionieren, wenn man sie einfach ungefiltert pauschal in seinem Unternehmen einsetzt. Ob und welches Strategietool sinnvoll ist, hängt maßgeblich davon ab, welche Farbe das Unternehmen hat. Keine Sorge, das System der Farben lernen Sie dann im nächsten Schritt kennen. Wir konzentrieren uns auf lediglich 2 Hauptstrategieformen, von denen die *EKS* in ihren Grundzügen eine davon ist.

Strategie, bzw. strategisches Denken und vor allem strategisches Führen, hat vielmehr mit Übung als mit Wissen zu tun und ist zudem ein fortlaufender Prozess. Selbst wenn wir in der Theorie die ganzen Inhalte verstehen, ist dies noch lange kein Garant für den Erfolg. Das sind die 2 hauptsächlichen Gründe, warum Seminare nicht wirklich funktionieren. Was Sie in 2 oder 3 Tagen lernen, haben Sie zu über 90% nach 4 Wochen wieder vergessen. Seminare sind unterm Strich nichts anderes als legitimierte Erholungstage für Unternehmer, die sich sonst nicht trauen, sich mal 3 Tage auf ihrem Balkon oder am Gardasee inspirieren zu lassen. Das geht anscheinend nur auf Seminaren oder Messen, mit Anzug, Krawatte und definierten Abläufen - Zwangsinspiration sozusagen. Man wird also von der Muse nicht geküsst, sondern man wartet darauf, von ihr vergewaltig zu werden. Aber das ist nochmals eine ganz andere Nummer“, flachste Herr Dornberg.

Er fuhr fort: „Wir treffen uns also regelmäßig alle 90 Tage in der Mastermind-Gruppe der Unternehmer-Schule. Arbeiten dann gemeinsam an unseren Strategien, verpflichten uns dann in der Gruppe, es genau so umzusetzen wie vereinbart, und besprechen, kontrollieren und verfeinern gegebenenfalls die Umsetzung bei den nächsten Meetings. Mit dieser Vorgehensweise wird für jeden individuell seine beste Strategie mit den geeignetsten Tools erarbeitet. Durch die Gruppenarbeit nutzt man eine ungeheure Brain-Power. Die eigene Entwicklung macht wirkliche Quantensprünge und es gibt fast keinen Verlust in der Umsetzung. Durch dieses Konzept entstehen darüber hinaus immer neue noch einfachere und effizientere Werkzeuge, mit einer unglaublich hohen Erfolgsquote.

„Wow“, nickte Paul anerkennend, “das klingt logisch, wenn engagierte und gute Leute sich zu einem Thema zusammensetzen, dann muss ja was Gutes dabei herauskommen. Von solchen Mastermind-Gruppen habe ich auch schon gehört.“

„Das wirklich Großartige daran ist nicht nur das Konzept”, fuhr Herr Dornberg fort, „sondern das wirklich Einzigartige daran ist, dass wir alle Strategien, in Simulationsverfahren im vorab testen können. Das bedeutet zum Beispiel, dass neue Produktentwicklungen über dieses Verfahren nicht nur initiiert werden, sondern direkt auch getestet werden können, wie diese im Markt beziehungsweise beim Kunden ankommen. Ebenso können neue Führungstools im vorab daraufhin untersucht werden, ob, in welchem Umfang und von wem diese in der Belegschaft akzeptiert oder blockiert werden. Das ist besonders bei Change-Prozessen von großer Wichtigkeit.

Es kann im vorab also simuliert werden, wie ein Team auf eine neue mögliche Führungskraft reagiert, und entsprechend gehandelt werden.

„Aber wie simulieren Sie den die Wirkung von Führungstools“, fragte Paul erstaunt nach.

„Mit Organisationsstellen. Dies ist eine der Methoden, die wir zur Entscheidungsfindung nutzen. Mit dieser werden systemische Zusammenhänge visualisiert und Konkurrenz, Ablehnung, Kommunikationsmangel und Koalition aufgezeigt. Der Vorteil ist, dass man sehr schnell Klarheit erhält und somit auch viel Zeit und Geld sparen kann“, war Herr Dornbergs Antwort. „Zudem können mit Methoden aus der Informationsmedizin die morphogenetischen Felder positiv informiert werden. Haben Sie schon mal etwas von Radionik gehört?“, fragte Herr Dornberg.

„Den Begriff habe ich zwar irgendwo schon mal gehört, aber wie ich Sie kenne, kommt das sicherlich später noch ausführlich“, gab Paul zur Antwort.

„Sehr richtig“, nickte Herr Dornberg anerkennend und fuhr fort, „als Gesamtpaket ist dieses Konzept einzigartig in Europa.“

„Das klingt wirklich sehr spannend“, erwiderte Paul, „ich habe von diesem Konzept noch nie gehört.“

„Ja, das liegt erstens natürlich daran, dass die Gruppe im Moment nur eine bestimmte Anzahl an Plätzen zur Verfügung hat, und zweitens, dass erst jetzt so langsam das Bewusstsein bei den Unternehmern wächst, wie wichtig es ist, alte Strukturen zu verlassen“, gab Herr Dornberg zur Antwort.

„Hat das auch mit dem TÜRKISEN Unternehmer zu tun, den Sie heute schon erwähnt haben?", fragte Paul nach.

„Ja, ganz genau", war die prompte Antwort. „Das ist die Grundlage dafür, aber so viel erst mal zur Mastermind-Gruppe. Später mehr darüber.

Jetzt erst mal zurück zu Ingmars Quantensprung. Wir waren dabei stehengeblieben, dass wir Ingmars aufweichende Strategie in der Mastermind-Gruppe nicht genehmigt hatten. Und das kommt folgendermaßen zustande: Wenn die Strategie erarbeitet ist, wird diese wie oben angedeutet, in Simulationsverfahren getestet. Im Fall von Ingmar war das Testergebnis sehr eindeutig. Somit war für ihn und die Gruppe eigentlich auch klar, dass Ingmar dies so umsetzt.

Aber alles was klar ist, ist nicht unmittelbar auch leicht umzusetzen. Oft hindern eben innere Muster, Widerstände und Blockaden die Menschen an der Umsetzung. Diese Muster sind es in der Regel auch, die uns dann doch nochmals bewusst oder unbewusst nach einfacheren und bequemeren Alternativen suchen und meistens auch immer welche finden lassen. Aber selbst, wenn es fachlich und faktisch keine Alternativen gibt, ist das Ergebnis immer nur so gut, wie die innere Überzeugung und Haltung, mit der man die Maßnahme umsetzt. Mit innerlichem Zweifel umgesetzt, erbringt immer ein deutlich schlechteres Ergebnis als mit Überzeugung umgesetzt.

Doch Ingmars Strategieergebnis lautete in etwa so:

Prinzip 1: *'Spitz statt breit'* – nur auf die genaue Zielgruppe konzentrieren, also junge Familien mit allergischen Kindern. Alle anderen Bestandskunden werden ignoriert.

Prinzip 2: *'Konzentration auf den Engpass'*: Es werden nur noch Häuser mit seinem Allergiekonzept angeboten und ausgeführt, keine konventionellen Häuser mehr.

Prinzip 3+4 waren ja schon integriert und wurden dadurch gefestigt, dass die Mitarbeiter zu 100% auf die neue Strategie in 2

Workshops eingeschworen und geschult werden. Die Simulation in der Gruppe hatte ergeben, dass sowohl die Kunden als auch die Mitarbeiter das neue Konzept gut annehmen würden und dass der Markt insgesamt überaus positiv darauf reagieren würde.

Natürlich war es für Ingmar, zumindest empfunden, ein gewaltiges Risiko sozusagen von heute auf morgen einen kompletten Change im Unternehmen vorzunehmen. Und umso verständlicher war seine unbewusste Taktik, es erst einmal mit einer entschärften Variante zu versuchen. Erneute Simulationsverfahren hatten allerdings deutlich gezeigt, dass in seinem Fall nur die radikale Methode von Erfolg gekrönt war.

Also, Ingmar wurde überzeugt und radionisch unterstützt, um mit maximalem Vertrauen und der Unterstützung aus der Gruppe konsequent und begeistert umsetzen zu können. Was dann innerhalb der nächsten 3 Monate geschah, übertraf selbst seine kühnsten Erwartungen.

Er hatte faktisch im ersten Schritt, ohne Umsatzeinbruch, die Anzahl aller konventionellen Aufträge durch Aufträge ersetzt, die sich auf seine neue Zielgruppe bezogen. Anscheinend gab es weit mehr junge Eltern mit allergischen Kindern in seinem Einzugsgebiet, die sich von seinem Konzept angesprochen fühlten, als es seine Marktrecherche ergeben hatte.

Im zweiten Schritt verdoppelte er seinen Auftragseingang mit Kunden, die zwar keine allergischen Kinder hatten, jedoch präventiv bauen wollten. Ein Aspekt, der im Vorfeld so gar nicht beachtet wurde. Im dritten Stepp erhöhte er das Durchschnittsvolumen seiner Renovierungsaufträge um über 32%.

Die meisten seiner Altkunden brachen also nicht weg, sondern sie waren diejenigen, die sein neues WARUM ja nur um den Aspekt Haus als Ort der Gesundheit, Kraft und Energie in ihrer Akzeptanz ergänzen mussten und dies sehr gerne taten. Er erzielte daher 32% mehr durchschnittliches Auftragsvolumen, weil sein Konzept mehr Leistung beinhaltete und zudem besser kalkuliert war."

„Unglaublich", kommentierte Paul die Ausführungen von Herr Dornberg. „Und das alles innerhalb von 3 Monaten? Aber wie hat Ihr Bekannter es denn geschafft, das Ganze auch organisatorisch umzusetzen? Ich meine viel Umsatz ist das eine, aber überdurchschnittliches Wachstum birgt ja auch große Gefahren. Personal, Kapitalbedarf, Ausfallrisiko und so weiter."

„Da treffen Sie den Nagel auf den Kopf. Aber genau diese Aspekte werden eben in so einer starken Gruppe im Vorfeld alle berücksichtigt und entsprechende Reaktionsstrategien bereits vorbereitet. Das ist eben der Unterschied zwischen Einzelkämpfer und Mastermind-Gruppe", entgegnete Herr Dornberg.

Und er fügte hinzu: „Das Beste aber kommt noch."

„Was denn jetzt noch?", dachte sich Paul. Viel besser konnte es ja wohl für einen Unternehmer nicht laufen, wenn er sein Unternehmen innerhalb von 3 Monaten erfolgreich völlig neu positionierte, den Umsatz um ein Vielfaches steigerte, die Rendite verzehnfachte und dabei gleichzeitig die Strukturen in seinem Unternehmen so neu ordnete, dass das Ganze auch noch reibungslos ablief.

Herr Dornberg fuhr fort: „Eigentlich wollte Ingmar ja immer Architekt werden, wenn Sie sich erinnern. Das hatte einerseits mit seiner Kreativität zu tun, andererseits mit der Tatsache, dass man als Architekt ja maßgebend für die Planung eines Hauses herangezogen wird und nicht nur für die Ausführung. Außerdem träumte er auch immer davon, frei und ungebunden überall arbeiten zu können. Nicht angewiesen zu sein auf Mitarbeiter, Maschinen und lokale Märkte. Und dass ihm das Thema Prestige und Anerkennung wichtig war, konnte er auch nicht ganz verleugnen.

Durch seine Konzepte wurde er mehr und mehr von Architekten kontaktiert, die ihn beratend für die Erarbeitung von Projekten anfragten. Zwischenzeitlich sind seine Einkünfte aus Beratungshonoraren so gestiegen, dass er problemlos alleine davon leben könnte, und dies nicht mal so schlecht. Dass seine

Beratungsmandate immer mehr an Auslandsaufenthalte gekoppelt sind, genießt er momentan noch mehr, als dass es ihn belastet. Was er aber am allermeisten genießt, sind seine Nebentätigkeiten als Dozent an der TU München und bei der Architektenkammer."

„Wenn's läuft dann läuft's", kommentierte Paul die Geschichte anerkennend. „Ginge das in meiner Branche auch?", ergänzte er im gleichen Atemzug, „und falls ja, wenn möglich schon vorgestern bitte?"

„Da haben Sie, auch wenn Sie es mit Sicherheit etwas scherzhaft meinen, einen der wichtigsten Aspekte angesprochen", kam die prompte Antwort.

Nun wurde Herr Dornberg wieder etwas weniger euphorisch und sagte in eher nachdenklichem Ton: „Es geht hier um den Faktor Zeit. Ich habe schon viel gewonnen in meinem Leben, aber auch viel verloren. Ich habe unglaublich viel Geld verloren. Ich habe unglaublich wertvolle Menschen verloren. Ich habe oftmals den Glauben verloren und ich habe manchmal auch mich selbst verloren.

Aber all diese Verluste und Erfahrungen haben mich schlussendlich zu dem gemacht, der ich heute bin, und im Nachhinein will und kann ich keine dieser Verluste missen. Was ich aber dabei auch verloren habe, ist Zeit. Heute weiß ich, dass Zeit mein höchstes Gut ist. Ich werde nicht mehr dulden, dass Kompliziertheit meine Zeit unnötigerweise verschlingt. Ich werde in Zukunft nur noch darauf achten, die Genialität in der Einfachheit zu finden. Denn es gibt noch so viel zu lernen und zu entdecken."

Diesen Aspekt hatte Paul für sich so noch nie betrachtet. Das lag natürlich daran, dass er wesentlich jünger war als Herr Dornberg. Aber für einen Augenblick konnte er sich in dessen Lage versetzen und nachfühlen, wie es wohl war, wenn man den Eindruck hatte, dass einem die Zeit so langsam wegläuft.

„Um auf Ihre Frage zurückzukommen", riss Herr Dornberg Paul aus seinen Gedanken. „Natürlich ist so etwas nicht auf eine bestimmte Brache beschränkt - auch wenn man versucht ist zu glauben, dass eben gerade die Baubranche beziehungsweise Bauen und Wohnen so viel mit Gefühl und Emotion zu tun hat. Alles was wir Menschen tun, hat schlussendlich mit Emotionen zu tun. Viele Entscheidungen basieren fast ausschließlich auf Emotionen, die den Entscheidungen vorausgegangen sind. Erst im Nachhinein werden diese Entscheidungen vom Verstand dann intellektualisiert.

Bei Frauen ist das ja sehr offensichtlich und auch irgendwie nachvollziehbar, wenn Sie beispielsweise behaupten: Dieser oder jener Schuh wäre trotz der Höhe oder sogar gerade deswegen unglaublich bequem und angenehm. Das einzige was angenehm ist, sind offensichtlich die bewundernden Blicke, die man als Frau erntet, wenn man so auf der Königsallee in Düsseldorf dahingleitet. Das ist ja alles noch nachvollziehbar.

Aber wenn wir als Männer ganz, ganz ehrlich sind - und ich meine wirklich ganz ehrlich, Herr Herter - hängt als Mann die Entscheidung, einen Anhänger zu kaufen, irgendwie auch damit zusammen, ob dieser Hänger, was Tragfähigkeit und Robustheit betrifft, zu meinem Image als Mann passt oder nicht. Sie wissen, was ich meine!

Also um auf Ihre Frage zurückzukommen, ob das auch in Ihrem Geschäftsbereich funktioniert, so sehe ich sehr gute Chancen. Was die Zeit, also die Schnelligkeit angeht, kann ich Ihnen nur raten, sich einer Mastermind-Gruppe anzuschließen. Gerne kann ich Ihnen mal den Kontakt zu meiner Unternehmer-Schule machen.

Allerdings geht das nicht unbedingt von heute auf Morgen, da die Plätze ja begrenzt sind. Für Ihre Anfänge stehe ich Ihnen aber gerne zur Verfügung. Und eigentlich sind wir ja auch schon mittendrin. Also, weiter in den Unterlagen, oder haben Sie noch Fragen bis hierher?"

Paul antwortete: „Fragen direkt noch nicht, aber soweit ich das verstanden habe, liegt Ihr Erfolgsprinzip sehr stark in der Verknüpfung von strategischem Wissen, konsequenter Umsetzung und starker emotionaler Identität."

„Genau darum geht es", nickte Herr Dornberg anerkennend. „Viele die *EKS* einsetzen arbeiten zwar genau nach der Vorgabe von *EKS* und erzielen auch Ergebnisse damit, sobald aber jemand zusätzlich auf Basis seines WARUM mit dem Know-how von der *Engpasskonzentrierten Strategie* arbeitet, wird dieser Mensch immer um ein vielfaches erfolgreicher sein, als derjenige der *EKS* nur alleine als Strategie einsetzt.

Das Prinzip von *EKS* können Sie sich entweder aus Büchern oder auch aus Kursen und Seminaren, die angeboten werden, schnell und effizient selbst aneignen. Hier zeige ich Ihnen noch der Vollständigkeit halber die 7 Phasen, die *EKS* als Vorgehensweise vorschlägt.

Wir arbeiten jedoch erstens nach einer anderen Reihenfolge und zweitens mit den ganz speziellen Methoden der Simulationstechnik, die ich oben kurz erwähnt habe. Die Simulationstechnik ist übrigens ein Teil der restlichen 30% von denen ich schon gesprochen habe, die eine Erfolgsgarantie ausmachen.

Deshalb nennen wir diese Strategieform in unserem Konzept *Integrales EKS*. Aber das behandeln wir ja noch ausführlich. Es wäre für Sie zu Beginn aber sicherlich hilfreich, wenn Sie die 4 Prinzipien und die 7 Phasen der *EKS* in ihrem Ursprung kennen würden."

Herr Dornberg nahm zwei kleine gelbe Haftnotizen, um für Paul die Seiten in den Unterlagen zu markieren, und fuhr dann fort:

„Also die 7 Phasen in *EKS* sind:

Phase 1 – Stärkenanalyse:

Welche besonderen Stärken habe ich oder mein Betrieb? Die Ist-Situation wird analysiert und die speziellen Stärken als Kernkompetenz herausgearbeitet. In einer Differenzanalyse wird eine Profilierung gegenüber den Mitbewerbern vorgenommen. Am Ende steht ein klares Eignungsprofil.

Phase 2 – Erfolgversprechendes Geschäftsfeld:

Das erfolgversprechendste Geschäfts- bzw. Aufgabenfeld wird erforscht: Für die Lösung welcher Aufgabe bzw. welcher Probleme bin ich durch mein Stärkenprofil optimal geeignet?

Phase 3 – Zielgruppenbestimmung:

Welche Zielgruppe hat genau das Problem, das ich lösen kann? Dies ist meine erfolgversprechendste Zielgruppe. Bei ihr entwickelt mein Problemlösungspotenzial die größtmögliche Anziehungskraft. Im Dialog mit dieser Zielgruppe finde ich heraus, welche Probleme sie tatsächlich hat.

Phase 4 – Brennendes Problem der Zielgruppe:

Wie kann ich meine Problemlösung so profilieren und weiterentwickeln, dass ich ihr brennendstes Problem, ihren größten Entwicklungsengpass lösen kann? Dazu muss ich die Zielgruppe eventuell weiter differenzieren und intensiv mit ihr in den Dialog treten.

Phase 5 – Innovationsstrategie:

Durch eine Innovation wird eine zwingende Problemlösung für den Zielgruppenengpass erarbeitet. Aufgrund der Kenntnis des Engpasses in Verbindung mit meinen Stärken wird eine Innovation mit zwingendem Nutzen für die Zielgruppe entwickelt.

Phase 6 – Kooperationsstrategie:

Um eine innovative Lösung, ohne eigene Verzettelung anbieten zu können, sucht man sich ggf. Kooperationspartner, die durch ein komplementäres Stärkenprofil die Problemlösung und damit ein marktfähiges Produkt ermöglichen. Die Zusammenarbeit erfolgt erst einmal auf Grenzkostenbasis.

Phase 7 – Soziales Grundbedürfnis, Marktführerschaft:

Hinter jedem Problem liegt ein „grundlegenderes“ Problem verborgen. Am Ende der Kette steht ein „soziales Grundbedürfnis”. Durch die nachhaltige Problemlösung hinsichtlich dieses Grundbedürfnisses der Zielgruppe wird die Marktführerschaft (im eigenen klar definierten Marktsegment) erreicht.

„Wie geht es Ihnen, Herr Herter? Sind Sie noch aufnahmefähig oder sollen wir eine Pause einlegen?“, erkundigte sich Herr Dornberg bei Paul. „Haben Sie sich bis hierhin Fragen notiert?“

„Nein, Fragen habe ich so direkt keine, aber ich habe für mich eine kleine Zusammenfassung gemacht, was ich bis hierhin verstanden habe. Wenn Sie gestatten, würde ich die gerne mit Ihnen durchgehen um sicherzustellen, dass ich alles richtig verstanden habe.“

„Sehr gerne, schießen Sie los“, antwortete Dornberg.

Paul drehte sein Blatt etwas zur Seite, sodass sie gemeinsam darauf schauen konnten, und erklärte kurz seine Notizen:

„1. Probleme entstehen, wenn man seine Krisen nicht erkennt.

2. Krisen sind die Aufforderungen, Veränderungen vorzunehmen.

3. Es gibt nur 3 Bereiche, in denen man Veränderungen vornehmen muss:

3.1 *Change Leadership* - verändere die Führung:

Ist unterteilt in:

- Finde dein WARUM und leite daraus deine Ziele ab.

- Entwickle deine Lebensvision.

- Entwickle daraus deine Unternehmensvision.

- Lerne, dich selbst zu führen.

- Lerne, deine Mitarbeiter, deine Kunden, dein Umfeld zu führen.

3.2 *Change Strategie*:

Strategie ist ein permanenter gelebter Prozess, um den Zweck eines Unternehmens, dem Markt einen bestimmten Nutzen zu bringen, zu sichern.

Dafür sind lediglich 3 Grundstrategien erforderlich:

1. Kommt später

2. Kommt auch später

3. *EKS*

4. die fehlende 30%-Methode – kommt ebenfalls noch

3.3 *Change Energy*

.... ja, und bei *Change Leadership* haben wir ja erst das WARUM behandelt. Allerdings fehlt mir da noch die genaue Vorgehensweise. Die anderen Unterpunkte sind noch offen, aber vermutlich hängen die mit der Erarbeitung des WARUM zusammen?“ Paul schaute Dornberg fragend an.

„Sehr gut erkannt“, kommentierte dieser Pauls Ausführungen.

„Und bei *Change Strategie* kommen wir ja jetzt erst zu Punkt 1+2. Und was dann auch noch aussteht, habe ich mal als ‚die fehlende 30%-Methode‘ bezeichnet. Und zu *Change Energy* haben wir ja auch noch nichts besprochen“, ergänzte Paul seine Aufzeichnungen.

„Die fehlende 30% Methode können Sie unter *Change Energy* eintragen“, gab Herr Dornberg zur Antwort und er erklärte weiter: „*Change Energy* ist hier zwar als separater Punkt aufgelistet, in Wirklichkeit sind es aber Methoden und Techniken, die *Change Leadership* und *Change Strategie* so ergänzen, dass diese Punkte erst damit ihr volles Potenzial erreichen können.

Und was die Werkzeuge für Ihr WARUM, Ihre Lebens- und Unternehmensvision angehen sowie die Führungstechniken, das hängt davon ab, welche dominante Farbe Sie als Unternehmer haben. Wir werden jetzt also das Modul *Change Strategie* vervollständigen, dann Ihre dominante Farbe bestimmen und daraus dann Methoden für Sie ableiten. Ist das so in Ordnung für Sie?“

„Absolut perfekt Herr Dornberg, und vielen Dank für den herrlichen Tag heute. Ich weiß Ihre Zeit und Ihr Engagement wirklich zu schätzen.”

Paul war wirklich etwas gerührt, ansonsten hätte er sich nicht zu so einer Äußerung hinreißen lassen. Es war schon lange her, dass er so viel Unterstützung von außen bekommen hatte, und dass sogar noch von einem fremden Menschen. Lag das nun daran, dass Herr Dornberg etwas ganz Besonderes war, oder daran, dass Paul selbst die letzten Jahre eher zum Einzelkämpfer mutiert war, fragte er sich innerlich.

Da fiel Paul die Geschichte ein, die er einmal von einem Speaker auf einem dieser Vortragsabende gehört hatte, die er mal mit seiner Frau besucht hatte. Dieser Mann erzählte, wie er als Unternehmer gescheitert war, unter anderem deswegen, weil er sich geschämt hatte, um Hilfe zu fragen. Er hatte damals geglaubt, niemand hätte Interesse daran, ihn zu unterstützen, beziehungsweise dass er dachte, es wäre eine persönliche Bankrotterklärung so etwas zu tun. Als er dann 2 Jahre erfolglos gekämpft hatte und ganz zuletzt nicht mehr anders konnte als nach einer helfenden Hand zu rufen, streckte man ihm 10 Hände entgegen. Und alle sagten, sie hätten zwar gesehen, dass er Hilfe bräuchte, aber sie wollten sich nicht aufdrängen. Tragisch daran war, dass das Kind zu diesem Zeitpunkt schon in den Brunnen gefallen war.

Was Paul im Moment etwas beunruhigte, war, dass Herr Dornberg ihn nach dem Stadium seiner Krise gefragt hatte und Christine und Oliver auch schon andeuteten, dass etwas nicht stimmte. Könnte es sein, das er manche Dinge nicht sah, die andere bereits wahrnehmen?

Er entschloss sich, Herrn Dornberg direkt darauf anzusprechen.

„Eine Frage hätte ich allerdings noch, bevor es weitergeht. Kann es sein, dass man sich in einer Krise befindet und es selbst nicht merkt?“, fragte er also.

Herr Dornberg antwortete: „Ja, durchaus. Bisher war es für Sie allerdings nicht möglich, das zu erkennen. Man nennt das die *‚Phase der Verleugnung'*.

Dieser Begriff stammt aus dem sogenannten *Phasenmodell für Veränderung*, welches viele Wirtschaftswissenschaftler und Psychologen anwenden, da es auf geschäftliche sowie persönliche Veränderungen gleichermaßen anwendbar ist. Es beschreibt einen Prozess, der hauptsächlich in Change-Prozessen zum Tragen kommt – egal ob privat oder geschäftlich. Es ist ein wunderbares Modell, das die einzelnen Phasen eines Veränderungsprozesses wunderbar treffend beschreibt und sehr hilfreich ist. Ich kann Ihnen diesen Prozess sehr gerne mal aufzeichnen und Ihnen dann auch mal demonstrieren, wie man es dennoch schafft, seine Krise zu erkennen, obwohl sie objektiv noch nicht da ist. Ich mache mir kurz eine Notiz, damit wir das nicht vergessen. Können wir im Fahrplan fortfahren?“

„Ja natürlich, sehr gerne“, erwiderte Paul.

Herr Dornberg blätterte weiter in seinen Unterlagen und fuhr fort: „Bei der Grundstrategie Nr. 1 handelt es sich weniger um eine Strategie, als um ein äußert effizientes ganzheitliches Konzept, um Ihr Unternehmen wirklich auf Vordermann zu bringen. Es nennt sich das *Alchimedus Prinzip*[3].

Warum kompliziert, wenn es auch einfach geht

Das Besondere an diesem Konzept ist die Vorgehensweise. Grundsätzlich gibt es unendlich viele Bereiche, die man optimieren kann - je nach Größe des Unternehmens und je nach Branche beziehungsweise Komplexität des Unternehmens.

Alchimedus bietet hier eine sensationell einfache Methode, die auf alle Branchen und alle Unternehmensgrößen übertragbar ist.

Auf der Grundstufe führen Sie einfach eine Umfrage im Unternehmen oder in einer bestimmten Abteilung durch. Diese basiert auf 60 Fragen. Diese Fragen bilden dann sehr genau die eigene Einschätzung der Abteilung oder des ganzen Unternehmens in folgenden Bereichen ab.

Alchimedus nennt diese Bereiche, die sogenannten *3 Kräfte*: *Kraft Werkzeug*, *Kraft Inspiration* und *Kraft Mensch*. Dabei steht die *Kraft Werkzeug* für angewandte Systeme, Methoden, planerisches Handeln, Ausstattung, Maschinen, etc..

Die *Kraft Inspiration* steht für Innovationsfreude, Kreativität, Zielorientierung, Teamverhalten. Und die *Kraft Mensch* als Gemeinschaftskraft für Werteorientierung und Kommunikation. Dieses Tool bietet unterschiedliche Vorteile. Erstens sind Sie damit in kürzester Zeit in der Lage, ein Eigen- und Fremdbild Ihres Unternehmens zu erstellen sowie eine sehr fundierte Analyse. Durch den Einsatz dieses Systems ersetzen Sie alle gängigen Strategietools, die Sie sowieso weder alle kennen noch beherrschen können, mit einem Schlag. Die ganze Komplexität der Managementsysteme wird auf eine transparente, einfache und klare Umsetzung genial anwendbar.

Es wäre jetzt eher müßig, das ganze System zu erklären, bevor wir nicht wissen, auf welcher Stufe Sie für sich einsteigen wollen. Dazu brauchen wir nämlich erst was?“, fragte er Paul und zeigte dabei mit seinem Stift direkt auf ihn.

„Die Farbe meines Unternehmens?", kam sehr zögerlich die Antwort von Paul zurück.

„Schon fast richtig", war die Antwort. „Wir brauchen die Farbe Ihres Unternehmens und dazu aber auch Ihre persönliche eigene Farbe. Aber prinzipiell richtig beantwortet", nickte Herr Dornberg anerkennend.

Er fuhr fort: „Auf der richtigen Stufe eingesetzt, bewirkt diese Methode wirklich Großes. Toll dabei ist, dass man die Methode entweder selbst im Unternehmen umsetzen kann oder die Umsetzung auch für wirklich kleines Geld einkaufen kann. Die Berater, die mit dieser Methode arbeiten, haben einen Bruchteil an Aufwand, im Gegensatz zu den klassischen Unternehmensberatern. Ich habe Unternehmensanalysen gesehen, die genau zu den gleichen Ergebnissen gekommen sind, wie mit herkömmlichen Methoden. Unter Einsatz der *Alchimedus Methode* betrug der Aufwand dafür knapp 2000 Euro und im klassischen Fall mehr als das Zehnfache. Ein weiterer wesentlicher Vorteil ist, dass auch die Mitarbeiter bei der Analyse ein wichtiger Bestandteil sind und somit bei der späteren Umsetzung die Bereitschaft dazu schon gesichert ist.

Für mich gehört es zur absoluten Allgemeinbildung eines modernen Unternehmers, *Alchimedus* zu kennen." Er zog wieder eine Haftnotiz vom Block und markierte die Stelle in den Unterlagen mit dem Link: www.alchimedus.de.

„Bereit, weiterzumachen?", blickte er Paul fragend an. Und eine positive Antwort voraussetzend, fuhr er fort: „Dann gehen wir zur Grundstrategie Nr. 2 – die *Blue Ocean-Strategie*[4] - haben Sie hiervon schon einmal gehört?"

„Ehrlich gesagt, auch nicht", erwiderte Paul und kam sich dabei etwas schlecht vor.

Herr Dornberg lächelte ihn aber freundlich an und meinte: „Kein Problem - da freu' ich mich aber, dass ich heute mal wieder voll und ganz glänzen kann. Das tut meinem Ego mal wieder richtig gut. Das musste sich ich die letzten 14 Tage ganz schön zurückhalten. Meine Frau und ich waren auf einem Meditations Retreat in Sri Lanka, kombiniert mit einer Ayurveda Kur. Ein wahrer Genuss für Körper und Seele kann ich Ihnen sagen. By the way, machen Sie irgendwelche Formen von Meditation?"

„Meine Frau hat ein paar CDs, die ich ab und an auch verpasst bekomme, aber ansonsten leider wieder ein klares Nein", gab Paul zu.

„Lassen Sie mich raten. Sie hören die CDs, können aber keine Bilder sehen und Gefühle dazu aufbauen, richtig?" fragte Herr Dornberg nach.

„Ja, stimmt genau", erwiderte Paul, „ich schlafe dann auch immer gleich ein. Und das bringt ja dann auch nichts und darum verfolge ich das auch nicht weiter, obwohl mich meine Frau ständig anhält, es weiter zu versuchen."

„Ich glaube, Sie sollten ein wenig mehr auf Ihre Frau hören, sonst verschwenden Sie vielleicht zu viel Potenzial. Ist Ihre Frau auch im Unternehmen tätig?", fragte Herr Dornberg.

„Nein, sie kommt aus einer ganz anderen Branche. Und jetzt, solange die Jungs noch so klein sind, kümmert sie sich fast ausschließlich um die Beiden", erwiderte Paul.

„Sehr gut, sehr gut", fuhr Herr Dornberg fort, „umso mehr sollten Sie ihre Tipps berücksichtigen. Wir verlieren viel zu schnell den neutralen Blick auf unsere Unternehmen und machen immer wieder dieselben Fehler. Wenn Sie jemanden an der Seite haben, dem Sie zu 100% vertrauen können, und dieser Jemand Ihnen Feedback gibt, sollten Sie das sehr ernst nehmen. Leider verwechselt unser Ego oft Feedback mit Kritik und wehrt sich dann mit Argumenten, wie zum Beispiel *‚das verstehst Du nicht'*. Wenn man sich nicht ausreichend um sein Ego kümmert, kann das die größten Negativeffekte nach sich ziehen. Mich hat das in meiner Karriere schon etliche Millionen gekostet. In Wahrheit braucht man Dinge gar nicht verstehen, um sie beurteilen zu können, sie sind offensichtlich. Außenstehende sehen einfach Dinge, die man selbst nicht sieht. Man ist hier einfach oft „betriebsblind“ oder man will es manchmal auch nicht sehen.

Herr Dornberg nahm sich wiederum ein Blatt und zeichnete folgendes auf:

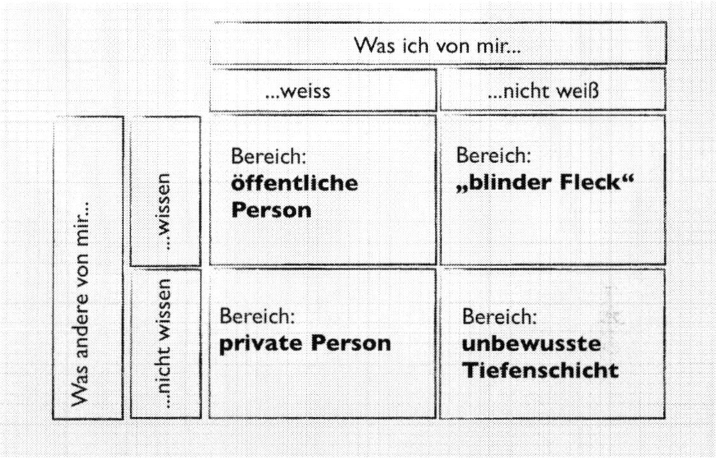

Quelle: Das Johari-Fenster, benannt nach den Autoren Joe Luft und Harry Ingham

Schauen Sie, es gibt 4 Bereiche mit Informationen über uns. Leider sind uns selbst meistens nur Informationen aus 2 Bereichen zugänglich.

Oben links ist der Bereich *‚öffentliche Person'*. Hier befinden sich Dinge, die ich von mir selbst weiß und die ich auch der Öffentlichkeit und meiner Umgebung preisgebe. Somit wissen andere Menschen das auch über mich.

Unten links befinden sich Informationen, die ich von mir weiß, jedoch nicht preisgeben will. Dieser Bereich nennt sich *‚private Person'*.

Oben rechts wird`s jetzt spannend. Dieser Bereich nennt sich der *‚blinde Fleck'*. Hier verstecken sich Dinge, die mir verborgen sind, allerdings für viele andere völlig offensichtlich sind.

Und das ist der Bereich, der unglaublich wertvolles Feedback und Informationen für uns enthält, wenn wir bereit sind, uns dafür zu öffnen. Das Feedback Ihrer Frau ist eventuell besonders wertvoll, eben weil sie einen gesunden Abstand zu den Dingen hat.

Der untere rechte Quadrant heißt *'unbewusste Tiefenschichten'*. Und hier liegen wahre Schätze an Informationen für uns bereit. An die kommt man allerdings nur mit speziellen Methoden. Eine davon ist eine besondere Form der Meditation. Die anderen Methoden werden Sie auch noch kennenlernen. Wenn Ihre Frau also schon etwas in Meditation geübt ist, werden Sie vermutlich schon bald enorm davon profitieren können. Und ich rate Ihnen, sich mit diesem Thema auch sehr bald vertraut zu machen. Aber wir werden jetzt sowieso Stück für Stück die ganze Thematik aufarbeiten.

Zunächst aber erst noch einmal zur *Blue Ocean Strategie* selbst. Wie vorher schon erwähnt, macht der Einsatz dieser Grundstrategie dann Sinn, wenn Sie wirklich neue Innovationen in den Markt bringen wollen und nicht unbedingt wie bei der *EKS* schon bereit sind für den ganz großen Change.

Lassen Sie mich Ihnen kurz die *Blue Ocean Strategie* in ihren Grundzügen erklären. Die meisten Unternehmen sind einem starken Wettbewerb ausgesetzt, daher wird es für sie immer schwieriger, ein nachhaltiges Wachstum zu erreichen. Wettbewerbs- oder Stärken–Schwächenanalysen auszuarbeiten, um sich abzugrenzen, helfen da auch nur begrenzt. Wer immer nur darauf schaut, was seine direkte Konkurrenz besser macht und dann nachahmt beziehungsweise kopiert, ist und bleibt immer eine Kopie. Es kann zwar kurzfristigen Erfolg bringen – aber nur aufgrund der Tatsache, dass über 85% der Unternehmer überhaupt keine Wettbewerbsanalysen anwenden. Und somit ist hier der Einäugige der König unter den Blinden. Allerdings ist das keine wirkliche Strategie für einen Durchbruch oder einen Quantensprung, denn nach einer gewissen Zeit wird man selbst wieder kopiert und beginnt wieder Neuem um Margen und Marktanteile zu kämpfen.

Blue Ocean geht hier einen anderen Weg. Wenn Sie in Ihrem Markt wirklich völlig anders wahrgenommen werden wollen, dann müssen Sie sich auch völlig anders präsentieren. Schauen Sie sich folgende Grafik dazu an", sagte Herr Dornberg und schlug folgendes Bild auf:

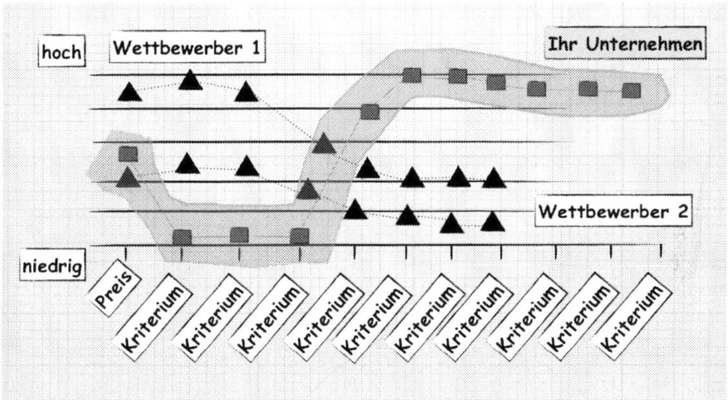

Quelle: Q8 – Success & Living ©

„Sehen Sie sich hier dieses Beispiel an", erklärte er weiter. „Wenn Sie eine Analyse Ihres Wettbewerbs machen, ergibt sich zum Beispiel solch eine Kurve. Auf der x-Achse sind bestimmte Kriterien definiert und auf der y- Achse die Ausprägung dazu. Sie sehen, dass der Unterschied zwischen Wettbewerber 1 und Wettbewerber 2 fast ausschließlich in der Ausprägung der Kriterien besteht. Das bedeutet, dass die beiden eigentlich das Gleiche anbieten, nur unterschiedlich in der Qualität und somit im Preis.

Wenn Sie Ihr Unternehmen mit Ihrem Angebot jetzt noch irgendwo zwischen diese beiden anderen quetschen würden, befänden Sie sich im vollen Wettbewerb. Vor allem auch deshalb, weil Wettbewerber 1 einfach seine Preise etwas senken könnte, um Sie direkt anzugreifen, oder Wettbewerber 2 einfach nur seine

Kollektion qualitativ anheben müsste, um Sie ebenfalls direkt zu attackieren. Die einzig wirklich sinnvolle Alternative jedoch ist, seinen Kurvenverlauf gänzlich konträr zu seinem Wettbewerb verlaufen zu lassen. Das ist insofern anfangs nicht ganz einfach, weil man dazu mit ganz anderen Denkansätzen arbeiten muss.

Im Grundprinzip geht es darum, die momentanen Kriterien im Markt zu erarbeiten, und, wie in diesem Beispiel, eine Kurve anzulegen. Danach stellt man sich die folgenden 4 Fragen:

- Was kann ich in meinem Angebot eliminieren?
- Was kann ich redu zieren?
- Was kann ich steigern?
- Was kann ich neu kreieren?

So kommt man sehr oft zu überraschenden Ergebnissen, und es entsteht dann eine völlig neue Kurve - und somit eine wirklich einzigartige Alleinstellung.

Viele in unserer Mastermind-Gruppe nutzen für diese Strategie vor allem die vielen Inputs aus der Gruppenarbeit. Wenn Ihnen eine Gruppe von Unternehmern aus den verschiedensten Branchen, geballten Input zu den 4 Fragen gibt, entsteht natürlich zusätzlich eine ganz andere Dynamik, als wenn Sie das alleine oder mit Ihren Mitarbeitern machen. So werden sehr schnell sehr gute Ergebnisse erzielt.

Der nächste Schritt ist dann aber meistens doch die große Lösung. Aber wenn ein Unternehmer mehr als 50 Mitarbeiter hat, ist eine stufenweise Veränderung sehr viel harmonischer und weniger riskant. Vorausgesetzt natürlich, die Krise ist nicht schon zu einem wirklichen Problem mutiert, denn Sanierungen und Turnarounds haben wieder andere Gesetze.

Die *Blue Ocean Strategie* bietet einen genauen, sehr einfach nachvollziehbaren Leitfaden, wie ich für mein Unternehmen neue Innovationen erarbeite. Dies wird besonders effektiv, wenn man die Strategie mit *Alchimedus* kombiniert.

Für Sie als Hausaufgabe würde ich Ihnen unbedingt empfehlen, das Buch zur *Blue Ocean Strategie* zu lesen. Es ist von Chan Kim und Renée Mauborgne und heißt: *Der blaue Ozean als Strategie - wie man neue Märkte schafft, wo es keine Konkurrenz gibt.*"

Herr Dornberg notierte Paul den Titel und die ISBN-Nummer auf eine weitere Haftnotiz und klappte dann die Unterlagen zu.

Fragend blickte er Paul an: „Was nehmen Sie heute für sich aus unserem Meeting mit, Herr Herter?"

„Erst einmal vielen Dank für alles, Herr Dornberg", erwiderte Paul. „Mir ist heute völlig klar geworden, dass ich einen viel größeren Schwerpunkt in meiner Arbeit auf Führung und Strategie legen muss.

Gleichzeitig ist mir klar geworden, dass ich sofort viel freier und unabhängiger werde, wenn ich die Verantwortung für die Dinge in meinem Leben und Unternehmen wirklich übernehme. Natürlich ist es viel einfacher, die Konjunktur, den Markt, die Mitarbeiter, die Banken, das veränderte Kundenverhalten und so weiter für die stagnierenden Geschäftszahlen verantwortlich zu machen. Und das, das muss ich wirklich zugeben, habe ich in letzter Zeit immer mehr getan. Ihre Erläuterung aber, dass Verantwortung nicht eine Frage der Schuld, sondern eine Frage der Zuständigkeit im Sinne von - wer ist hierfür zuständig, das zu ändern - das gibt mir ein völlig neues Rollenverständnis. Ich merke, wie ich dadurch wieder Kraft und Energie bekomme. Mit Ihren Ausführungen bezüglich Strategien haben Sie mich unglaublich neugierig gemacht. Ich werde mir morgen früh sofort die Literatur dazu besorgen und ein paar Internetrecherchen anstellen.

Eine vielleicht etwas anmaßende Frage hätte ich allerdings noch zum Schluss. Wir sind ja nicht ganz durchgekommen mit den Inhalten der Unterlagen. Würden Sie sich gelegentlich nochmals die Zeit nehmen, mir auch den Rest zu erläutern? Ich würde Ihnen natürlich Ihre Aufwendungen selbstverständlich ausgleichen."

Herr Dornberg lächelte, bevor er antwortete: „Über einen Ausgleich, außerhalb eines monetären, den ich nie von Ihnen annehmen würde, können wir uns gerne zu einem späteren Zeitpunkt unterhalten. Da wird Ihnen dann sicherlich das Richtige begegnen. Ich bin ganz ehrlich. Ich wäre wahrscheinlich ein bisschen enttäuscht gewesen, wenn Sie nicht nach einer Fortsetzung gefragt hätten. Denn alles, was ich Ihnen bis hierhin erzählt habe, hätten Sie auch irgendwie sonst erfahren und nachlesen können. Wenn Sie diese Erkenntnisse dann umgesetzt hätten, wäre Ihnen ja auch schon deutlich weitergeholfen gewesen. Wenn Sie jedoch einen Quantensprung anstreben, dann sind vor allem die Themen von Bedeutung, die jetzt noch in den Unterlagen folgen.

Wann hätten Sie wieder Zeit? Ich kann praktisch immer am Mittwoch, Donnerstag und Freitag – jeweils ab 11.00Uhr. Rufen Sie doch einfach wieder bei Frau Neubauer an und vereinbaren mit ihr einen Termin."

„Herzlich gerne", erwiderte Paul. Er war nach diesem Tag in keiner Weise mehr überrascht, dass dieser Dornberg es anscheinend tatsächlich geschafft hatte, als erfolgreicher Unternehmer quasi nur noch halbtags zu arbeiten.

„Wollen wir uns denn dann hier wieder treffen?", fragte Paul nach.

„Wäre mein Vorschlag", erwiderte Herr Dornberg. „Vorausgesetzt, Sie fühlen sich wohl hier."

„Absolut", entgegnete Paul, „die Küche ist ein Genuss und der Ort hat wirklich etwas magisches, wie Sie es heute Morgen so schön ausgedrückt haben."

„Ja, nicht wahr? Kaum zu glauben, dass dieses Hotel vor einem Jahr noch kurz vor dem Konkurs stand. Die Wende kam erst als der Ort zu einem magischen Stück Land aktiviert wurde. Glauben Sie an Wunder?“, fragte Herr Dornberg.

„Eigentlich nicht“, antworte Paul.

„Ich auch nicht“, entgegnete Herr Dornberg und fuhr fort: „Aber es macht unglaublichen Spaß, welche zu inszenieren. Hätten Sie mal Lust dabei zu sein?“

Paul ahnte, dass die nächste Begegnung mit Herr Dornberg wohl wieder recht spektakulär werden würde.

Resümee des 1. Tages

„Was für ein Tag“, dachte sich Paul auf dem Weg nach Hause. Er hatte heute Morgen wirklich nur damit gerechnet, in ein oder zwei Stunden ein bisschen mehr Klarheit über ein paar Seminarunterlagen zu erhalten, die er ein paar Tage zuvor von der Frau eines Mitarbeiters bekommen hatte.

Und wenn er ganz ehrlich zu sich selbst war, hatte er sich erhofft, aus diesem Gespräch lediglich ein oder zwei wichtige Tipps zu bekommen, wie er wieder ein wenig besser in die Spur zurückfinden könnte. Fast 10 Stunden später befand er sich nun wieder auf der Heimfahrt und anstatt zwei oder drei Optimierungstipps umsetzen zu können, hatte er das Gefühl, vor einem völlig neuen Unternehmerleben zu stehen.

„Hören Sie auf damit, Symptome zu bekämpfen. Kümmern Sie sich um die Ursachen. Dann geschehen Wunder“, waren die letzten Worte von Herr Dornberg an diesem Abend. Daraufhin drückte er ihm seine Unterlagen in die Hand mit der Aufforderung, sich die nächsten Tage sehr konzentriert mit seinen Hausaufgaben zu beschäftigen, damit sie diese dann in der nächsten Woche gemeinsam vertiefen könnten. Vor allem die Farbe eines Unternehmens und seine eigene Farbe als Unternehmer gingen Paul nicht mehr aus dem Kopf.

Als er zuhause ankam, saß Christine in eine kuschelige Decke eingewickelt vor dem Fernseher. Paulchen und Lorenz waren um diese Zeit natürlich längst im Bett, aber wie immer, wenn er so spät nach Hause kam, warf Paul noch einen kurzen Blick ins Kinderzimmer. Nicht um zu kontrollieren, ob alles in Ordnung war, sondern eher, weil es irgendwie seine Seele berührte, wenn er die beiden so selig schlafen sah.

Mit einem zärtlichen Kuss auf die Stirn - aber wortlos - begrüßte Paul seine Frau und ließ sich dann, mit einer Mischung aus Erleichterung und Erschöpfung, neben sie auf das Sofa fallen.

„Na, mein Schatz, welche neuen Erkenntnisse bringst du mir nach Hause?", fragte sie, während sie auf der Fernbedienung langsam den Ton zurückregelte.

„Wir befinden uns in einer ausgewachsenen Krise – unsere Firma stinkt am Kopf nach Fisch – und unser nächster Kinobesuch gefährdet ernsthaft unsere Beziehung. Aber ein Wunder wird uns retten", erwiderte er mit einem zufriedenen und etwas verschmitzten Lächeln.

„Bist du glücklich?", fragte er sie im direkten Anschluss.

„Ja, natürlich", war ihre Antwort.

„Und warum?" fragte er weiter.

„Warum?", wiederholte Christine die Frage. „Braucht es immer für alles einen Grund?"

„Nein, keinen Grund, ein WARUM, und mit einem WARUM geht's noch glücklicher. Noch sehr viel glücklicher, auch wenn wir uns das heute noch nicht vorstellen können. Wir werden daran arbeiten." Und das *„wir werden daran arbeiten"* artikulierte er so langsam und bedeutsam, als wolle er jeglichen Zweifel am Gelingen unmissverständlich bereits im Keim ersticken.

Christine kannte ihren Mann sehr genau und wusste, dass jetzt nicht der Moment war, weitere Frage zu stellen. Und sie spürte auch, dass heute vielleicht etwas sehr Bedeutendes mit ihrem Mann passiert war – etwas, das auf eine sehr positive Veränderung in seinem und somit auch in ihrem Leben hindeutete.

Kapitel 2

Eine unglaubliche Geschichte

Der Tag war heute noch schöner, als eine Woche zuvor, als sich Paul erwartungsvoll auf der Terrasse des Golfhotels einen schönen Platz aussuchte. Er war schon eine Stunde vor dem mit Herrn Dornberg vereinbarten Termin da.

Im Geschäft war er ehrlich gesagt heute nicht wirklich zu gebrauchen gewesen. Seine Gedanken waren ausschließlich schon beim heutigen Tag, und er war richtig nervös und gespannt auf das, was wohl heute auf ihn zukommen würde. Kurzerhand entschloss er sich gleich loszufahren, um noch ein wenig die Ruhe auf der Terrasse des Hotels zu genießen.

„Sie sind früh dran", begrüßte ihn Herr Bauer, der Pächter des Hotels. „Herr Dornberg wird vor 11.oo Uhr nicht hier sein."

„Ich weiß, ich bin absichtlich etwas früher gekommen, um die Atmosphäre hier noch etwas bewusster genießen zu können", antworte Paul.

„Sind Sie schon beim Kapitel „Wunder für Fortgeschrittene?", fragte Herr Bauer nach.

„Sind Sie denn auch ein Unternehmer in der Krise?", stellte Paul die Gegenfrage.

„Ja, auch über Herrn Dornberg dazugekommen und sehr glücklich darüber", war die Antwort.

„Wenn ich zwei Kaffee bestelle, setzen Sie sich dann für einen Augenblick zu mir auf die Terrasse?", fragte Paul.

„Nein, tut mir leid", antwortete Herr Bauer, „Privatgespräche nur dann, wenn die Getränke auf's Haus gehen. Für Ihre Variante habe ich noch keine Lizenz", sagte er mit einem Augenzwinkern. "Nehmen Sie schon mal Platz, ich bringe den Kaffee."

„Die scheinen alle nicht nur nach der gleichen Strategie zu arbeiten - die scheinen auch alle die gleiche Art von Humor zu haben“, dachte sich Paul und fühlte sich sichtlich wohl. Irgendwie stimmte hier die Chemie von Anfang an.

„Erst einmal ein ganz großes Kompliment zu Ihrer Küche und natürlich auch zu dem ganzen Ambiente hier“, sagte Paul als Herr Bauer mit dem Kaffee zurück an den Tisch kam.

„Wirklich eine ganz tolle Adresse. Ich habe meiner Frau schon von Ihrem Hotel erzählt und wir haben uns fest vorgenommen, in nächster Zeit einen Kurzurlaub hier zu verbringen. Wie lange müssen wir denn im vorab buchen?“, fragte Paul.

„Leider beziehungsweise Gott sei Dank 2-3 Monate im Voraus“, war die Antwort. Und Herr Bauer fügte hinzu: „Da hatten wir schon ganz andere Zeiten.“

„Ja, Herr Dornberg hatte beim letzten Meeting eine Andeutung gemacht, dass Sie noch vor einem Jahr ganz schön zu kämpfen hatten“, fuhr Paul fort.

„Und jetzt 2-3 Monate Wartezeit, das klingt ja unglaublich! Herzlichen Glückwunsch. Und das unglaublich bezieht sich nicht darauf, dass man das nicht glauben kann, denn es ist hier alles stimmig und einfach perfekt. Ich stell’ mir viel eher die Frage, wie das früher hier wohl war und wie Sie es in weniger als 12 Monaten geschafft haben, eine derartige Auslastung zu bekommen.“

Herr Bauer nickte zustimmend und begann, in einer Kurzversion seine Geschichte zu erzählen. Inzwischen war es schon kurz vor halb elf und bald würde Herr Dornberg auftauchen. „Das Erstaunliche ist, dass ich gar nichts geändert habe, zumindest nicht im Außen. Es war und ist schon immer mein ganz großer Traum gewesen und auch der meiner Frau, ein wirklich guter Gastronom zu sein. Wir hatten uns damals in einem Hotel in der Schweiz kennengelernt und verliebt, allerdings erst auf den 2. Blick. Ich war damals Sous-Chef in einem Restaurant und Karoline war Chefin des Empfangs bei einem Hotel in der Nachbarschaft. Nach einer unserer Schichten waren wir noch mit einem Teil des Teams, eben in der Hotelbar des besagten Hotels, um einen Absacker zu trinken. Und dabei haben wir uns dann kennengelernt. Wie eben das Schicksal so spielt.

Ich nenne sie manchmal nur noch KARMA-Karo. Wir haben uns echt gefunden. Sie ist so was meine Zwillingsseele. Ein eigenes Hotel war immer unser Traum - wäre für uns ja finanziell aber niemals möglich gewesen. Aber ein Objekt zu pachten, trauten wir uns auf jeden Fall zu. Dann kam eben die Chance hier mit dem Hotel und wir haben gleich zugeschlagen. Alles schien perfekt. Wir hatten und haben einen besonders guten Draht zum Eigentümer und das Objekt sprach sowieso für sich selbst. Das Einzige, in was wir investiert hatten, war in die Dekoration, und an der einen oder anderen Stelle haben wir die Einrichtung etwas geändert. Also relativ wenig Investition und super gute Aussichten. Die Neueröffnung war auch ein echter Knaller, alles schien nur noch gut zu laufen. Zwei Jahre später standen wir kurz vor dem Aus. Das war vor ungefähr einem Jahr."

„Ja, Herr Dornberg hatte mich beim letzten Treffen neugierig gemacht, weil er so eine Andeutung machte, als wir auf die Magie dieses Ortes zu sprechen kamen", unterbrach Paul Herrn Bauer kurz. „Und dann haben Sie Herrn Dornberg kennengelernt oder wie ging es dann weiter? Entschuldigen Sie, dass ich Sie unterbrochen habe."

„Nein, kennengelernt haben wir uns nicht direkt. Herr Dornberg war uns als Gast bekannt. Er war einer der ersten und wichtigsten Gäste bei uns. Viele seiner Geschäftskunden logieren hier und wir richten auch sehr viele seiner Mitarbeiterveranstaltungen aus. Es war vielmehr so, dass er mich und meine Frau eines Abends beiseitenahm und uns direkt auf unser Problem ansprach. Ich höre ihn noch heute, wie er sagte: „Ich kenne Sie nun schon seit 2 Jahren und Sie wissen, dass ich Sie persönlich und fachlich äußerst schätze. Ich habe mir erlaubt, Ihre Situation zu beobachten und zu analysieren, und möchte Ihnen gerne helfen, Ihr Unternehmen zu retten. Es ist 5 Minuten vor 12, wissen Sie das?“

Herr Bauer fuhr fort: „Klar wussten wir es, irgendwie. Allerdings hatten wir jeden Tag gehofft, dass sich die Situation ändert und irgendwie der Knoten von alleine aufgeht. Wir saßen irgendwie wie das Kaninchen vor der Schlange. Wir waren unfähig zu agieren und warteten sozusagen darauf, dass die Schlange zubiss. Was sie zu dieser Zeit eindeutig täglich hätte tun können.“

„Was wäre die Konsequenz gewesen?“, fragte Paul vorsichtig nach.

„Das volle Programm“, erwiderte Herr Bauer.

„Die Dönervariante?“, fragte Paul mit einem leicht gequälten Gesichtsausdruck nach. „Scharf mit allem?“

„Ja“, erwiderte Herr Bauer, „scharf oder sogar extrascharf mit allem! Meine Schwiegermutter hatte auch noch 50.000 Euro als Hypothek auf ihr Häuschen für uns aufgenommen. Das wäre zusätzlich weg gewesen.“

„Und dann? Was war denn dann das Analyse-Ergebnis von Herr Dornberg?“, wollte Paul wissen.

Bereitwillig antwortete Herr Bauer: „Herr Dornberg zeigte uns ein Blatt Papier mit ungefähr 25 Aussagen zu unserem Unternehmen. Alle Aussagen waren entweder mit grünen, gelben oder roten Balken versehen. Herr Dornberg erklärte uns, dass die roten, die blockadegefährdeten Bereiche in unserem Unternehmen seien. Und er sagte uns, dass wir davon nur zwei hätten. Die restlichen Balken im Diagramm waren GELB und GRÜN. GELB war wohl nicht ganz so akut und GRÜN ganz okay. Aber die zwei roten waren wohl sehr massive Blockaden und die galt es zu lösen. Hinter den roten Balken standen folgende Aussagen dazu: Finanzdesaster verursacht durch Opferplätze und fehlenden Respekt gegenüber der Natur.“

Paul wusste nicht so richtig, was er darauf sagen sollte. Mit Herrn Bauer erging es ihm ähnlich wie mit Herrn Dornberg. Einerseits hatte er einen guten Draht zu den beiden, aber immer wieder war er dann schockiert, wie und mit welchen Themen sich diese Leute beschäftigten. Schon beim ersten Treffen mit Herrn Dornberg überfiel ihn die Angst, sich auf irgendwelche Unternehmerkreise einzulassen, die eventuell so eine Mischung aus Unternehmer-Club oder Scientology-Geheimloge waren. Nach dem Gesprächsverlauf mit Herrn Bauer war allerdings nach der letzten Aussage die Tendenz eher wieder in Richtung Geheimloge, was in Paul ein eindeutig schlechtes Gefühl verursachte.

Aber jetzt wollte er einfach die ganze Geschichte hören und fragte weiter: „Woher kam denn das Papier?"

„Herr Dornberg hatte mit seiner Mastermind-Gruppe unsere Firma nach Informationsfeldern abscannen lassen und das war eben das Ergebnis daraus", antworte der Hotelier. „Abscannen", entfuhr es Paul völlig schockiert, "das sind ja echte FBI Methoden! Na das wird ja immer schöner – wer macht denn so was?"

„Ich schätze, über dieses Thema wird Ihnen Herr Dornberg noch viel zu erzählen haben. Das ist sozusagen sein Lieblingsthema und das beherrscht er auch um ein Vielfaches besser als ich. Außerdem würde das jetzt hier viel zu weit führen. Soll ich Ihnen noch kurz die Quintessenz daraus erzählen?", entgegnete Herr Bauer.

„Ja natürlich, unbedingt. Entschuldigen Sie bitte", erwiderte Paul und im gleichen Augenblick wurde ihm bewusst, dass es zwar absolut in Ordnung war, Dinge kritisch zu hinterfragen, aber dass es nicht angebracht war, Menschen im vorab zu verurteilen - schon gar nicht solche, die ihm, bis jetzt zumindest, noch völlig uneigennützig weiterhalfen. Ein bisschen schämte er sich dabei und erinnerte sich dann an das, was Herr Dornberg letzte Woche kurz über das Beherrschen seines Egos sagte.

„Also, meine Frau und ich waren mit den beiden Aussagen etwas überfordert, bis auf den Hinweis mit dem finanziellen Desaster. Das war ja auch das Einzige, was wir sozusagen voll umfänglich nachvollziehen konnten. Uns blieb also nur, Herrn Dornberg zu fragen, was wir jetzt mit diesen Aussagen machen sollten. Seine Antwort war, dass es auf unserem Grundstück augenscheinlich Energien geben sollte, die unseren Unternehmenserfolg blockierten.

Herr Dornberg empfahl uns damals, einen gewissen Herrn Gründorn anzurufen. Er war ein Schüler eines Feng-Shui Meisters aus Singapur, den Herr Dornberg bereits in den 90er Jahren kennengelernt hatte.

Paul war noch nicht wirklich beruhigt, was seine Angst bezüglich Scientology oder Geheimlogen anging. Allerdings war ihm Feng-Shui natürlich ein Begriff, wenn auch in seiner Weltanschauung nicht unbedingt ein seriöser.

Sophia, seine Schwägerin, schleppte immer wieder irgendwelche Themen dieser Art an, und machte Christine andauernd ganz verrückt, sie müsse sich unbedingt auch mit Feng-Shui, Reiki, Bestellung beim Universum, The Secret und Ähnlichem beschäftigen. Laut Sophia wäre das der Schlüssel zu einem reichen und glücklichen Leben. Interessanterweise war Sophia tatsächlich eine anerkannte Spezialistin in ihren Esoterik-Kreisen und Selbsthilfegruppen. Allerdings auch für Paul das lebende Beispiel dafür, das der Glaube augenscheinlich keine Berge versetzen konnte. Denn ganz im Gegenteil. Sophias finanzielle Situation war ziemlich trostlos und sie lebte wirklich nur von der Hand in den Mund. In manchen Monaten machte sie ab dem 26. offiziell eine Entschlackungskur, die dann pünktlich am nächsten 1. des Monats wieder offiziell, von ihr als äußerst erfolgreich eingestuft wurde, und somit auch beendet werden konnte. Der Misserfolg in diesem Lebensbereich wurde nur noch von ihrer partnerschaftlichen Situation übertroffen. Sie hatte seit über 5 Jahren keine Beziehung mehr und keine glückliche Hand mit Männern. Insofern waren Paul diese Themen also zwar bekannt, aber erschienen ihm wenig vertrauenswürdig.

„Und dieser Herr Gründorn hat Ihnen dann geholfen?“, fragte Paul weiter.

„Ich mache es jetzt kurz“, fuhr Herr Bauer fort und deutete auf den Parkplatz auf dem Herr Dornberg gerade seinen Porsche abstellte. „Herr Gründorn kam also und stellte auf unserem Grundstück fest, dass es hier einmal eine Hinrichtungsstätte gegeben haben müsste. Aus dieser Zeit wäre noch immer ein Informationsfeld vorhanden, das bei Gästen einfach unbewusst Angst auslösen würde, und deshalb würden sie den Ort eher meiden.

Unser Kreisarchivar, dem ich dann die Geschichte einmal erzählt habe, hat dann übrigens im Nachhinein herausgefunden, dass es im 14. Jahrhundert hier tatsächlich solche Hinrichtungsstätten gab und diese hier vor den Stadtmauern als „Galgensteige“ bekannt war.“

Paul fuhr ein Schauer über den Rücken. Er konnte nicht leugnen, dass er noch vom Geschichtsunterricht in der Schule wusste, dass im Mittelalter raue Sitten herrschten und dass sich Hinrichtungsstätten oftmals nicht innerhalb der Stadtmauern befanden, sondern außerhalb. Es fiel ihm auch ein, dass er als Junge bei seiner Großmutter immer auf einem kleinen Hügel oberhalb des Dorfes mit den anderen Dorfjungs beim Schlittenfahren war. Dieser Hügel wurde umgangssprachlich auch der „Galgenbuckel“ genannt.

Herr Bauer fuhr mit seinen Erklärungen fort: „Herr Gründorn hatte dann daraufhin Halbedelsteine und Duftessenzen auf dem Grundstück an einer bestimmten Stelle vergraben. An einer weiteren Stelle mussten meine Frau und ich über 4 Wochen einige Rituale machen. Das diente dazu, die Naturwesen wieder mit dem Grundstück zu verbinden. Anscheinend hatte es beim Bau des Hotels eine Trennung von den Naturwesen gegeben und somit wurde der Platz energetisch abgeschnitten. Tatsächlich war es auch keinem der Vorpächter gelungen, das Hotel jemals rentabel zu betreiben. Im Nachhinein gesehen war das ja unser Glück. Ein solches Objekt kriegt man nicht alle Tage zur Pacht angeboten. Ja, und was soll ich sagen, nach 4 Wochen war der Knoten wirklich geplatzt. Unsere Zahlen marschierten wirklich so sehr nach oben, dass wir inzwischen voll ausgebucht sind, und das 2-3 Monate im Voraus."

Paul war perplex, und wenn er die Geschichte nicht aus erster Hand erfahren hätte, hätte er sie nie im Leben geglaubt.

„Entschuldigen Sie, dass ich jetzt etwas sprachlos bin", erklärte Paul. „Können Sie verstehen, dass sich das etwas unrealistisch anhört? Kann das denn wirklich an den Steinen und an einem Ritual gelegen haben? Ich meine, dass die Location hier sensationell ist, sieht ja jeder. Und dass Sie ein Meisterkoch sind, steht auch außer Frage. Vielleicht hat es einfach seine Zeit gebraucht, bis sich das herum gesprochen hatte, und das ist eben dann zufällig gerade mit dem Besuch von Herrn Gründorn zusammengefallen. Klingt schon ein wenig nach mittelalterlichen Methoden, was der Gründorn da gemacht hat."

„Da haben Sie absolut recht", erwiderte Herr Bauer. „Vielleicht sind es aber nur deshalb mittelalterliche Methoden, weil wir mittelalterlich darauf schauen. Die Farbenmethode haben Sie mit Herrn Dornberg noch nicht besprochen, oder?"

„Ja stimmt, haben wir noch nicht", gab Paul zu. „Die mysteriöse Farbmethode. Gefallen ist der Begriff schon öfters." Paul konnte sich sein Grinsen nicht verdrücken. Dieses Thema stand ja unter anderem heute an, und wenn er ganz ehrlich war, war es die große Neugier zu diesem Thema, die in heute Morgen förmlich aus seinem Büro getrieben hatte.

„Ich brenne schon förmlich vor Neugier", sagte er zu Herrn Bauer. „Dieses Thema kommt hoffentlich gleich dran. Herzlichen Dank für Ihre Zeit und Ihre schöne Erfolgsstory. Ich freue mich, dass es so gut bei Ihnen läuft."

„Was kommt hoffentlich gleich dran?“, wiederholte Herr Dornberg die Aussage von Paul, während er mit großen Schritten auf den Tisch zugestürmt kam.

„Guten Morgen die Herren. Hat Ihnen Herr Bauer den Floh ins Ohr gesetzt, dass man mit Feng-Shui Meistern seine Unternehmerprobleme wegzaubern kann?“, fragte Herr Dornberg lachend und streckte Paul zum Gruß die Hand entgegen.

„Einen schönen guten Morgen, Herr Dornberg“, begrüßte Paul ihn. „Was heißt hier Floh ins Ohr setzen - wenn Herr Bauer nicht geflunkert hat, stimmt das ja auch.“

„Herr Bauer flunkert nicht. Das kann ich bestätigen, denn ich war ja dabei. Allerdings war das insofern bei Herrn Bauer eine Ausnahme, da Herr Bauer alle seine Hausaufgaben im Bereich *Change Leadership* und *Change Strategie* instinktiv vorher schon richtig gemacht hatte. Und das ist so selten wie ein 5er im Lotto“, sagte Dornberg und klopfte dabei dem Hotelier anerkennend und freundschaftlich auf die Schulter.

„Allerdings hätte Herr Bauer und seine Frau ohne diese Maßnahme sein Problem tatsächlich nicht gelöst. Glück gehabt, der Herr Bauer und seine KARMA-Karo. Auch wieder einmal eine Frau ohne diejenige der Mann nicht das wäre, was er ist. Nicht wahr, Herr Herter?“, sagte Herr Dornberg und blinzelte Paul vielsagend zu.

Dieser Tag fing mal wieder so an, wie der andere aufgehört hatte, dachte Paul. Was sollte denn jetzt diese Anspielung auf Karma in Verbindung mit Christine. Letztes Mal hatte er schon so eine Andeutung gemacht, dass er mehr auf Christine hören sollte. Aber irgendwie mit dieser Anspielung auf Karma bekam das Ganze jetzt noch eine andere Bedeutung. Paul schwieg jedoch. Er wollte jetzt nicht noch ein Fass aufmachen, sondern sich voll und ganz auf das heutige Programm konzentrieren.

Der Hotelier verabschiedete sich dann eilig, da sein Küchenteam schon auf seine Anweisungen wartete, und Herr

Bauer versprach, sich bei der Zubereitung des heutigen Mittagessens etwas ganz besonders Leckeres für die Herren einfallen zu lassen.

Zeige mir Deine Farbe, und ich sage dir, wer du bist. Teil 1

Herr Dornberg packte seine Unterlagen aus und versprach Paul, dass heute vermutlich der wichtigste Teil des Konzeptes besprochen werden würde. Zumindest der Teil, bei dem Herrn Dornberg seinerzeit selbst sozusagen alles wie Schuppen von den Augen gefallen war.

Er begann mit den einleitenden Worten: „Im Grunde geht es darum, Ihnen ein System zu zeigen, das die Grundlage bietet, um die alles entscheidende Frage zu klären: Wer bin ich, wo bin ich und was ist mein Weg? Im Nachhinein betrachtet habe ich persönlich vieles in meinem Leben nicht angepackt, weil ich mir nicht sicher war, ob es der richtige Weg wäre.

Heute weiß ich, der richtige Weg ist völlig belanglos, das Richtige wird Dir automatisch begegnen, solange Du in die richtige Richtung gehst. Empfindet man bei dieser Richtung tiefe Freude und wenn sich die Erfolge mühelos einstellen, dann weiß man, dass die Richtung korrekt ist. Ist man im Leben permanent unglücklich und muss sich abmühen, ist das zweifelsfrei ein Zeichen, dass die Richtung die falsche ist. Es stellt sich also nicht die Frage nach dem Weg, sondern nach der Richtung.

Verstehen Sie, was ich meine? Wer einen Weg sucht, der sucht eine Methode. Aber es gibt 1001 Methoden oder Wege, um nach Paris zu kommen. Es ist unmöglich, zu wissen, was der beste Weg ist. Wenn Paris aber mein Ziel ist und ich die Richtung weiß und ihr treu bleibe, begegnen mir eventuell Methoden, die um ein Vielfaches besser und effizienter sind als der eine Weg, den ich mir im Vorfeld definiert habe.

Dieses System, das ich Ihnen jetzt zeige, wird Ihnen hoffentlich das geben, was es mir auch gibt, nämlich die Richtung zum nächsten Schritt oder sogar zu den 2-3 nächsten Schritten. Mehr kann es nicht, und es ist so viel mehr, als Sie erwarten können und überhaupt brauchen. Sie werden die Gewissheit bekommen, dass die Richtung, die Sie gehen werden, zu 100% die Richtige ist und zu Ihrem Ziel führt. Und Sie werden durch diese Gewissheit den Glauben aufbauen können, der Berge versetzt. Sie werden Ihr Schicksal in vollem Bewusstsein in die Richtung lenken, die Sie vorgeben. Alles wird dann möglich sein, und Sie werden alles bewusst erschaffen.

Paul war jetzt in diesem Augenblick etwas erleichtert, dass Herr Dornberg ihn heute Morgen im Gespräch mit Herrn Bauer nicht sagen gehört hatte, dass der Glaube, wissenschaftlich belegt, keine Berge versetzen würde. So hatte er sich heute schon mal seine erste Blöße erspart. Gleichzeitig ließ er sich, wenn dem so wäre, liebend gerne von Herrn Dornberg vom Gegenteil überzeugen. Berge versetzen wäre eine Technik, die er im Moment sehr gerne im Unternehmen anwenden würde.

Herr Dornberg legte ihm zwei DIN A 4 Seiten mit Statements auf den Tisch, die er mit folgendem Bewertungs-Schema bewerten sollte.

1 = triff nicht auf mich zu, bis *10 = diese Aussage trifft voll umfänglich auf mich zu*. Dafür hatte Paul nun die nächsten 20 Minuten Zeit.

Dies waren Aussagen wie zum Beispiel: *‚Die Zukunft unserer Gesellschaft ist getragen von der Kraft der Wissenschaft und des Fortschritts'* – oder *‚Den Begrenzungen einer Krisensituation entkomme ich, indem ich eine andere Bewusstseinsebene wähle, um mich aus völlig neuen Perspektiven inspirieren zu lassen'*.

Es waren auch betriebswirtschaftliche Fragen wie zum Beispiel: *‚Kosten- und Nutzenführerschaft sind das Fundament für Marktführerschaft'* oder auch solche wie *‚Nachlässigkeit im*

Unternehmen ist oftmals auf mangelnde Führung und Ordnung zurückzuführen'.

Sogar philosophisch angehauchte Fragen waren dabei, wie zum Beispiel *‚Hohe moralische Werte sind die Basis des Erfolgs - dies erwarte ich von allen Mitarbeitern'* oder *‚Der Geist und Spirit der Gründerväter trägt ein Unternehmen vor allem in schwierigen Zeiten'.*

Nach dem Ausfüllen des Fragebogens öffnete Herr Dornberg erneut seinen Alukoffer und stellte 10 Holzbausteine auf den Tisch. Alle waren ca.10 cm hoch. Einer der Bauklötze war naturbelassen. Die anderen waren in verschiedenen Farben angemalt.

„Ich bitte Sie jetzt", begann Herr Dornberg Paul zu instruieren, „zuerst diese Figur in die Hand zu nehmen und irgendwo auf dem Tisch zu platzieren." Dabei hielt er ihm die naturbelassene Figur hin und ergänzte: „Diese Figur steht für Sie selbst und die kleine Kerbe hier symbolisiert die Blickrichtung.

Paul war jetzt etwas überfordert und fragte deshalb auch gleich nach: „Wo soll oder kann ich denn die Figur platzieren?"

„Irgendwo auf dem Tisch, wo Sie wollen", war die Antwort, „lassen Sie sich einfach leiten."

Paul tat sich jetzt wirklich etwas schwer - zumal er mit dem Begriff *‚leiten lassen'* sowieso immer mal wieder auf Kriegsfuß stand. Christine nutzte den Begriff sehr häufig und da musste er sich ab und an mit seinen Kommentaren dazu richtig beherrschen. Aber nach ein paar Augenblicken stellte er dann die Figur einfach an die Stelle, die ihm gerade ins Auge stach.

„Sehr gut", sagte Herr Dornberg und reichte ihm die nächste Figur. Diese war beigefarben.

Wieder platzierte Paul die Figur nach Gutdünken. Darauf folgten dann noch weitere Figuren in den Farben PURPUR, ROT, BLAU, ORANGE, GRÜN, GELB, TÜRKIS und KORALL.

Herr Dornberg machte dann schnell ein Foto von diesem Bild, das auf dem Tisch entstanden war, und räumte die Figuren dann wieder weg.

„Ihren Fragebogen und die Bedeutung des Bildes, das Sie mit den farbigen Figuren aufgestellt haben, werden wir uns später anschauen. Zuerst werde ich Ihnen jetzt das Grundprinzip dieses Systems erklären", erläuterte Herr Dornberg weiter.

„Maßgeblich geprägt wurde dieses System von Clare Graves[5] und Ken Wilber[6]. Die eigentliche Quellen sind jedoch die Erkenntnisse unzähliger östlicher und westlicher Philosophen." Und wieder huschte so ein verschmitztes Lächeln über sein Gesicht.

„Clare Graves lebte von 1914-1986 und war ein amerikanischer Professor für Psychologie. Er ist der Begründer der Ebenentheorie für Persönlichkeitsentwicklung. Graves sagt, dass Entwicklung eine Welchselwirkung zwischen Organismus und Umwelt ist, und dass Entwicklung niemals linear, sondern in zyklischen Mustern erfolgt. Dieses von ihm entwickelte Wertesystem beschreibt, Formen der Organisation, die alle in ihrer gesunden Form notwendige und wertvolle Schritte in der Menschwerdung waren und immer noch sind. Jedoch können diese auch pathologische beziehungsweise destruktive Formen annehmen", begann Herr Dornberg zu erklären. „Das Modell ist nach oben hin offen, d. h. Graves war davon überzeugt, dass die Menschheit auf einer theoretisch niemals endenden Spirale sich immer weiter in diesem zyklischen Muster entwickeln wird. Mit dem System, das ich Ihnen hier gleich vorstelle, Herr Herter, werden Sie sehr schnell in der Lage sein, einzelne Bewusstseins- beziehungsweise Entwicklungssstufen zu erkennen, auf denen sich Menschen befinden. Sie werden sich selbst und Ihr Umfeld sehr schnell in dieses Stufenmodell einordnen können. Und da es sich, wie gesagt, um ein Entwicklungsmodell handelt, wird ebenfalls sofort klar, dass die Richtung jeder Stufe vorbestimmt nach oben zeigt. Das bedeutet, wenn Sie wissen, wer Sie sind, also wenn Sie sich sozusagen in diesem Wertemodell wiederfinden, dann wissen Sie automatisch, wo Sie sind. Und wenn Sie wissen, wo Sie sind, dann hilft Ihnen dieses System zu erkennen, was Ihr nächster Schritt ist und was für Werkzeuge Sie für diesen nächsten Schritt benötigen.

Die einzelnen Schritte sind mit Farben belegt. Dies resultiert aus der Weiterentwicklung des Graves Modell nach seinem Tod durch zweier seiner Schüler, Don Beck und Christopher Cowan. Und hier werden sich nun auch die ganzen Andeutungen unseres letzten Treffens, bezogen auf die Farben, auflösen. Beck und Cowan haben dieses Modell hauptsächliche für den Business Kontext weiterentwickelt und *Spiral Dynamics*[7] genannt.

Ken Wilber, die zweite Persönlichkeit, die maßgeblich zu unserem System beiträgt, ist ebenfalls Amerikaner und man nennt ihn auch den *'Einstein des Bewusstseins'*. Er ist Philosoph und, wie er sich selbst bezeichnet, ein *'spiritueller Denker'*. Er arbeitet zwar auch mit dem Modell von Clare Graves, jedoch nicht ausschließlich. Wilber hat mich besonders beeinflusst, da seine Arbeit sehr auf das spirituelle Wachstum von Einzelpersonen und Gruppen ausgerichtet ist und den Anspruch hat, integral – also mehr als ganzheitlich zu sein.

Es gibt zwar Dutzende von Entwicklungsmodellen, aber leider taugen die wenigsten für den realen Einsatz in Unternehmen. Das Modell von Professor Graves ist hier eine absolute Ausnahme und für den Businessbereich wunderbar einsetzbar. Lassen Sie uns gleich einsteigen und ich werde Ihnen nun dieses Modell in den Grundzügen näher erklären."

Herr Dornberg sprach weiter: „Wenn wir uns die letzten 120.000 Jahre der Menschheitsgeschichte anschauen, dann erkennen wir, dass hier verschiedene Bewusstseinsstufen entstanden sind.

Insgesamt 8 - wobei die 9. Stufe sich bereits zu entwickeln beginnt. Wie erwähnt, haben Beck und Cowan die Stufen mit Farben codiert. Das erleichtert es sehr, wenn wir später mit dem

System arbeiten, weil wir uns dann sehr schnell zurechtfinden, wenn wir von BLAU nach GRÜN oder von GELB nach ROT hüpfen.

Und so sehen nun die einzelnen Stufen aus."

Herr Dornberg blätterte wieder in den Unterlagen nach den entsprechenden Seiten und legte sie dann Paul vor.

Folgendes stand auf dem Blatt:

BEIGE: Existieren und Überleben – ICH

Hier geht es um das nackte Überleben, den Tag zu überleben oder zu sterben - so wie es vor ca. 120.000 Jahren von unseren Vorfahren erlebt wurde. Ausreichend Nahrung und nicht gefressen oder getötet zu werden, einen sicheren Schlafplatz zu finden, waren die einzigen Ziele. Tag für Tag. Natürlich und instinkthaft.

In der heutigen Zeit findet man diese Stufe im Prinzip nur noch bei Säuglingen, Koma-Patienten, Demenzkranken und Sterbenden.

PURPUR: Magie und Clanbewusstsein – WIR

Vor ca. 50.000 Jahren entdeckte der Mensch die Vorteile der Sippe, hauptsächlich den Schutz der Gruppe oder des Clans - Sicherheit und Zugehörigkeit. Der Blick dieser Stufe auf die Welt ist sehr eingeschränkt und bezieht sich vornehmlich auf die direkte Umgebung.

Alles ist animistisch geprägt, das heißt, alles ist belebt. Eine Welt voller Geister, Götter und Dämonen. Es entstehen Rituale und Techniken, um Geister und Ahnen zu besänftigen oder zu beeinflussen. Vertrauen in Bindungen, Heiler, Schamanen, Geister, Totenreich der Ahnen, Stammesgötter.

Einige Naturvölker leben heute noch in solchen Welten.

ROT: Krieger + Helden, Mythen, egozentrische Macht – ICH

Vor ca. 15.000 Jahren entstand diese Stufe.

Aus der Gruppe von PURPUR entstanden Einzelgänger, die sozusagen diese Denkweise, dass man ausschließlich von Göttern und Geistern abhängig ist, durchbrachen. Sie entdeckten ihre eigene Kraft und Macht und nutzten diese natürlich dann auch aus, um ihr Heldentum zu sichern. Ihr Wort war Gesetz und wer es brach, wurde gebrochen.

Starke gegen Schwache. Impulsiver Selbstausdruck. Das trotzige Kind, das sein ICH entdeckt. Nur der eigene Vorteil ist wichtig!

BLAU: Recht - Ordnung und Religion – WIR

Vor ca. 4000 Jahren dann zeigte sich die nächste Stufe, welche ein wichtiger Schritt für das soziale Miteinander war und auch dafür, die ROTE Impulsivität und Gewalt in den Griff zu bekommen.

Die Menschen erkannten, dass Ordnung, Regeln und Gesetze, die von der Gemeinschaft getragen sind, eine Alternative zur Brutalität von ROT sein konnte.

Es entsteht ein soziales Miteinander, das durch hierarchisch, patriarchalische und absolutistische Regeln und Rollen geprägt ist und so durch eine feste Ordnung eine stabile Sicherheit bietet.

In dieser Phase entstehen alle bedeutenden Weltreligionen. Loyalität und Glauben werden belohnt, Illoyalität und Unglaube bestraft. Einziger Gott – Schöpfer – Richter – Allmächtiger. Heilige/Sünder. Ordnung, Struktur, Moral, Gehorsam, Gewissen.

Diese konservative, konformistische, schwarz-weiße Weltsicht haben heute noch ca. 30% der Erwachsenen in der westlichen Welt.

Vor allem auch in Bürokratien und Großkonzernen ist dieses Denken auch häufig noch bei Führungskräften zu finden.

Dieses Denken reicht jedoch in der westlichen Welt für ein erfolgreiches Business meistens nicht mehr aus.

ORANGE: Freiheit –Erfolg, Ratio, Wissenschaft, Leistung und Wohlstand - ICH

Die Trennung von Kirche und Staat läutet diese moderne Neue Welt ein.

Ab sofort regiert der Wettbewerb und Markt. Jeder kann ein Gewinner sein. Der Weg vom Tellerwäscher zum Millionär ist bedeutend einfacher, als früher der Weg vom Knecht zum Bauern. Wissen ist Macht. Auf dieser Stufe streben wir nach persönlichem Erfolg, Wissen und Freiheit.

Die Regeln der BLAUEN Stufe werden zwar eingehalten, sind aber nicht mehr „heilig". Diese Stufe ORANGE ist materialistisch und leistungsorientiert geprägt.

Vertrauen in Vernunft/Ratio, in Experten und wissenschaftliche Befunde. Unternehmertum/Marktwirtschaft. Aufgeklärtes Ich. Verlorener Gott/Persönlicher Gott.

GRÜN: Verbundenheit, Gleichberechtigung, Gleichbehandlung - das sensitive Selbst – WIR

In GRÜN kehrt sozusagen das Gewissen zurück.

Ein multikulturelles Bewusstsein beginnt. Materialismus und Leistungsdenken stößt an seine Grenzen. Man zeigt seine Gefühle und spricht darüber. Die Psychologie wird salonfähig.

Man entdeckt die Faszination von Persönlichkeitsentwicklung und Coaching. Ökologie und Nachhaltigkeit wird wichtig. Liebevolles Sorgen für Mutter Erde. Die Individualität des Einzelnen wird geschätzt.

Integration und Versöhnung. Vertrauen in die Liebe. Teamgedanke. Therapeuten. Menschenfreundlicher Gott – Gott in allen Religionen.

GELB: Zusammenschau - Systemisches Denken – ICH

Wer GELB ist, denkt systemisch, also in Zusammenhängen und erkennt das System im System. Er sieht also „das große Bild".

GELB erkennt die einzelnen Stufen als solche an und kann sie mehr und mehr akzeptieren. GELB kann sich sehr flexibel an Veränderungen anpassen und erkennt wesentlich umfassender Perspektiven und Zusammenhänge.

Komplexität. Paradoxien aushalten. Vertrauen in die Intuition. Eigenverantwortung.

Menschen auf der Stufe 1-6 (BEIGE-GRÜN) halten die eigene Sicht für die einzig richtige. Erst ab der Stufe GELB ist der Mensch in der Lage, alle Stufen wertzuschätzen und ggf. zu integrieren.

TÜRKIS: Universalität – WIR

Allverbundenheit, Harmonie und Gemeinschaft jenseits von Nationalitäten und Parteiungen. Das Vereinigen von Fühlen und Wissen.

Im TÜRKISEN Denken wird die gesamte Spirale verwendet. Hier erkennt man die verschiedenen Ebenen der Interaktion, Resonanzen und Obertöne, die mystischen Kräfte, und das alles erfüllende Fließen, das jede Organisation durchdringt. Eine "große Vereinigung", eine "Theorie von Allem", ganzheitlich handeln, ist möglich. Lernen im gemeinschaftlichen Netzwerk.

Holistisches Denken – ganzheitliche Wahrnehmung der Wirklichkeit – Fähigkeit, alle Perspektiven einnehmen zu können, ohne vorzuverurteilen. Vertrauen in den Kosmos.

Global agierende virtuelle Gemeinschaften.

?????

KORALL: ICH

Noch unbekannte neue Stufe

?????

Paul war sehr gebannt von den Ausführungen von Herrn Dornberg, und für einen kurzen Augenblick war er versucht, nach den Fragezeichen, die hinter TÜRKIS und KORALL standen, zu fragen. Dann erinnerte sich jedoch wieder an die Vorgabe von Herrn Dornberg vom ersten Treffen, sich Fragen zu notieren und diese erst am Schluss zu stellen.

Er notierte also TÜRKIS und KORALL mit einem dicken Fragezeichen.

„Sehr interessant an diesem Modell ist der Bezug auf die Entwicklung eines jeden Menschen", fuhr Herr Dornberg fort. „Diese Entwicklungsstufen können wir bei Kindern sehr gut beobachten. Jedes Kind vollzieht praktisch ein Stück der gesamten Menschheitsentwicklung in seiner eigenen Entwicklung nach. Denken Sie an Paulchen und Lorenz. Wie alt sind denn die beiden?"

„Paulchen ist 2 und Lorenz wird dieses Jahr 9", erklärte Paul.

„Sehr gut", ergriff Herr Dornberg wieder das Wort. „Am Beispiel von Kindern kann man das Modell am einfachsten nachvollziehen. In den ersten Monaten erlebt das Kind sozusagen die Stufe BEIGE. Das Einzige was interessiert, ist die Frage, ob genügend Nahrung vorhanden ist.

Das Kind ist sozusagen auf Gedeih und Verderb seiner Umgebung ausgeliefert. Nach ca. 18 Monaten beginnt das Kind die Welt um sich herum anders wahrzunehmen. Plötzlich wird alles sehr magisch und mystisch. Gehören Sie auch zu den Papas, die ihren Kindern Schokolade hinter den Ohren hervorzaubern?"

Paul nickte lächelnd und ihm wurde in dem Moment richtig bewusst, dass dieses Ritual, das er früher mit Lorenz und heute mit Paulchen regelmäßig vollzog, etwas mit den Kinder und ihm selbst machte. Für die Kinder eröffnete sich in solchen Momenten eine Wunderwelt. Ein Raum, der unglaublich viele Abenteuer möglich machte. Aber alle Abenteuer waren völlig gefahrlos, weil der große Zauberer Papa die Macht hatte, alle auftauchenden Gefahren zu besiegen. Für Paul waren diese Momente eine willkommene Abwechslung zu den oftmals weniger effektiven Tricks, die er täglich im Büro aus dem Hut zaubern musste.

„Ab ca. 3-4 Jahren kommt dann die Trotzphase. Das erste Mal, dass ein Kind sein ICH entdeckt. Dann spricht es in der Regel nicht mehr von sich in der 3. Person – also '*Lorenz will Apfel*' - sondern sagt *'Ich will einen Apfel'*. Dann ist es erst mal vorbei mit der gutgläubigen Zauberstunde. Erinnern Sie sich noch an diese Phase bei Lorenz?“

„Alles klar“, antwortete Paul, „es bedarf keiner weiteren Erklärung. Ich hatte das schon erfolgreich verdrängt. Aber danke, dass Sie mich daran erinnern, dass das jetzt dann bei Paulchen wieder ansteht. Dann kann ich mich mental schon mal darauf einstellen.“

Beide lachten und Herr Dornberg fuhr fort: „Diese Trotzphase ist die Phase ROT. Auf diese Phase folgt dann BLAU, so mit 6-7, wenn es in die Schule geht. Hier müssen die Kinder lernen, Regeln zu beachten und erkennen, was passiert, wenn in Gemeinschaften die Regeln nicht beachtet werden oder Regeln nicht greifen.

Die nächste Stufe beginnt dann, wenn das Individuelle ich sich zu entwickeln beginnt. Das ist die Stufe ORANGE. Das kann schon mit der Pubertät passieren, aber auch erst mit dem Eintritt in das Berufsleben.

Im Alter von ca. 20 Jahren sind die heutigen Jugendlichen dann meistens erst mal auf ihrer Stufe angekommen und befinden sich entweder bei BLAU, ORANGE oder auch schon bei GRÜN. Je nachdem, was ihre Entwicklung beeinflusst hat.

Die nächste Entwicklungsstufe wird meistens dann erst ab Ende 30 mit einer kleineren oder größeren Midlife-Crisis ausgelöst. Hier meldet sich die Frage nach dem WARUM. Entweder von außen oder von innen."

Paul war fasziniert von diesem Modell. Vor allem aufgrund dessen Einfachheit und der Logik. Er hatte den Eindruck, dass er sich selbst an diesem Modell sehr gut orientieren konnte. Zum ersten Mal nach langer Zeit bemerkte er wie seine innere Kraft wieder spürbar wurde, weil eine gewisse Orientierung für ihn wieder möglich war.

„Was glauben Sie, auf welcher Stufe Sie sind?" fragte ihn Herr Dornberg.

Paul schaute auf die Unterlagen und wusste sich nicht wirklich einzuordnen.

„Sie können sich ja einen Augenblick mal Gedanken dazu machen. Ich werde solange Ihren Fragebogen auswerten", bemerkte Herr Dornberg und begann die Punkte auf Pauls Fragebogen zusammenzuzählen.

Unterdessen schaute sich Paul nochmals die einzelnen Stufen an und tat sich immer schwerer mit einer Einschätzung. Einerseits orientierte er sich gerne an wissenschaftlichen Aussagen und der Logik hinter den Dingen, andererseits hatte er schon öfters erlebt, dass, wenn er nach Gefühl eine Entscheidung fällte, diese oft die richtige war, auch wenn sie jeglicher Logik widersprach und er von allen Seiten gewarnt wurde.

ROT konnte er wirklich auch sein, zwar sehr selten, aber wenn man ihn reizte, blieb kurzzeitig kein Stein auf dem anderen. Seine Mutter behauptete, dass er das von seinem Großvater habe. Diesen hatte er leider nie kennengelernt. 2 Jahre vor Pauls Geburt war er gestorben. Seine Mutter erzählte ab und an von ihm und dass er einerseits ein sehr stolzer Mann war, aber andererseits gebrochen vom Krieg heimkehrte. Wutausbrüche musste seine Mutter in ihrer Kindheit so manches Mal erleben, immer dann, wenn sich der Großvater in die Enge getrieben fühlte.

Paul reagierte in solchen Situationen oft ähnlich. Aber er hatte noch eine andere ROTE Seite, und die schrieb Christine ihm eher zu, weil er Sternzeichen Löwe war.

„Wenn es darum geht, das Richtige durchzusetzen, hält dich nichts und niemand davon ab. Dann kämpfst du wie ein Löwe und es gibt für niemanden einen Zweifel, dass du am Ende triumphieren wirst“, hatte sie ihn immer wieder aufgebaut, wenn im Unternehmen schwierige Phasen waren, die es zu überstehen galt.

„Und, sind Sie zu einem Ergebnis gekommen?“ Paul wurde von Herrn Dornberg aus seinen Gedanken gerissen.

„Ich tue mich gerade etwas schwer, mich festzulegen“, war Pauls Antwort.

„Gut, dann wir kürzen ab“, fuhr Herr Dornberg fort und man merkte ihm an, dass er Tempo aufnehmen wollte, da anscheinend noch einiges zu besprechen war.

„Sie haben eine Dominanz im ORANGE-GRÜN Übergang und die Farben ROT und PURPUR haben Sie noch nicht richtig integriert. Was das heißt, erfahren Sie gleich. Ich zeige Ihnen jetzt erst mal die Ergebnisse. ”

Herr Dornberg hatte inzwischen auf Basis der Fragen ein Diagramm erstellt, das eine Kurve darstellte, die ihren Höhepunkt am Übergang von ORANGE nach GRÜN hatte. BLAU war mäßig ausgeprägt und ROT und PURPUR im Minus. Dann öffnete er sein iPad, mit dem er zuvor ein Bild von den von Paul aufgestellten farbigen Holzklötzchen gemacht hatte, und legte es daneben.

„Und so sieht es aus, wenn Sie die Fragen nicht mit dem Kopf beantworten, sondern mit dem Bauch.”

Paul schaute sich das Foto jetzt genau an und ließ sich von Herrn Dornberg das Bild beschreiben. Darauf war zu sehen, dass bei dem Holzklötzchen, das ihn selbst symbolisierte, das ORANGE und GRÜNE Klötzchen ziemlich nahe dabei stand, während das ROTE und PURPURNE ganz abseits waren und die anderen Farben irgendwie ungeordnet in etwas größerer Entfernung platziert waren.

„Und was heißt das jetzt genau?“ fragte Paul nach.

Herr Dornberg gab zur Antwort: „Zunächst erst einmal, dass die Auswertung des Fragebogens sich in der Darstellung widerspiegeln könnte, die Sie gemacht haben, als Sie die farbigen Klötzchen ganz nach Gefühl einfach so aufgestellt haben.

Da steht Ihnen ORANGE und GRÜN eher näher, von ROT und PURPUR wenden Sie sich ab. BLAU ist hinter Ihnen und GELB und TÜRKIS ist weit vor Ihnen und KORALL ganz außer Sichtweite. Wenn wir jetzt einfach mal so tun, als wenn das eine Bedeutung hätte, dann könnte ich mal versuchen, Hellseher zu sein und Sie wie folgt beschreiben.“

Herr Dornberg begann nun eine Geschichte zu erfinden:

„Eigentlich war immer klar, dass Paul nur Unternehmer werden konnte. Regeln waren schwierig für ihn einzuhalten, zumindest diejenigen, die er nicht selbst aufgestellt hatte. Zwar war sein Vater auch schon Unternehmer - allerdings war der aus einem ganz anderen Holz geschnitzt als er. Vater war ein guter Handwerker, aber er hatte einfach nicht den Weitblick.

Er war einfach aus einer anderen Generation. In der heutigen Zeit war auch viel mehr möglich als früher. Alleine, was für ein Potenzial in der Verbesserung von Geschäfts- und Fertigungsprozessen lag, war ungeheuerlich. Denn wer den Sprung zum modernen Best Practice Unternehmen nicht schafft, wird im Markt keine Zukunft haben und das zu recht.

Effizienz, Effektivität und Leistung basieren auf 3 Säulen. Man braucht Know-how und Fachwissen, man braucht ein schlagkräftiges Team und man braucht einen kreativen und visionären Geist. Und das lässt sich alles organisieren und beschaffen. Das ist das Credo von Paul, zumindest wenn er so in seinem Unternehmen steht.

Besonders empfindlich reagiert Paul, wenn er immer wieder von seiner Mutter darauf angesprochen wird, dass er ihrer Meinung nach mit den Jungs viel regelmäßiger in die Kirche gehen sollte.

Auch wenn seine Eltern bei der einen oder anderen Betriebsfeier oder einer öffentlichen Veranstaltung immer wieder von Pauls Jugendsünden berichteten und alte Kamellen als besonders unterhaltend und als mitteilenswert empfanden, gab es durchaus Momente, in denen er sich für seine Eltern schämte. Und manchmal zog er es ernsthaft in Betracht, sie zukünftig zu solchen Veranstaltungen nicht mehr einzuladen.

Was ihm ebenfalls Schwierigkeiten machte, war ein gewisser innerer Zwiespalt bezogen auf seine Weltanschauung und sein Unternehmen. Natürlich musste man darauf achten, dass ein ökologisches Gleichgewicht erhalten blieb, aber man müsste andererseits auch sehen, dass der Markt gewissen Regeln folgte und diese konnte man nicht einfach ignorieren. Rein GRÜNES Gequatsche würde da einfach nicht weiterhelfen. Ökologie müsste immer noch bezahlbar bleiben.

Besonders schwer tat er sich damit, wenn Mitarbeiter oder Freunde zu Freizeitpsychologen mutierten. Zwar faszinierten ihn auch Themen wie Neurowissenschaften und NLP in Bezug auf Business Coaching, aber er hatte auch die Erfahrung gemacht, dass in diesen Kreisen die Grenzen zu Selbstfindungsgruppen und spiritueller Vergangenheitsbewältigung oftmals sehr fließend waren.

Und wenn etwas im Business nichts verloren hatte, dann waren dies sicherlich private Traumata aus der Kindheit von Mitarbeitern oder Geschäftskollegen. Man musste ja schließlich auch trennen können.

Gute Unternehmer haben die Fähigkeit, von der Sachebene ihre Unternehmen aus zu lenken und zu steuern. Der Unternehmer ist wie ein Pilot und sein Unternehmen das Cockpit. Darum gab es ja auch schließlich diesen Begriff des sogenannten Unternehmenscockpits.

Privat verhielt es sich mit Paul dann wieder ein klein wenig anders. Da hatte man ja auch die Verantwortung als Vater und Ehemann und somit auch andere Pflichten.

Als er neulich von Lorenz gefragt hatte, ob er mit ihm beten würde, damit der liebe Gott seinen Hamster Erwin wieder gesund machen würde, hatte er natürlich eingewilligt und mit seinem Sohn laut und aus tiefsten Herzen zu Gott gebetet. Komischerweise hatte er da eine unglaubliche Verbundenheit gespürt, die er unendlich genoss. Natürlich wäre es undenkbar, dies in seinem Businessumfeld zu kommunizieren. Er würde sich zu Tode schämen, wenn er beim Beten erwischt werden würde.

Wie war das?", beendete Herr Dornberg seinen Redefluss. „Kommt das so ungefähr hin?"

Pauls Augen waren während der Geschichte immer größer und größer geworden und demzufolge war auch seine anerkennende Antwort: „Kompliment, da haben Sie mich aber ziemlich gut getroffen. Und das lesen Sie alles aus den paar Fragen?"

„Aus dem Ergebnis der Fragen nicht unbedingt, aber aus dem Bild mit den farbigen Klötzchen" gab Herr Dornberg zur Antwort.

„Moment mal", erwiderte Paul „ich hatte lediglich die paar Klötzchen aufgestellt und das völlig beliebig. Wie können Sie dann das daraus ablesen?"

„Sie haben sie nicht beliebig aufgestellt. Sie haben sie absichtlich so aufgestellt", antwortete Herr Dornberg.

Wenn man ORANGE überwunden hat, hält das Leben viel Faszination bereit

„Aber hören Sie", konterte Paul „wie kann ich absichtlich etwas aufstellen, wenn ich überhaupt nicht weiß, worum es geht? Das geht ja gar nicht."

„Wenn Sie ORANGE überwunden haben, hält das Leben noch so viel an Faszination für Sie bereit", antwortete Herr Dornberg. „Erinnern Sie sich? Ab GRÜN gibt es die Möglichkeit, eine neue Perspektive einzunehmen, weil Sie die Wahrnehmung um den Faktor Gefühl wieder zulassen. Und das ist enorm wichtig.

Und um Sie zu beruhigen - dies ist sogar wissenschaftlich bewiesen. Allerdings hat GRÜN auch unglaubliche Tücken, dazu kommen wir aber später. Haben Sie sonst noch Fragen bis hierher?", forderte Herr Dornberg Paul auf.

„Eine Frage habe ich tatsächlich noch. Woher wussten Sie von den Gebeten mit Lorenz und dass mich das so berührt hatte. War das Zufall?"

„Irgendwie ja und irgendwie doch nicht", war Dornbergs Antwort. "Wenn jemand im Übergang ORANGE-GRÜN dominant ist, so wie Sie, und zudem Kinder hat, dann passiert oft folgendes. In einer für das Kind aussichtslos scheinenden Situation, wie wenn zum Beispiel ein Haustier krank ist, folgt es seiner Religion.

Sie kennen vielleicht die Bedeutung des Wortes Religion aus dem lateinischen religio, was so viel wie Rückbindung oder Rückbesinnung bedeutet. Also dass jemand sich mit seiner spirituellen Natur rückverbinden möchte und somit Halt, Trost und Rat bei seiner Quelle, seinem Gott sucht. Das Kind hat gelernt, dass diese Quelle mittels des Gebets angerufen werden kann, und es dort um Hilfe bitten kann. Und dass dann vielleicht ein Wunder geschieht, wenn man einfach richtig feste betet. Das machen ja alle Religionen so. Für das Kind ist die Wahrscheinlichkeit für ein Wunder größer, wenn es jemanden darum bittet, beim Beten mitzumachen.

Jetzt hatte Lorenz in Ihrem Fall ja schon mal die Erfahrung gemacht, dass sein Papa ein Zauberer ist, der Schokolade hinter den Ohren hervorzaubern kann. Mit solch einem Zauberer im Schlepptau könnte das Gebet noch viel besser klappen. Wenn der Papa jetzt also völlig ohne Maske sich ganz auf das Gebet mit seinem Sohn einlässt, nutzt die Seele des Papas den Moment, um das Selbst des Papas zu berühren. Um somit wieder einmal, wahrscheinlich nach langer, langer Zeit, in Kontakt mit ihm zu treten.

Jetzt hat aber der Papa ein Problem. Wer, wie der Papa, lange genug trainiert hat, rational und sachlich zu sein und zu denken, hat irgendwann einmal ein Problem damit, diesen Gott und seinen Bezug dazu irgendwo einzuordnen.

Irgendwie fehlt diesem ORANGEN Papa die rationale Legitimation für einen Gott. Das Modell ist halt für ihn zwischenzeitlich irgendwie veraltet.

Heute weiß der Papa, dass Gott die Welt - wissenschaftlich nachgewiesen - nicht erschaffen hat. Das ist ja eines der größten Legitimationsprobleme für einen Gott im neuen Weltbild. Seine Existenz ist ebenfalls nicht zweifelsfrei bewiesen. Eine Existenz wäre zudem völlig unlogisch, da dieser Gott unlogisch handelt. Manche Gebete erhört er und manche nicht.

Noch unlogischer ist, dass er völlig unchristlich agiert, denn während Kinder massenweise verhungern, häufen Drogenbosse unglaublichen Reichtum an, und es gibt noch viele andere unschöne Beispiele. Dieser Gott ist ein Auslaufmodell für den orangefarbenen Papa. Er kann aber von ihm nicht abgelegt werden, weil man damit den Rest der Familie, insbesondere die Kinder, vor den Kopf stoßen würde. Deshalb tendiert der moderne Jungunternehmer dazu, um des lieben Friedens Willen,

Gott in den Köpfen seines Umfeldes zu tolerieren. Zumindest bis die Kinder aus dem Gröbsten raus sind.

Trotzdem berührt es Sie, wenn Sie mit Ihren Kindern beten. Und Sie tendieren dazu, dies als Gefühlsregung abzutun, die man ignorieren sollte. Ich sage Ihnen aus meiner Erfahrung, das mit dem Ignorieren klappt nicht auf Dauer. Ihre Seele will und wird Sie weiterhin berühren. Und sie wird immer deutlicher anklopfen, auch wenn sie wissenschaftlich nicht als existent bewiesen ist.

Sie, lieber Herr Herter, sind auf dem Weg im Übergang von ORANGE nach GRÜN und da wird es nun für Sie wichtig, dass Sie Ihre Gefühle richtig integrieren. Gott, Ihre Seele, Ihre Quelle, wie immer Sie das auch bezeichnen mögen oder auch nicht, wird und muss als Teil von Ihnen zum Ausdruck kommen. Das ist Schöpfung. Sicherlich nicht mehr in der blauen Form, die haben Sie hinter sich gelassen, aber in einer neuen Form. Vielleicht in einer GRÜNEN, GELBEN, TÜRKISEN Form oder wie auch immer. Natürlich können Sie das Anklopfen der Seele ignorieren und weiterhin bei ORANGE bleiben. Aber Sie werden nicht in dem Maße reich und glücklich werden, wie Sie es könnten, wenn Sie den Weg weiter gehen würden.

Gott ist ein Geschäftemacher

Ich sage Ihnen eines: Gott ist ein Geschäftemacher. Zumindest solange, wie Sie Geschäfte machen. Denn Ihre Seele, also ein Teil Gottes, wirkt durch Sie. Und ich sage Ihnen noch etwas: Gott ist verdammt gut darin, Geschäfte zu machen, wenn man ihn lässt. Lust auf gottbegnadete gute Geschäfte, Herr Herter? Dann geht's jetzt weiter. Wenn Sie Fragen haben, machen Sie sich eine Notiz."

Damit wandte sich Herrn Dornberg wieder den Unterlagen zu, um nach dem nächsten Thema zu suchen.

Paul war indessen sehr gerührt. Wenn er ehrlich war, hatte er schon länger ein Problem mit dieser Diskrepanz in sich.

„Also zurück zu den Holzklötzchen und den Farben. Warum das Aufstellen der Holzklötzchen nicht beliebig war, dazu kommen wir später noch ausführlicher.“ Herr Dornberg war jetzt voll in Fahrt.

„Es gibt den Begriff des Organisationsstellens. Das hatte ich ja bereits schon angedeutet. Grüne, gelbe und TÜRKISE Unternehmer nutzen diese Technik für wichtige Entscheidungen in deren Unternehmen.

Die Analyse einer Sachlage ist um ein Vielfaches präziser und schneller als jegliche herkömmliche Entscheidungsmatrix oder sonst irgendwelche rational sachlichen Tools aus der Betriebswirtschaftslehre. Techniken wie Organisationsstellen sind Dinge, die Sie von der Komplexität in die Genialität und somit in die Freiheit als Unternehmer führen können.

Hier kommen Sie in den Fluss der richtigen Energien. Das ist *Change Energy*, der dritte wichtige Punkt, Sie erinnern sich sicherlich“, sagte Herr Dornberg.

Natürlich erinnerte sich Paul und er bildete sich ein, eine dieser Energien bei Herrn Dornberg zu spüren, und auch dass diese Energie ihn immer wieder packte und mitriss.

Um das System mit den Farben etwas in Fleisch und Blut übergehen zu lassen, konstruierten Herr Dornberg und Paul noch ein paar Konstellationen aus dem Business-Alltag.

Zuvor stellte aber Paul noch seine Frage, warum in den Unterlagen hinter TÜRKIS und KORALL ein Fragezeichen war.

„So ganz genau kann man das heute noch nicht sagen, was die weiteren Inhalte dieser Farben sind, zumindest nicht bei KORALL“, erklärte Herr Dornberg.

„Man geht lediglich davon aus, dass das System nie enden wird und sich die Qualitäten einfach dann auch zeigen werden, wenn die Zeit reif dafür ist. Die Chinesen sagen, bevor die Krankheit ausbricht, wächst bereits die Medizin im Garten. Die

Evolution scheint die Werkzeuge für Lösungen zum richtigen Zeitpunkt bereitzustellen.

Unsere Aufgabe ist es, sie zu erkennen, sie zu erlernen und umzusetzen. Für TÜRKIS sind jedoch allerdings die ersten Eckpfeiler erkennbar.

Der TÜRKISE Unternehmer sieht die Welt als globales Dorf. Er ist immer mehr in der Lage, den Dualismus aufzulösen. Er verfügt über eine holistische, integrale Wahrnehmung. Er kann auch mehrere Realitäten gleichzeitig wahrnehmen.

Ab der Stufe GELB beginnen sich die Stufen zu wiederholen, allerdings auf einer höheren Ebene. Demzufolge würde die Qualität aus PURPUR auf der TÜRKISEN Ebene, hier unter anderem in einer höheren Potenz, zur Anwendung kommen.

TÜRKISE Unternehmer wären somit so etwas wie Medizinmänner der nächsten Generation. Sie sind die heimlichen Führer eines Stammes. Dabei sind sie aber nicht für das Tagesgeschäft zuständig, sondern für andere höhere Aufgaben, nämlich die der psychischen und physischen Gesundheit. Und das zum Wohle aller. Dass sie dabei unkonventionelle Methoden einsetzen, gehört irgendwie dazu."

Paul schmunzelte wieder einmal über den Vergleich von Herrn Dornberg.

Gleich schob er dann auch wieder eine zweite Frage hinterher: „Wie kommt es, dass GRÜN eine Stufe weiter entwickelt ist als ORANGE. Ich kenne viele GRÜNE, die mir eher weltfremd vorkommen und nicht unbedingt weiterentwickelt."

„Das hängt hauptsächlich mit der Integration beziehungsweise mit der Nichtintegration der anderen Stufen zusammen", erklärte Herr Dornberg.

„Tatsächlich gibt es viele grüne Unternehmer, die ihren Laden nie auf Vordermann bringen werden. Sie sind völlig gelähmt in ihrem Dogma, dass jeder zu jeder Zeit im

Unternehmen gehört und respektiert werden muss. Falsch verstandenes GRÜN wird niemals richtig Geld verdienen und hängt somit ständig am Tropf der ORANGEN Welt. Die Orangefarbenen lehnen die Grünen aber eigentlich am meisten ab.

GRÜN beklagt sich über die Abhängigkeit der Banken und über den Zinswucher der Gläubiger. Sie sind selbst am wenigsten in der Lage sich davon frei zu machen, indem sie zum Beispiel so viel Geld verdienen würden, dass sie keine Banken mehr bräuchten. Grüne Unternehmen haben ständig Liquiditätsschwierigkeiten, weil sie viel zu lange brauchen, um auf den Punkt zu kommen. Und GRÜNE Unternehmen verunsichern viele Mitarbeiter, weil GRÜN grundsätzlich BLAU, also den Strukturgedanken, ablehnt.

Ken Wilber sagt so schön: *'GRÜN zerstört BLAU'*. Was aber GRÜN dem ORANGE absolut voraus hat, ist dass GRÜN die erste Stufe ist, in der man beginnt, systemisch zu denken. Hier hat zum ersten Mal der Gedanke Platz, dass der Erfolg im eigenen Leben eventuell davon abhängt, welche Muster die Vorfahren geprägt haben, und dass, wenn ich mich nicht verändere, ich diese Prägungen ungefiltert der nächsten Generation weitergebe.

Hinzukommt, dass GRÜN in der Entwicklung nach langer Zeit zum ersten Mal wieder entdeckt, welche überaus machtvolle Power hinter den Gefühlen steckt und dass das Gefühl entscheidet und nicht der Intellekt. Der Intellekt erfindet oft im Nachhinein Gründe, warum es zu einer Entscheidung gekommen ist.

GRÜN hat aus diesem Hintergrund eine enge Verbindung zu PURPUR. Hier findet GRÜN natürlich auch jede Menge Rituale und Techniken, wie man tief in sein Gefühlsleben eintauchen kann. Das Problem bei GRÜN ist eben nur, dass, wenn man hier nicht mehr herausfindet, man eben auf der GRÜNEN Stufe versumpft und den Weg zu GELB nicht findet. Das ist vermutlich das, was Sie meinten, dann in einem völlig alternativen Lebensstil hängenzubleiben oder dass man auch nach ORANGE zurückdriftet. Im ersten Fall bleibt man bei der guten alten Flower-Power. Im zweiten Fall gibt man auf und wird zu einem der Spießer, gegen die man so lange gekämpft hat. Beides führt voraussichtlich zu einem armen und unglücklichen Leben. Sind Ihre Fragen damit beantwortet?“, fragte Herr Dornberg.

„Für den Anfang ja. Aber vielleicht klärt sich noch Einiges, wenn wir noch ein paar Beispiele anhand von Unternehmenskonstellationen durchgehen“, erwiderte Paul.

Herr Dornberg nickte und sagte zustimmend: „Gut, Herr Herter, dann wollen wir den Rest angehen. Was denken Sie, kann passieren, wenn der Unternehmer BLAU ist und sein Führungsteam ORANGE?“

„Wie?“, erwiderte Paul, „das geht auch? „Der Chef ist in seiner Entwicklung unter der Mannschaft?“

„Natürlich geht das. Solche Fälle sind sogar sehr häufig. Das ist auch oft das Problem, wenn junge Leute von der Uni kommen, und die Unternehmen stecken noch in ganz alten Strukturen“, erwiderte Dornberg.

„Oh, dann gibt es aber viel mehr Möglichkeiten, als ich mir gedacht habe. Dann wird's ja doch sehr komplex“, bemerkte Paul. „Anfangs schon, aber je mehr Sie das System durchspielen, desto einfacherer wird es für Sie, sich da reinzudenken und desto geläufiger werden Ihnen die Zusammenhänge“, entgegnete Herr Dornberg.

Und so spielten die beiden ein paar weitere Varianten durch.

Herr Dornberg erklärte: „Wenn der Chef eher BLAU wäre und die Führungsebene ORANGE, dann wäre insofern natürlich ein Konflikt vorprogrammiert, dass der Chef an den alten Vorgehensweisen festhalten wollte, und die Führung eher mit ihren neuen Vorschlägen auf Granit beißen würde.

In solchen Unternehmen wird ein ORANGER Manager nie glücklich werden und daher auch niemals dauerhaft verbleiben. Da der BLAUE Unternehmer dies nicht erkennen kann, wird er entweder eine ständig hohe Fluktuation haben, bis er zufällig auf eine BLAUE Führungskraft trifft, oder sein Unternehmen wird erheblich gefährdet sein, da ein Unternehmen ständigen Führungswechsel schlecht verkraftet. BLAUE Unternehmer leben nach ganz starken Regeln und Ordnungssystemen. Schätzungsweise sind ca. 30% der Unternehmer in Westeuropa noch BLAU. Während der Wirtschaftskrise 2009 haben sich einige BLAUE Unternehmer sogar das Leben genommen, weil sie nicht das erfüllen könnten, was ihrer Meinung nach ihre Pflicht gewesen wäre. Japanische Manager reagieren oft ähnlich, weil sie in einem sehr blauen System/Weltbild leben.

Einem orangefarbenen Manager würde das nie passieren. ORANGE ist da eher unerschrocken und gründet nach einer Insolvenz gleich eine neue Firma – vielleicht eine ausländische Limited oder Ähnliches. ORANGE denkt pragmatisch und logisch und hat das alte hierarchische Pflichten- und Ordnungssystem hinter sich gelassen.

Was aber nicht heißt, dass ORANGE nicht auch völlig absurd reagieren kann. 2008 zum Beispiel haben sich einige Investmentbanker in London aus dem Fenster gestürzt, bei der großen Entlassungswelle des Lehman Brothers Skandals. Sie haben sicher darüber in den Medien gehört. Allerdings taten sie es nicht aus mangelnder Pflichterfüllung, sondern weil sie ihr Image verloren hatten. ORANGE ist oftmals ein Sklave des Images. GRÜN versucht, sich frei davon zu machen. Der Anteil an ORANGEN Menschen liegt in der westlichen Welt bei ca. 40%. Der von GRÜNEN bei ca. 25%, GELBE bei 1-2% und TÜRKIS dann bei 0,1%.

Das bedeutet jedoch nicht, dass ein Unternehmen idealerweise aus einer einzigen Farbe besteht. Keinesfalls. In einem Unternehmen sind sogar idealerweise immer mehrere Farben vertreten. Von PURPUR bis je nach Ausprägung ORANGE, GRÜN oder GELB. Die meisten Unternehmer kennen aber die unterschiedlichen Bewusstseinsebenen nicht. Die Folge davon ist, dass der richtige Umgang mit den Ebenen oft Zufall ist. Und somit ist es kein Wunder, wenn viele Unternehmen nicht wirklich durchstarten, sondern wenn überhaupt, mehr oder weniger angestrengt einfach nur überleben, trotz zum Teil ungeheurer Anstrengungen.

Die ideale Ordnung ist dann gegeben, wenn die unterschiedlichen Entwicklungsebenen im Organigramm von oben nach unten auch so vertreten sind, oder, je nach Unternehmensgröße, die Schlüsselpersonen die Ebenen kennen und diese entsprechend steuern können. Eine Führungskultur sieht in einem GRÜNEN Unternehmen völlig anders aus als in einem BLAUEN. Personalentwicklung sieht in einer ROTEN Abteilung völlig anders aus als in einer ORANGEN. ORANGES Kunden-Marketing verhält sich völlig anders als GRÜNES.

In einem orangefarbenen Markt oder auf tieferen Ebenen reicht es völlig, wenn Sie Ihre Verkäufer auf ein ‚Tschakka-Motivationstraining' schicken oder banale hypnotische Sprachmuster erlernen lassen, um Kunden einzufangen.

ORANGE-GRÜNE Kunden sind eher angewidert, wenn so ein selbst ernannter Verkaufsprofi mit seinem aufgesetzten Verkaufsgespräch versucht, die Leute zu überzeugen.

Da aber fast 70% der Bevölkerung BLAU-ORANGE sind, sind auch 70% des Marketings so ausgerichtet. Wenn Ihr Buchhalter GRÜN ist und nicht BLAU, stimmt die Kasse nie. Wenn der Vertrieb ROT anstatt ORANGE ist, laufen Ihnen die Kunden weg. Und wenn die Entwicklungsabteilung BLAU ist, sind Ihre Produkte die Langweiligsten am Markt.

Erkennen Sie die Logik dahinter?“, fragte Herr Dornberg.

„Ja“, antwortete Paul, „und ich merke, wie schnell einem das System geläufig wird. Das bedeutet aber doch auch, dass man eigentlich auch viele Tools und Techniken für Führung benötigt, da es so viele unterschiedliche Variationen gibt.“

„Nein, das brauchen Sie nicht, da Ihr Unternehmen in der Regel aus einer bestimmten fixen Konstellation besteht", gab Herr Dornberg zur Antwort und fuhr fort: „Zudem hängt es davon ab, wie die Wettbewerbssituation in Ihrem Markt aussieht und welche der drei Grundstrategien Sie anwenden wollen. Wenn Sie Ihr Unternehmen lediglich mit der *Alchimedus-Strategie* als Grundstrategie auf Vordermann bringen wollen, dann arbeiten Sie automatisch eher auf der BLAU-ORANGEN Ebene. Wenn Sie wirklich neue Impulse setzen wollen und neue Märkte erobern - und das mit der *Blue Ocean Strategie* - brauchen Sie unbedingt ein ORANGE-GRÜNES Bewusstsein dafür.

Und wenn Sie sozusagen einen richtigen Turnaround machen wollen oder müssen, dann brauchen Sie unbedingt als Grundstrategie die *EKS* und ein GRÜN-GELBES Bewusstsein. Es bieten sich dann auf jeder Bewusstseinsebene die entsprechenden Werkzeuge dazu an, um die Umsetzung zu garantieren."

„Wenn Sie das so sagen, klingt das, als wäre das alles gar kein Problem und für jeden machbar. Und gleichzeitig verbergen sich dahinter doch enorm viele Möglichkeiten und Variationen", sagte Paul einerseits begeistert, andererseits etwas frustriert aufgrund der Menge an Informationen, die er da zu verdauen hatte.

„In Wahrheit ist es so, dass es nach meiner Erfahrung nicht jeder umsetzen kann. Erst ab der Stufe vom Übergang ORANGE nach GRÜN besteht die Möglichkeit, mit diesem einfachen System zu arbeiten", erläuterte Herr Dornberg.

Zugang zur Genialität beginnt bei der Integration des Gefühls in sein Leben!

Er atmete tief durch und erklärte weiter: „Erst ab dieser Stufe hat man die Möglichkeit von der Komplexität in die Genialität zu wechseln. ORANGE und tiefer lässt einfach nicht zu, die anderen Stufen zu fühlen. Ein BLAUER oder rein ORANGER Mensch kann zwar das System rational verstehen, aber es nicht fühlen. Somit ist für ihn beim Anfang der Stufe GRÜN auch Schluss. Die Methoden ab GRÜN greifen bei ihm nicht. Er ist sozusagen ‚noch immun'. Zugang zur Genialität beginnt bei der Integration des Gefühls in sein Leben. Erst dann bekommen diese Menschen auch Zugang zu ihrer Intuition und dann wird es erst so richtig spannend. Auch dazu werde ich Ihnen noch Modelle vorstellen.

Jetzt verstehen Sie vielleicht, warum ich zu Anfang unseres Kennenlernens so vehement darauf gepocht habe, dass Sie sich mit Ihrem WARUM auseinandersetzen sollten. Das ist die Eintrittskarte in GRÜN und somit die Eintrittskarte zur Technik der Genialität. Und es ist nicht nur Eintritt, sondern das Fundament. Wenn Ihnen GRÜN abhandenkommt oder Sie dort noch nicht angekommen sind, sind Sie nicht an die Intuition angeschlossen. Sie sind sozusagen weg vom Netz.

Selbst wenn Sie in GELB virtuos mit Techniken und Systemen jeglicher Couleur umgehen können, Sie aber GRÜN nicht integriert haben, steckt das LAN-Kabel nicht mehr im Gehäuse. Sie haben keine Verbindung mehr zum Zentralrechner."

Paul wurde immer noch begeisterter und hatte zwischenzeitlich vergessen seine Fragen aufzuschreiben, sondern er plapperte sie einfach raus. „Das bedeutet in GRÜN findet man die Techniken zur Freilegung der Kraft seiner eigenen Gefühle. Heißt das dann, dass man sich auch immer einem gewissen psychologischen Striptease aussetzen muss?"

„Oh, da scheint ja jemand mächtig die Hosen voll zu haben", provozierte ihn Herr Dornberg zusätzlich. Er fuhr dann aber, Pauls Bedenken sehr ernst nehmend, fort: „Also erstens, wenn Sie noch niemals etwas in diese Richtung gemacht haben, dann werden Sie anfangs um ein mulmiges Gefühl nicht herumkommen.

Wenn Sie aber bei den richtigen Leuten sind, ist das innerhalb kürzester Zeit verschwunden. Dass Sie eventuell nicht bei den richtigen Leuten sind, merken Sie dann einfach daran, dass das mulmige Gefühl nicht weggeht. So einfach ist das. Es ist dann Ihre Aufgabe, jemanden anderen zu suchen. Auf keinen Fall sollten Sie zurück nach ORANGE oder BLAU gehen. Hier werden Sie, einmal an GRÜN geschnuppert, niemals mehr wirklich reich und glücklich werden können.

Zweitens, kennen viele der GRÜNEN die GELBE Ebene gar nicht. Sie suhlen sich daher mit ihren GRÜNEN Techniken immer noch tiefer und tiefer in ihren Gefühlen. Es wird immer ein noch komplizierteres Verfahren und immer noch eine neuere Technik ausprobiert.

Sie gehen ja davon aus nach GRÜN käme nichts mehr, und von daher streben sie gar keine weitere Entwicklung an. Das wäre so, wie wenn Sie beim Brot backen inzwischen mühevoll die 28. Technik erlernt hätten, und nun die 29. Technik ausprobieren würden, während andere inzwischen Brote backen und zusätzlich mit leckeren Dingen belegen lassen, und dann jedes Wochenende beim Picknick sind.

Wenn Sie sich als GELBER vor zu viel GRÜN schützen wollen, weil das ganze Gruppengehabe manchmal etwas anstrengend ist, dann kaufen Sie sich einen schönen Porsche oder Ihrer Frau eine Tasche von Prada. Jeder GRÜNE verwechselt Sie ab sofort mit seinem orangefarbenen Erzfeind und meidet Sie fortan.

Wenn Sie sich dann ab und an mal wieder von GRÜN inspirieren lassen wollen oder eventuell auch geschäftliche Termine wahrnehmen wollen, dann holen Sie Ihren Smart aus der Garage, kaufen Ihrer Frau ein schönes schlichtes Strickkleid und Sie sind wieder im Spiel."

Herr Dornberg lachte. „Heißt das, ich kann GRÜN auch relativ schnell überspringen?", fragte Paul fast schon ein wenig panisch. „Ehrlich gesagt sind mir die ganzen Psychothemen und das Eso-Gehabe einfach zu viel."

Herr Dornberg schüttelte den Kopf und erklärte: „Sie sollen gar nichts überspringen. Sie sollen integrieren. Dazu brauchen Sie jetzt aber nicht die 68er Revolte bis heute 1:1 nachzuleben. Sie werden Quantensprünge machen, wenn Sie diesen Weg gehen. Und auch wenn Sie das heute noch nicht für möglich halten, werden Sie selbst den steckengebliebenen GRÜNEN mit Liebe und Respekt begegnen können."

„Apropos, GRÜN", fuhr Herr Dornberg fort, „ich schlage vor, wir begeben uns langsam zu Tisch. Herr Bauer wartet sicherlich schon mit einem herrlichen ayurvedischen Salat auf uns." Und er fügte mit einem Augenzwinkern hinzu: „Das exzellente Bio-Essen verdanken wir übrigens auch den steckengebliebenen GRÜNEN."

Und während die beiden zu ihrem reservierten Tisch liefen, fügte Herr Dornberg noch hinzu: „Aber mal ganz nebenbei, ich kenne viele reiche und glückliche GRÜNE. Reich sicherlich nicht immer an Ihrem oder meinem Maßstab gemessen, aber 100% authentisch zu deren Lebensplan, deren WARUM. Die sind uns also teils auch Einiges voraus. Vielleicht sind die schon TÜRKIS und wir verwechseln sie mit GRÜN. Könnte auch sein. So und jetzt einen guten Appetit, Herr Herter!"

Die Mittagspause hatte Paul heute nötiger als er geahnt hatte. Das Farbensystem hatte ihn ganz schön angestrengt, aber auch gleichzeitig fasziniert. Dass er dabei sein eigenes Leben und Verhalten immer wieder reflektiert bekam und selbst reflektierte, strengte ihn ebenfalls ziemlich an.

Nach dem Mittagessen schlug Herr Dornberg vor, dass jeder etwas Zeit für sich verbringen und sich jeder für eine halbe Stunde sammeln sollte, damit sie am Nachmittag wieder richtig durchstarten konnten, denn es sollte zum letzten Kapitel der Unterlagen gehen. Zum Thema *Change Energy*. Genauer gesagt darum, wie man seine Energie so veränderte, dass man den Zugang zu seiner Intuition schnell aufbauen konnte.

Sie kommen nur an Ihre wirkliche Quelle, wenn Sie über ein relativ hohes Energieniveau verfügen!

„Kommen Sie hier herüber. Es geht hier weiter", fuchtelte Herr Dornberg in Richtung Terrasse, auf der Paul gerade ein wenig eingenickt war. Die warme Sonne und das reichliche Essen hatten ihn tatsächlich einschlafen lassen.

Herr Dornberg saß im Schatten auf einem großen Steinbrocken und hatte die Augen leicht geschlossen. Er öffnete sie auch nicht als Paul dann neben ihm stand, sondern forderte ihn einfach auf, seine Schuhe auszuziehen und sich auf den Stein neben ihm zu setzen.

„Schließen Sie bitte die Augen und tun Sie so, als ob Sie sich mit dem Stein verbinden würden, und sagen Sie mir Bescheid, wenn Sie soweit sind", forderte Herr Dornberg ihn auf.

„Ich bin soweit", antwortete Paul.

„Sehr gut", sprach Herr Dornberg weiter. „Jetzt möchte ich, dass Sie sich eine Wiese vorstellen. Aber Achtung, es darf keine Wiese sein, die Sie bereits kennen. Sie müssen eine erfinden – ganz wichtig. Haben Sie eine Wiese?"

„Ja, hab' ich", meldete Paul zurück.

„Ok", sprach Herr Dornberg weiter. „Jetzt stellen Sie sich auf die Wiese, und zwar barfuß und spüren das Gras. Wie hoch ist das Gras?"

„Geht ungefähr bis zu meinen Knöcheln", antwortete Paul.

„Fühlt es sich angenehm oder nicht angenehm an?", wollte Herr Dornberg wissen.

„Sehr angenehm - ganz weich, und vor allem riecht es wunderbar", antwortete Paul.

Und schon kam von Dornberg die nächste Frage: „Gut dann schauen Sie zum Himmel. Wie ist das Wetter?"

Prompt kam Pauls Antwort: „Schön, aber leicht bewölkt."

Und sogleich ging's auch mit Dornbergs nächster Frage weiter: „Als Nächstes schauen Sie nach vorne und sagen mir, wie und wo Ihre Wiese aufhört."

Paul beschrieb, dass sich vor der Wiese am Horizont ein Berg befand. Auf die Aufforderung links und rechts die Begrenzung der Wiese zu beschreiben, erklärte Paul, dass er links einen Wald und rechts einen Zaun sah, der seine Wiese begrenzte. Hinter sich konnte er leider nichts erkennen, was Herr Dornberg dann aber auch als überhaupt nicht relevant einstufte, und Paul dann wieder aufforderte seine Augen zu öffnen.

„Ging das gut, oder hatten Sie Mühe?", fragte Herr Dornberg nach.

„Nein, das ging sehr gut. Ich konnte mir das sehr gut einbilden. Ich sah die schöne grüne Wiese und den blauen Himmel. War alles kein Problem", antwortete Paul.

„Prima, dann lassen Sie jetzt bitte Ihre Fingerspitzen sich gegenseitig berühren - bis auf den Daumen." Paul tat gehorsam was Herr Dornberg ihm auftrug und berührte mit seinem linken Zeigefinger seinen rechten, den linken Mittelfinger mit dem rechten, den linken Ringfinger mit dem rechten und den linken kleinen Finger mit dem rechten.

„Sehr gut", sprach Herr Dornberg weiter, „jetzt lösen Sie bitte den kleinen Finger und den Ringfinger leicht voneinander und atmen tief ein."

Paul nahm 2 tiefe Atemzüge.

„Jetzt bitte wechseln. Sie lassen bitte die kleinen Finger und die Ringfinger zusammen und trennen Mittel- und Zeigefinger. Dann nehmen Sie bitte wiederum einen tiefen Atemzug", ordnete Herr Dornberg an.

Paul atmete wiederum zwei Mal tief ein.

„Können Sie einen Unterschied feststellen?", fragte Herr Dornberg nach.

„Ja", antwortete Paul, „wenn sich die kleinen Finger und die Ringfinger berühren, atme ich viel tiefer - und zwar direkt in den Bauch."

„Sehr gut", lobte ihn Herr Dornberg und forderte Paul auf: „Dann schließen Sie bitte nochmals die Augen. Lassen Sie weiterhin Ihren kleinen Finger und Ihre Ringfinger sich berühren. Atmen Sie dann tief in den Bauch und versuchen Sie, die Energie dieses Steines zu spüren. Achten Sie dabei einfach auf Ihren Körper."

Paul saß entspannt auf dem Stein und beobachtete, ob etwas in seinem Körper passierte. Nach ein paar Augenblicken spürte er ein Kribbeln um sein Steißbein. Langsam wurde das Kribbeln stärker und zog hoch über den Rücken zu seinem Nacken bis ganz nach oben zu einem Punkt auf der Mitte seines Schädels. Dabei überkam ihn ein leiser Schauer und eine Gänsehaut breitete sich aus, die ihn leicht schütteln ließ.

„Hat Ihre Seele Sie wieder berührt?", fragte Herr Dornberg und forderte ihn auf seine Augen zu öffnen.

Man wusste ja nie genau, wann Herr Dornberg Scherze machte und wann es ihm ernst war. Aus diesem Grund vermied Paul es, auf diese konkrete Frage nach der Seele zu antworten. Stattdessen gab er zur Antwort: „Ja, ich kann eine Energie spüren, über den ganzen Körper. Was bedeutet das?"

„Das bedeutet, dass Sie sehr gut und schnell auf Ihre Intuition zugreifen können, wenn Sie wollen. Wollen Sie?", blickte Herr Dornberg Paul fragend an.

„Ja, natürlich will ich das. Denken Sie denn, dass ich da besonders begabt darin bin?", wollte Paul neugierig wissen.

„Nein, sind Sie nicht. Besonders begabt auf keinen Fall. Vermutlich nicht einmal Durchschnitt", kommentierte Dornberg Pauls Frage, mit einem etwas herablassenden Tonfall, und fügte noch hinzu: „Das liegt hier nur an diesem Stein. Das reicht aber allemal, um mich in meinen Anfängen um Längen zu schlagen", ergänzte er dann mit seinem typischen verschmitzten Lachen.

Er schien es sichtlich zu genießen, andere Menschen durch alle möglichen Gefühlswelten zu jagen, mal zynisch und ein anderes Mal überaus einfühlsam.

„Ich mache mit Ihnen diese Übung, um Ihnen den Zusammenhang von Energie und Intuition näherbringen zu können. Schauen Sie", fuhr er fort, „wenn wir bis hierher einmal unsere Arbeit zusammenfassen, dann kommen wir zu dem Resultat, dass der Erfolg als Unternehmer eigentlich nur aus 2 Komponenten besteht.

Erstens sein richtiges WARUM zu finden, und mit der besten Strategie dann dieses WARUM umzusetzen. Wie man die Strategie erarbeitet und umsetzt, darüber haben wir ausführlich gesprochen. Wir haben auch erarbeitet, dass die Auswahl einer der 3 Grundstrategien maßgeblich davon abhängt, ob ich mein Unternehmen optimieren, innovieren oder neu positionieren will. Lassen Sie uns nun darum kümmern, wie Sie Ihr WARUM finden. Wir hatten ja beim letzten Treffen ausführlich über die Wichtigkeit gesprochen, aber nicht über das Wie", sagte Herr Dornberg.

„Ja, Sie hatten letzte Woche immer betont, dass das stark von der Farbe, also der Bewusstseinsebene auf der man sich befindet, abhängt. Dieser Zusammenhang ist mir aber noch nicht klar", ergänzte Paul die Aussagen von Herr Dornberg.

„Genau das werde ich Ihnen jetzt einmal genau erläutern", fuhr Herr Dornberg fort.

„Nach unserem System der Farben würden wir Sie im Übergang von ORANGE nach GRÜN einordnen und wir hatten ja auch schon besprochen, dass dies die Ebene ist, auf welcher der Mensch zum ersten Mal beginnt, in Systemen zu denken und in der Lage ist, zu seinem Gefühlsbereich eine Beziehung aufzubauen.

Als rein ORANGER, BLAUER oder ROTER hat man zwar logischerweise auch Gefühle, man ist aber nicht in der Lage, wirklich eine Beziehung dazu aufzubauen. Man ist eher bestrebt, seine Gefühle zu unterdrücken. Zumindest die Negativen. Sein wirkliches WARUM findet man aber nicht mit seinem Intellekt.

Man findet sein WARUM, indem man sich dessen bewusst wird, was einen selbst gefühlsmäßig geprägt hat. Also, nach welchen Werten man handelt. Sobald man das erkannt hat, wird einem schlagartig klar, warum man ist wie man ist, und hat dann die Möglichkeit zu entscheiden, ob man seine Werte beibehalten will, oder ob man sie austauschen möchte.

Viele davon sind ja eventuell gar nicht mehr zeitgemäß, weil wir auch einiges von unseren Eltern und anderen früheren Autoritätspersonen übernommen haben. Aber die Zeiten und auch die Lebenssituation haben sich verändert. In dem Moment, wo Sie Ihre alten Werte durch neue ersetzen, werden Sie völlig anders handeln und somit völlig andere Ergebnisse erzielen. Das ist eine Möglichkeit.

Die zweite Möglichkeit andere Ergebnisse zu erzielen, ist zu erkennen, was Ihre wirklichen Werte sind, um dann Ihr WARUM ausschließlich auf Ihre Werte auszurichten. Ihre Werte können Sie aber nur bis zu einem bestimmten Punkt kognitiv, also mit Ihrem Denken, erarbeiten und erkennen. Werte sind im Unterbewusstsein verankert. Der Zugang zu Ihrem Unterbewusstsein ist aber nur über dessen Sprache, nämlich über das Gefühl, zu erreichen. Also, die scheinbar schlechte Nachricht ist, dass Sie nicht darum herumkommen, sich mit Ihrem Innenleben auseinanderzusetzen. Aber wenn Sie einmal den richtigen Zugang dazu geschaffen haben, werden Sie ihn nie wieder blockieren wollen.

Herr Dornberg tippte Paul auf die Brust und sagte: „Da drinnen ist alles, was Sie brauchen, um reich und glücklich zu werden. Welche Werkzeuge Sie dafür benutzen, hängt von Ihrer Farbe ab. In Ihrem Fall, da Sie im Übergang zu GRÜN sind, könnten Sie jetzt aus einer Vielzahl von grünen Werkzeugen auswählen.

Hier fallen so ziemlich alle Werkzeuge für Persönlichkeitsentwicklung drunter. Sie könnten sich jedoch auch gelbe Werkzeuge anschauen, und somit die manchmal eher komplizierteren grünen Werkzeuge überspringen. Damit hätten Sie nicht GRÜN übersprungen, sondern nur gelbe Werkzeuge genutzt, um GRÜN zu integrieren. Diese Werkzeuge stelle ich Ihnen dann noch genau vor."

„Ok, aber was hat das dann mit Energien zu tun?", fragte Paul nach.

„GELBE und TÜRKISE Werkzeuge funktionieren nur, wenn Sie mit hoher Energie arbeiten. Sie kommen nur an Ihre Quelle, wenn Sie über ein relativ hohes Energieniveau verfügen. GRÜNE Werkzeuge sind oftmals deshalb so langwierig und anstrengend, weil die Energien dabei nicht berücksichtigt werden.

Wie leicht ist es Ihnen vorher gefallen, diese mentale Übung mit der Wiese zu machen?", fragte Herr Dornberg.

„Nun das war ja nicht so schwer, sich eine Wiese vorzustellen", entgegnete Paul.

Herr Dornberg nickte anerkennend und sprach weiter: „Ja, das haben Sie auch sehr gut gemacht. Aber haben Sie auch bemerkt, wie klar und deutlich die Bilder waren, die Sie gesehen haben? Das Ganze sogar in Farbe und Sie konnten sogar das Gras unter Ihren Füßen spüren.

Letztes Mal haben Sie mir davon erzählt, wie schwer es Ihnen fällt, mit den Meditations-CDs Ihrer Frau zu arbeiten, weil Sie eben kaum oder nie etwas sehen oder spüren könnten."

„Jetzt wo Sie das sagen, fällt mir das auch auf", antwortete Paul. „Das stimmt, ich konnte eigentlich noch nie Bilder sehen, schon gar nicht in Farbe. Aber warum denn jetzt?", fragte er.

„Das liegt an diesem Ort hier. Beziehungsweise an dem Stein auf dem Sie sitzen", kam auch schon prompt die Antwort. „Je höher die Schwingung eines Platzes ist, je mehr Energie können Sie aufnehmen und je höher wird Ihre eigene Schwingung."

„Heißt das, dass dies ein besonders energiegeladener Ort ist?", fragte Paul nach.

Herr Dornberg nickte: „Ja, inzwischen schon. Dieser Ort wurde zu einem Kraftplatz umfunktioniert. Herr Gründorn war so nett, das für Herrn Bauer und das Hotel so einzurichten, als er damals wegen des Feng-Shui hier war. Solche Kraftpunkte sind für zwei Dinge außerordentlich nützlich. Erstens, um die Intuition möglichst gleichmäßig hoch zu halten und zweitens, um Dinge schneller manifestieren zu können."

Paul war jetzt besonders gespannt, zwar schien es jetzt einerseits etwas surreal zu werden, andererseits hatte es auch etwas Faszinierendes.

Herr Dornberg fuhr fort: „Erst ab einer bestimmten Schwingungsfrequenz sind Sie in der Lage, mit mentaler Arbeit wirklich Ergebnisse zu erzielen. Erst dann haben Sie wirklich Zugang zu Ihrer Intuition. Und wenn Sie Ihre Intuition erreichen, dann ist das so ähnlich, wie wenn Sie Ihren ganz persönlichen Flaschengeist befreit haben."

„Heißt dass, dass ich dann nur noch meine Wünsche äußern muss und die bezaubernde Jeannie verschränkt die Arme, blinzelt zweimal, und mein Wunsch wird erfüllt?", antwortete Paul sehr ironisch.

„Mein Gott, wie langweilig wäre das denn, oder?", antwortete Herr Dornberg. „Zudem würde das komplett dem Konzept der Evolution entgegenwirken. Wir haben uns unser Leben schließlich ausgesucht, um zu lernen, Erkenntnisse zu erlangen, daran zu wachsen, und Glück und Freude zu empfinden an dem, was wir erreicht haben. Wussten Sie, dass der Mensch die meisten Glückshormone ausschüttet, wenn er eine tiefe Erkenntnis, ein Aha-Erlebnis, hatte? Etwas zu verstehen ist eines der Dinge, das uns weit glücklicher macht als alles andere. Hier hat sich jemand eine wirklich gute Strategie ausgedacht, um die Evolution ständig am Laufen zu halten. Finden Sie nicht auch? Noch ein Argument, das meine These, dass Gott ein guter Geschäftemacher ist, stützt. Er ist ein brillanter Stratege."

Herr Dornberg lief mal wieder zur Hochform auf. „Der Weg zum Glück besteht also nicht darin, fehlerfrei eine Bestellung beim Universum ausführen zu können. Es geht darum, zu verstehen, zu integrieren, zu handeln, und daraus dann Ergebnisse zu produzieren. Verstehen bedeutet dabei, sein Innerstes zu verstehen. Das zu verstehen, was aus seinem ureigensten Inneren kommt. Seine Intuition zu verstehen, seine Seele zu verstehen. Und diese Botschaften dann umzusetzen. Mit dieser Vorgehensweise werden Sie nicht nur außerordentliche Ergebnisse erzielen, sondern diese Ergebnisse werden Sie auch zutiefst befriedigen und glücklich machen."

„Heißt das, dass die Seele immer weiß, was für einen am besten ist?", fragte Paul.

„Ja", erwiderte Herr Dornberg. „Unsere Seele kennt unseren Lebensplan und weiß haargenau, was das Beste für uns ist. Unsere Seele mischt sich nur nicht ein, denn wir haben immer den freien Willen. Wir sind immer Schöpfer unseres eigenen Lebens. Wir haben in der Vergangenheit auch das erschaffen, wo wir jetzt im Leben gerade stehen. Ob es uns gefällt oder nicht.

Oftmals sind wir uns dessen nur nicht bewusst, weil wir sozusagen auf Auto-Pilot laufen und unser Unterbewusstsein mit all den überholten Werten und Paradigmen und Glaubensmustern die Führung übernommen hat. Weil wir eben kein bewusstes Leben führen. Aber erschaffen tun wir immer alles selbst. Nur wir alleine tragen die Verantwortung für die Situation, in der wir heute sind.

Paul nickte bedächtig und antwortete: „Wow – so habe ich das noch nie gesehen. Aber das heißt, ich kann es jederzeit selbst wieder ändern und in die Hand nehmen - und ich benötige ein hohes Energieniveau, um Zugang zu meiner Intuition zu bekommen. Und kann dann schlussendlich auch mein WARUM erkennen und umsetzen. Jetzt kenne ich aber einige Unternehmer, die sehr erfolgreich sind, von denen ich nicht unbedingt sagen würde, dass die einen besonderen Zugang zu ihrer Seele und ihrer Intuition haben. Das sind einfach taffe Geschäftsleute, die genau wissen, was sie wollen und ihr Ding auch durchziehen."

„Hier müssen Sie unterscheiden, zwischen materiell erfolgreichen Unternehmern und wirklich ganzheitlich erfolgreichen", erklärte Herr Dornberg. Natürlich gibt es glasklare Strategien für den Unternehmenserfolg. Wir arbeiten in der Mastermind-Gruppe ja genau mit solchen, sehr gut funktionierenden Strategien. Und mit der entsprechenden Energie und Disziplin können Sie auch wirklich jedes Ziel erreichen. Wirklich, jedes Ziel. Die Frage ist nur, ist es Ihr wirkliches Ziel. Das Ziel, das Sie glücklich macht und Ihnen Freude bereitet. Oder sind Sie am Ende nur reich und unglücklich. Materielle erfolgreiche Unternehmer verfolgen und erreichen meist nur die Ziele des Egos und diese enden niemals im Glücklichsein. Dann gibt es die ganzheitlich Erfolgreichen, die wirklich ihre Berufung gefunden haben und diese erfolgreich umsetzen.

Ich habe in der ganzen Welt viele davon kennengelernt. Meine Erfahrung war immer dieselbe. Diese Menschen sind in dem Moment erfolgreich geworden, als sie den Weg zu ihrer Seele gefunden haben, leider meist über große und schmerzliche Umwege. Diese Umwege macht ein TÜRKISER Unternehmer nicht mehr."

Paul begann so langsam zu verstehen, was Herr Dornberg unter spiritueller Anbindung verstand. „Okay, so langsam kann ich ein Gefühl für das aufbauen, was Sie mir da sagen", unterbrach Paul den Redefluss von Herrn Dornberg. „Was meinen Sie aber damit, wenn Sie sagen, man bräuchte auch hohe Energie, um Dinge zu materialisieren?"

Wie ich meine erste Million materialisierte

„Dazu werde ich Ihnen am besten eine Geschichte aus meinem Leben erzählen“, holte Herr Dornberg aus, und Paul richtete sich mal wieder auf einen längeren Monolog seines Mentors ein. Nicht ungern - ganz im Gegenteil, Paul liebte es, wenn ihm komplexe Zusammenhänge anhand von realen Geschichten verdeutlicht wurden.

„Es war Anfang der 90er Jahre. Ich war damals Anfang dreißig und hatte mein erstes eigenes Unternehmen. Nicht besonders groß, aber immerhin 24 Mitarbeiter und wir machten ca. 8 Million Umsatz. D-Mark natürlich noch zu dieser Zeit. Ich hatte damals große Pläne und steckte alle Energie und Enthusiasmus in meine große Vision.

Irgendwann dann im Laufe der Zeit, begann meine Erfolgskurve zu sinken. Ich hatte alles Mögliche versucht, um die auftauchenden Probleme in den Griff zu bekommen. Aber alle Maßnahmen, von Umstrukturierung bis Neupositionierung, fruchteten einfach nicht.

Langsam wurde es immer bedrohlicher für mich und mein Unternehmen. Auch freie Berater und Coaches wurden von mir konsultiert, aber alle neuen Ideen und Konzepte griffen einfach nicht wirklich. Die Krise mauserte sich allmählich immer mehr zum ausgewachsenen Problem. Da alle konventionellen Methoden nicht fruchteten, begann ich, mich mit unkonventionellen Methoden zu beschäftigen. Ein Kunde hatte mir einen Kontakt zu einem Feng-Shui-Großmeister aus Singapur gemacht. Er selbst kannte diesen Großmeister nicht persönlich, aber wiederum ein Freund von ihm war Direktor einer Schweizer Bank, die in ihrer Niederlassung in Singapur mit diesem Großmeister wohl regelmäßig und sehr erfolgreich zusammenarbeiteten.

Kurzum, eines Tages saß dieser Herr Chong Swan Lek[8] bei mir im Büro. Ich schilderte ihm meine Situation, dass die Umsätze stagnierten, trotz großem Engagement und Aufwand, und keines der neuen Konzepte so richtig fruchten wollte. Er machte sich ein paar Notizen und bat mich, ihn zum Haupteingang meines Firmengebäudes zu führen. Dort stellte er sich in die Tür, öffnete seinen Kompass, und drehte solange an der Scheibe, bis der Pfeil genau nach Norden zeigte. Dann schaute er einen Augenblick etwas nachdenklich, klappte seinen Kompass zu und sagte dann zu mir in seinem typischen Englisch: *„You know what? You always have the choice in life!“* Er wartete einen Augenblick, schaute mir dabei tief in die Augen und fragte dann: *„So, what is your choice?“* Übersetzt heißt das so viel wie, *„Wissen Sie, man hat im Leben immer die Wahl - was also ist Ihre Wahl?“*

Herr Dornberg hielt einen Moment lang fast andächtig inne, bevor er weiter erzählte. „Ich verstand damals die Frage nicht wirklich und antwortete Herrn Chong, dass ich mir wünschte, dass mein Unternehmen wieder richtig gut laufen und es eine hohe Attraktivität für Kunden ausstrahlen sollte.

Der Großmeister senkte sein Haupt, klappte den Kompass wieder auf, drehte daran, dachte kurz nach und sprach mich erneut an: *„You know what? You always have the choice in life! So, what is your choice?“*, und klappte dabei wieder seinen Kompass zu.

Jetzt war ich noch unsicherer, was er von mir wollte, und zuerst dachte ich, er hätte mich nicht wirklich verstanden. Ich wiederholte also das Gesagte nochmals, und Mr. Chong drehte ein drittes Mal an seinem Kompass. Wieder schien er fast in eine Art kurze Trance zu verfallen und fragte mich schließlich ein drittes Mal: *„You know what? You always have the choice in life! So, what is your choice?“*

„Ich möchte einfach, dass mein Unternehmen wieder läuft. Ich möchte erfolgreich damit sein, und ich möchte jetzt im ersten Schritt so viel Geld verdienen, dass ich problemlos meinen Verpflichtungen nachkommen kann“, war damals wieder meine Antwort.

Der Feng-Shui Meister schien dann endlich willig, mir Auskunft zu geben, und sprach: *„Okay, okay, so take your notes.“* Was so viel hieß, dass ich mir jetzt Notizen machen sollte. Dann antwortete er mir ganz konkret und diktierte mir eine große Liste mit 17 Dingen, die ich im und um mein Gebäude verändern sollte.

Die nächsten 2 Tage war ich voll damit beschäftigt, diese Liste abzuarbeiten. Einer der Punkte, den ich als Hausaufgabe bekommen hatte, war, mir auf einem Zettel die Summe an Geld zu notieren, die ich benötigen würde, um meinen Zahlungsverpflichtungen nachkommen zu können.

Die Wochen vergingen und nichts passierte. Sehr gewissenhaft achtete ich darauf, dass all meine Maßnahmen, welche ich umgesetzt hatte, auch so erhalten blieben. Das Einzige was sich regelmäßig änderte, war der Betrag, den ich auf dem Zettel stehen hatte. Mein Finanzbedarf stieg monatlich, und beim Anblick der Zahlen wurde es für mich immer schwieriger ruhig zu bleiben. Ich hatte ab und an Kontakt zu Herrn Chong. Zwar nur per Fax, aber wenigstens das. So hatte ich immer wieder die Möglichkeit, mir meine Situation von der Seele zu schreiben. Seine Antwort war zwar immer dieselbe, aber merkwürdigerweise gab sie mir dennoch immer wieder Mut.

Er schrieb: *„Stay focused, don`t worry. Everthing will be okay, if you stay focused. And do your feng-shui homework. Everthing will be fine"*. Also *„Bleib' fokussiert, mach' dir keine Sorgen. Wenn du fokussiert bleibst, und deine Feng-Shui Hausaufgaben erledigst, wird alles gut werden"*.

Es kam Paul fast so vor, als dass Herr Dornberg beim Erzählen dieser Geschichte wirklich nochmals die Zeit von damals zu fühlen schien. Es schien in sichtlich tief zu berühren, und er erinnerte sich scheinbar an jedes Detail. Paul kam es sogar so vor, als ob Herr Dornberg beim Erzählen etwas feuchte Augen bekam.

Herr Dornberg fuhr nach einer kurzen Pause fort: „So verging Monat um Monat, und die Situation spitzte sich immer mehr zu. Mein letztes Fax an Herrn Chong war schon über eine Woche alt, und ich hatte noch keine Antwort von ihm. Ab und an hatte er mir nochmals den einen oder anderen Tipp gegeben, was ich hier oder da noch zusätzlich machen könnte.

Und auf solch einen Tipp wartete ich dann an einem bestimmten Tag ganz besonders fieberhaft. Es war wieder einer dieser Abende, an denen ich nicht einschlafen konnte. Ich saß nachts um halb zwei immer noch vor dem Fernseher, obwohl es längst nichts Sehenswertes mehr gab. Plötzlich hörte ich das Faxgerät und wusste, dass es um diese Uhrzeit, aufgrund der Zeitverschiebung, nur eine Nachricht aus Singapur sein konnte. Und tatsächlich – aber die Nachricht bestand nur aus zwei Zeilen:

„You have to come to Singapore, the sooner the better. Check the flights, call me and I will pick you up at the airport". Also übersetzt: *"Sie müssen nach Singapur kommen, je früher, desto besser. Prüfen Sie die Flugverbindungen, informieren Sie mich, und ich hole Sie am Flughafen ab"*.

Ein paar Tage später saß ich im Flieger nach Singapur. Einerseits war ich schon in solch einem finanziellen Stadium, dass dieser Ausflug schon richtig wehtat. Andererseits tat es unendlich gut, weit, weit weg von Zuhause und all den Sorgen zu sein.

Mr. Chong holte mich am Flughafen Changi ab. Aber anstatt mich zu sich nach Hause zu fahren, wechselten wir nur zum Airport Paya Lebar, um von dort aus nach Kuala-Lumpur weiterzufliegen. Chong war in Malaysia aufgewachsen. Ursprünglich kam seine Familie aus China und er war in der 4.Generation zum Feng-Shui und Tao-Geomantie-Meister ausgebildet worden.

Auf dem Weg nach Kuala-Lumpur erklärte er mir, dass ich nicht genügend Energie hätte, um fokussiert zu bleiben und um in Kontakt mit meinen Geistführern zu kommen. Aus diesem Grund könnten sich meine Visualisierungen nicht materialisieren. Er erklärte mir, dass er mir helfen würde, mein Kronen-Chakra zu öffnen, und dass wir zu diesem Zweck nördlich von Kuala-Lumpur in die heiligen Batu-Caves müssten.

Die Batu-Höhlen sind eine riesige Höhlenanlage ca.15 Kilometer außerhalb von Kuala-Lumpur und im Ursprung eine hinduistische Pilgerstätte. Chong erzählte mir, dass er selbst dort als 14 jähriger Junge bei einem Einweihungsritual 4 Wochen lang ununterbrochen eine von einem Priester begleitete Phowa-Meditation durchgeführt hatte. Chong und ich verbrachten gemeinsam eine Nacht im Tempel, und Chong leitete mich während dieser Zeit an, bestimmte Mantras zu rezitieren.

Es war für mich ein ergreifendes Erlebnis und ich hatte eigentlich gehofft, noch mehr Zeit mit Master Chong verbringen zu können. Sein Zuspruch tat mir unendlich gut und bis zu meinem Rückflug musste ich noch 3 Tage warten. Aber leider hatte Chong keine Zeit mehr für mich. Ein deutsches Ehepaar, Karla und Konrad Frank waren in diesen Tagen ebenfalls zu Besuch bei ihm in Singapur. Sie waren ehemalige Schüler von ihm und hatten zwischenzeitlich viele gemeinsame Projekte mit dem Großmeister.

Trotzdem taten mir die 3 Tage im warmen Singapur so weit, weit weg von meinen Problemen sehr gut und ich konnte ein wenig Kraft tanken. Was ich auch dringend benötigen sollte, wie sich schon wenig später zeigte. Denn was dann folgte, war eine meiner schwierigsten Phasen in meinem Leben.

Trotz Verbindung mit den sogenannten Geistführern und dem maximalen Fokus, den ich für die Auflösung meines Problems aufbringen konnte, verschlechterte sich die Situation in meiner Firma dramatisch.

Kurz vor Weihnachten saß ich im Büro, um einmal mehr auf meinem Zettel die Zahlen zu korrigieren, die ich benötigte, um meinen Zahlungsverpflichtungen nachkommen zu können. An diesem Abend errechnete ich aber nicht meinen Liquiditätsbedarf, sondern ich machte aufgrund der Jahreszahlen, die ja schon so ungefähr vorlagen, die große Rechnung auf, wie hoch ich eigentlich inzwischen insgesamt verschuldet war. Vorläufiges Ergebnis: Minus 3 Millionen D-Mark.

Mir war klar, dass wenn kein Wunder passieren würde, es nur noch wenige Wochen gehen konnte bis die Banken endgültig den Hahn abdrehten. Eine weitere Erhöhung der Linien oder eine Umschuldung war nicht mehr möglich und wurde abgelehnt. Schon zweimal hatte ich mit plausibel klingenden Konzepten den Turnaround angekündigt und die Banken davon überzeugen können, dass ich die Wende schaffen würde. Ein drittes Mal war aussichtslos - zumal ich auch keine Kraft und keine Energie mehr hatte. Ich war am Ende. Finanziell, psychisch und körperlich.

In diesem Augenblick fällte ich die Entscheidung, aufzugeben. Mit großen roten Ziffern schrieb ich ein letztes Mal 3.000.000 DM auf meinen Zettel, legte ihn in die Schublade und ging zu Bett.

Am nächsten Morgen informierte ich meinen Steuerberater über meine Entscheidung, und wir erarbeiten die Möglichkeiten für eine Liquidation. Ein Traum war geplatzt und keine neue Perspektive in Sicht.

Ungefähr zwei Wochen später saß ich in meinem Büro, eingedeckt mit allen möglichen Hausaufgaben, die mir mein Steuerberater aufgegeben hatte, um Unterlagen für noch weitere Bankengespräche vorzubereiten. Auch ein Räumungsverkauf war vorbereitet und wurde den Stammkunden bereits in Briefform angekündigt.

Es war an diesem Abend schon nach 19:00 Uhr - ich war also alleine im Büro, als ein 7-er BMW auf das Hofgelände fuhr. Ein großgewachsener Mann stürmte mit entschlossenem Schritt direkt auf mein Bürofenster zu, klopfte energisch an die Scheibe und rief: *„Herr Dornberg, ich muss unbedingt mit Ihnen reden"*. Da erst erkannte ich, dass es Herrn Kutscher war, einer meiner größeren Kunden. Ich deutete zum Eingang und signalisierte, dass ich ihm dort aufschließen würde.

Ich öffnete die Tür und bat Herrn Kutscher in mein Büro. Kaum dass er saß, begann er mir eine Standpauke zu halten: *„Herr Dornberg, ich kenne Sie inzwischen seit 4 Jahren. Ich kenne Ihre*

Stärken und ich meine auch einige Ihrer Schwächen zu kennen. Ich habe heute in Ihrem Stammkundenbrief erfahren, dass Sie sich entschieden haben, das Handtuch zu werfen. Ich bin gekommen, um das zu vermeiden. Sie werden morgen früh Ihre Banktermine absagen, und ich werde morgen früh auf meine Bank gehen und ab nächster Woche geht hier das Unternehmen weiter wie gehabt".

Herr Kutscher war zwar ein langjähriger Kunde von mir und wir hatten auch ein durchaus gutes Verhältnis, aber es war wirklich eine ausschließlich geschäftliche Verbindung. Ich war von dieser Ansage also völlig perplex.

„Herr Kutscher", erwiderte ich damals, *„ich brauche keinen solchen Scheck"* – und dabei hielt ich meine beiden Hände ca. 30 Zentimeter auseinander um die Größe des Ausmaßes meiner Misere zu simulieren, *„was ich brauche, ist so einen Scheck"*. Dabei hielt ich meine Hände ungefähr einen Meter auseinander. Ich wollte ihm damit die Aussichtslosigkeit wirklich verdeutlichen.

„Junger Mann", sagte er daraufhin zu mir - und dieser Ausspruch unterstrich die Absurdität der Situation, denn er war in Wahrheit noch 2 Jahre jünger als ich, also gerade mal 30 Jahre alt. Er wiederholte es aber nochmals und sagte: *„Junger Mann, Sie unterschätzen meine Möglichkeiten!"* In diesem Moment konnte ich kein Wort mehr sagen. Da waren sie also, meine 3 Millionen. Das Geld, auf das ich so lange gewartet hatte.

Die 3 Millionen, die mich unzählige schlaflose Nächte und unzählige nasse Schlafanzüge gekostet hatten. Die fehlenden 3 Millionen, die mich unzählig viele innere Kämpfe hatten kämpfen lassen. Die Zweifel um Zweifel in mir hatten wachsen lassen, bezüglich meiner Fähigkeit als Unternehmer und meiner Berechtigung als Mensch auf dieser Erde überhaupt.

Gedanklich hatte es für mich in der Vergangenheit mehr als einmal die Alternative gegeben morgens anstatt ins Büro lieber zur Apotheke und anschließend in den Wald zu fahren, um mit Tabletten dem ganzen Horrorszenario ein Ende zu machen. Und nun saß dieser Herr Kutscher mir gegenüber. Auge in Auge, und blätterte mir sozusagen die 3 Millionen Schein für Schein auf den Tisch."

Paul, der wie gebannt zugehört hatte, war jetzt endgültig sprachlos. Er brachte nur ein: „Das ist ja nicht zu glauben" hervor, und konnte gerade noch hinzufügen: „Das war ja Rettung in letzter Minute."

„Ja, schon möglich, dass das die Rettung gewesen wäre", antwortete Herr Dornberg. „Aber wir werden es nie erfahren. Denn in diesem Augenblick sah ich die ganzen vergangenen 2 Jahre vor meinem geistigen Auge vorbeiziehen. Ich sah mich in all den Augenblicken, in denen ich verzweifelt am Boden war. Ich sah mich selbst, wie ich mich immer wieder aufraffte und weitermachte. Ich sah mich in Kuala Lumpur, im Batu-Cave, wie ich mich mit meinen Geistführern verbunden hatte, und ich hörte mich selbst die Frage stellen: *Ist das mein Weg?*"

Herr Dornberg machte eine fast andächtige Pause, bevor er fortfuhr: „In diesem Augenblick war ich 100% klar und verbunden, und es gab keinen einzigen Zweifel daran, dass es der richtige Weg war, die 3 Millionen auszuschlagen."

„Was!? Wieso das denn?" Paul schüttelte völlig ungläubig den Kopf. „Sie haben alles Mögliche und Unmögliche in Gang gesetzt, um Ihr Unternehmen zu retten und als schlussendlich die Rettung kam, haben Sie diese ausgeschlagen? Wo liegt denn da die Sinngebung?" Paul war jetzt sichtlich aufgebracht.

Herr Dornberg antwortete aber ganz ruhig und charismatisch: „Meine Seele, meine Intuition - wie auch immer Sie das bezeichnen wollen - hat mich dabei unterstützt so fokussiert zu bleiben, dass ich mein Ziel erreicht habe, ohne Vorbehalte. Als ich dann aber nachgefragt hatte, ob das wirklich mein Weg sei, kam die Antwort so klar und unmissverständlich, dass es nicht den Hauch einer Möglichkeit gab, den geringsten Zweifel aufkommen zu lassen. Meine Seele hatte mich erreicht und mir gezeigt, was das Beste für mich wäre. Seit dieser Zeit weiß ich, dass es meine oberste Aufgabe ist, darauf zu achten, dass sich dieser Zugang nie wieder verschließt."

Paul musste sich jetzt erst einmal ein paar Augenblicke sammeln. Diese Geschichte faszinierte und rührte ihn gleichzeitig. Und während Herr Dornberg erzählte, lief ihm tatsächlich immer wieder ein leichter Schauer über den Rücken.

Was wäre, so dachte sich Paul, wenn dies tatsächlich eine Art Kommunikationsmethode seiner Seele wäre? Dann versank er für einen Augenblick noch tiefer in sich und hörte sich denken: „Das wäre wirklich wunderschön."

Kurz darauf war er wieder gefasst und stellte eine weitere Frage an Herrn Dornberg: „Jetzt verstehe ich den Begriff des Materialisierens erst wirklich. Materialisieren heißt also nicht, etwas aus dem Nichts zu erschaffen. Sondern vielmehr, das, was da ist, dazu zu bringen, dass es sich zeigt. Dieser Herr Kutscher war ja immer schon da und sein Geld auch, vermute ich mal. Aber aus irgendwelchen Gründen hat er sich erst in diesem Augenblick gezeigt. Beziehungsweise Sie selbst haben diese Situation möglich gemacht, weil Sie sehr fokussiert und mit ganzer Energie die Lösung gedanklich erschaffen haben."

„Ja, ganz genau – und ich habe nur die Lösung erschaffen nicht den Weg. Es reicht aus, 100% Intention zu haben, um die Methode müssen wir uns nicht kümmern.

Wir verschenken 90% unserer Möglichkeiten in unseren Unternehmen, weil wir nur die Lösungen zulassen, die wir uns vorstellen können. Die also die Ergebnisse unseres rationalen Denkens, unserer ausgedachten Strategiemethoden sind. Alle anderen Möglichkeiten werden wir nie erreichen, weil wir sie nicht zulassen."

Herr Dornberg holte daraufhin ein leeres Blatt hervor und malte einen großen Kreis darauf.

„Herr Herter“, fragte er Paul, „wenn dieser Kreis hier das ganze Wissen im Universum ist, wie groß schätzen Sie, wäre Ihr Anteil daran?“

Paul schnappte sich seinen Kugelschreiber und machte einen kleinen Punkt an den Rand des Kreises, wobei er sich bemühte den Punkt so klein wie möglich zu halten. „Höchstens so groß, wahrscheinlich noch nicht einmal einen Bruchteil davon“, antwortete er.

„Ja, vermutlich verfügen wir nicht einmal über einen Bruchteil davon“, pflichtete ihm Dornberg bei. „Man könnte auch sagen: Ich weiß, was ich weiß – und ich weiß, was ich nicht weiß. Ich weiß aber auch nicht alles, was ich nicht weiß – denn es gibt noch so viele Dinge, von deren Existenz wir noch nicht mal etwas wissen.

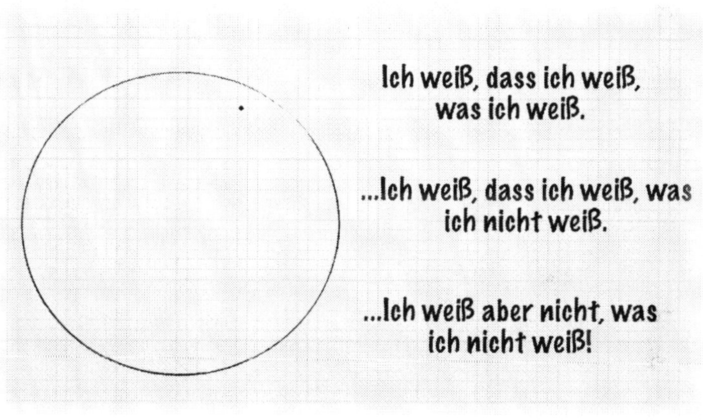

Quelle: Q8 – Success & Living ©

Wir verhalten uns aber in der Führung unserer Unternehmen so, wie wenn wir das Allermeiste bereits wüssten. Und wir erfinden immer mehr Werkzeuge und Methoden, um alles bestmöglich in den Griff zu bekommen. Dieses zwanghafte *‚in den Griff bekommen‘* hindert uns aber daran, dem Leben oder unserer

Seele die Möglichkeit zu geben, wirklich die Dinge in unser Leben treten zu lassen, die am besten für uns sind."

„Das würde bedeuten, ich sehe den Wald vor lauter Bäumen nicht", brachte es Paul auf den Punkt. „Ich bin so darauf vernagelt, mich mit meiner täglichen Arbeit im Unterholz aufzuhalten, dass ich maximal den nächsten Baum, aber selten oder nie den ganzen Wald sehe. Aber wie komme ich aus der Schleife raus?", fragte Paul.

„Hier haben Sie zwei Möglichkeiten" erklärte Herr Dornberg. „Indem Sie Ihr Ziel mit dem Zusatz fokussieren ‚Genau so, oder etwas noch besseres für mich'. Somit öffnen Sie den Raum, von Ihrem kleinen Punkt aus hin zum ganzen Kreis, und somit zu allen Möglichkeiten", sagte er und zeigte dabei auf den Punkt, den Paul im Kreis markiert hatte.

„Eine zweite oder zusätzliche Möglichkeit ist, sich im Vorfeld mit seiner Seele zu verbinden und im vorab abzuklären, ob das Ziel das richtige ist. Ich habe trainiert und mir angewöhnt, Zweites zu tun. Schon während meiner Arbeit an Strategien frage ich immer erst ab, ob ich auf dem richtigen Weg bin. Wenn das Ergebnis dann erarbeitet ist, wird dies nochmals überprüft. Und erst dann mit der entsprechenden Energie mental fokussiert und dann physisch konsequent umgesetzt. Irgendwie ist das stressfreier und macht mehr Spaß."

Beide lachten nun, und Paul schüttelte immer noch aufgrund der faszinierenden Geschichte von Herr Dornberg mit dem Kopf.

„Und wie ging es dann weiter?", wollte Paul wissen.

„Von dem Tag an habe ich meine Methode zu arbeiten diesen Prinzipien angepasst, und weiter nach effizienteren Methoden gesucht und gefunden. Das Grundprinzip ist jedoch immer dasselbe. Sie brauchen eine hohe Energie, um erstens Ihre Intuition möglichst gleichmäßig hoch zu halten und zweitens, um Dinge schneller zu materialisieren", antwortete Herr Dornberg.

„Ja ich verstehe." Paul nickte einsichtig. „Heißt das für mich, dass mein erster Schritt wäre, nach Kuala Lumpur zu fahren, um diese Verbindung herzustellen?"

„Was glauben Sie, wer Ihnen das raten würde? Von welchem Farbtyp könnte dieser Vorschlag kommen?", fragte Herr Dornberg ein wenig provokant.

Paul ging im Geiste nochmals die Farben durch und sagte dann entschlossen: „Von einem GRÜNEN. Oder vielleicht auch von einem PURPURNEN."

„Sehr gut", lobte Herr Dornberg. „Sie haben das System schon gut verinnerlicht. Und was wären jeweils die Gründe dafür?"

Paul antwortete, ein wenig stolz auf sein neues Wissen: „Ich schätze beim PURPURNEN, weil ihm beigebracht wurde, dass man das einfach so macht und sich in schweren Zeiten an die guten Geister wendet. Und beim GRÜNEN schätze ich, weil ihn diese Technik fasziniert und er erkennt, dass es sich um keine guten Geister da draußen handelt, sondern um einen Teil in sich. Außerdem liebt ein GRÜNER solche Einweihungen. Vor allem wenn Sie noch mit Reisen an mystische und energetische Orte verbunden sind."

„Sehr gut, Herr Herter. Und was macht der ORANGE Typ?"

„Der würde behaupten, dass die Geschichte nicht stimmt, oder dass es eben nur Zufall war. Und sicher würde er abstreiten, dass das etwas mit Energien zu tun hätte, weil das mittelalterlichster Hokuspokus sei", erwiderte Paul.

„Und was würde der BLAUE tun?", fragte Herr Dornberg weiter.

„Der BLAUE hätte vermutlich Sorge, dass er sich versündigen würde, weil die Batu-Höhlen ja heidnische Tempel sind, beziehungsweise ein Tempel einer anderen, fremden Religion ist. Vermutlich würde er sein Haus mit Weihwasser durchwischen, wenn Sie mal zu Besuch da gewesen wären, Herr Dornberg", frotzelte Paul.

„Mein Gott sind wir heute wieder zynisch", ergänzte Herr Dornberg und beide lachten aus vollem Herzen.

„Aber mal im Ernst. Was soll ich tun, Herr Dornberg?", hakte Paul nach.

Die Antwort kam prompt: „Ich würde Ihnen nicht unbedingt empfehlen, nach Kuala Lumpur, Indien oder sonst wo hinzufahren – und zwar aus zwei Gründen. Erstens geht das hier inzwischen schneller und nachhaltiger und zweitens sollten Sie, wenn Sie sich dafür entscheiden, das unbedingt mir Ihrer Frau zusammen machen.

Ab dem Übergang von ORANGE nach GRÜN beginnen die Veränderungen im Innen. Das ist oftmals die Zeit, in denen sich die Menschen tatsächlich auseinanderleben. Der eine entwickelt sich weiter, der andere nicht. Bei einer klassischen Rollenverteilung, wie Sie es im Moment aufgrund Ihrer Kinder haben, wäre die Gefahr besonders groß, dass Ihre Beziehung darunter leiden würde. Vielleicht ist auch das ein Grund, warum viele Unternehmer, seien es Frauen oder Männer, sich davor scheuen sich zu verändern. Eventuell spüren sie, dass es eine gewisse Gefahr birgt, sich auseinanderzuleben. Das andere Problem ist nur das, dass wenn sich der Unternehmer nicht verändert, er Gefahr läuft, dass sein Unternehmen sich negativ zu entwickeln beginnt.

Um die Existenz aber zu sichern, wird der Unternehmer immer weniger Zeit für seine Familie haben. Somit besteht wieder die Gefahr des sich Auseinanderlebens. Noch schneller geht es, wenn dann große Geldprobleme da sind. Hier scheitern dann die meisten Ehen. Es gibt also nur den Weg sich gemeinsam zu verändern, und zwar auf die nächste Stufe", erklärte Herr Dornberg.

„Damals waren Sie Mitte dreißig. Was würden Sie sagen, welcher Typ Sie damals waren?“, fragte Paul nach.

„Ich denke, ich war so wie Sie heute, am Übergang von ORANGE nach GRÜN“, war Dornbergs Antwort.

Paul fragte weiter nach: „Und heute sind Sie auf dem Übergang von GELB nach TÜRKIS?“

„Ja, so ungefähr würde ich mich einschätzen“, war die Antwort.

Paul bohrte weiter nach: „Bei unserem letzten Treffen hatten Sie erwähnt, dass Sie sich vor 3 ½ Jahren entschieden hätten, ein TÜRKISER Unternehmer zu werden.

Und wenn ich das richtig verstanden habe, war das der Zeitpunkt, ab dem Sie sich so richtig reich und glücklich fühlten. Heißt das, es dauert 15 Jahre von ORANGE/GRÜN bis GELB/TÜRKIS, bis man dann reich und glücklich wird?“

Herr Dornberg musste laut hinaus lachen: „Bei mir schon, junger Freund. Aber das liegt eher daran, dass ich schon immer etwas schwer von Begriff war. Manchmal bedauere ich meine Geistführer und spreche Ihnen auch mein tiefstes Mitgefühl aus, denn die haben oft einen unglaublich schweren Job mit mir. Manche Leute muss man halt zum Glück zwingen.“

Die Art und Weise, wie er das sagte, war eine Mischung aus Scherz und tiefer Dankbarkeit. Man hatte wirklich das Gefühl, das dieser Herr Dornberg in den Fluss seines Lebens eingetaucht war.

„Reich und glücklich ist natürlich keine Frage der Höhe der Bewusstseinsstufe. Darüber haben wir ja schon gesprochen. Vielmehr ist es eine Frage des eigenen Lebensverständnisses. Nach meinen Crash von damals hatte ich ja mein Unternehmerleben umgestellt, und war in Folge alles andere als arm und unglücklich. Ganz im Gegenteil. Nur mit meinen neuen Erkenntnissen und Fähigkeiten war ich überhaupt in der Lage, mein neues Geschäft so aufzubauen, wie ich es bis heute geschafft habe.

Meine Frau und ich führten ein erfolgreiches Leben. Wirklich erfüllt ist unser Leben erst, seit wir mehr und mehr verstehen, was es bedeutet, der Schöpfer seines eigenen Lebens zu sein. Und seit wir eben durch die Unternehmer-Schule zusätzlich Werkzeuge gefunden haben, die den Schritt von der Komplexität zur Genialität möglich machten. Hätten wir diese Werkzeuge schon im Alter von 35 Jahren gehabt, wären wir bedeutend schneller in unserer Entwicklung vorangekommen."

Paul war ziemlich erleichtert, als er das hörte. Er hatte zwar nicht erwartet, dass er in den Unterlagen Geheimrezepte finden würde, die ihn in 30 Tagen reich und glücklich machen würden, aber er wollte auch nicht noch jahrelang darauf warten müssen.

„Ich muss also nicht zwingend nach Kuala Lumpur, Asien oder Indien, um mich mit meiner Intuition zu verbinden?", fragte er nochmals nach.

„Nein, das brauchen Sie nicht", bekam er als Antwort von Herrn Dornberg. „Ich erkläre Ihnen mit, welchen Methoden und Werkzeugen wir arbeiten. Zuerst war mir aber wichtig, dass Sie verstehen, was ich mit Energie meine, und für welche 2 Haupteinsatzbereiche Sie diese Energie einsetzen können, um schneller und besser Ergebnisse zu erzielen.

Viele ORANGE/GRÜNE Unternehmer nutzen ausschließlich kognitive oder mentale Techniken, wenn es um Persönlichkeitsentwicklung oder auch um Strategieentwicklung geht. Teilweise kommen Sie so auch zu guten Ergebnissen.

Aber das ist nicht das, was ich unter Genialität verstehe. Wir gehen auf unserem GELB/TÜRKISEN Weg zum Unternehmer 2-3 Schritte weiter, indem wir neue Technologien zur Unterstützung nutzen. Eine dieser Technologien ist die Radionik[9]. Ich hatte das Thema bei unserem letzten Treffen schon etwas angerissen. Der Begriff war Ihnen schon geläufig.

„Ja genau, Radionik. Mein Bruder hatte seinen Hund von seinem Tierarzt radionisch behandeln lassen. Meinen Sie etwa diese Radionik?", fragte Paul nach.

Herr Dornberg nickte und fuhr fort: „Ja exakt, Radionik ist ursprünglich eine Heilmethode der Alternativ- bzw. Komplementärmedizin, und wird der Energiemedizin oder auch der Informationsmedizin zugeordnet.

Sie wurde von dem amerikanischen Pathologen Albert Abrams um 1920 in den USA begründet. In der Radionik geht man von der Existenz eines feinstofflichen Energiefeldes um den Menschen aus, welches oft auch als Aura, Energiekörper, Chakren oder Schwingungsfeld bezeichnet wird und elektromagnetische Wellen, sogenannte Biophotonen, aussendet.

Vielleicht kennen Sie das von Ihrem Heilpraktiker, falls dieser mit Bioresonanz arbeitet, oder vielleicht haben Sie auch von der Kirlian-Fotografie gehört, mit deren Hilfe man dieses Energiefeld sichtbar machen kann.

Es wird also angenommen, dass die Krankheit zunächst durch eine Störung dieses Energiefeldes entsteht und deshalb eigentlich schon nachgewiesen und geheilt werden kann, bevor sie körperlich erkennbare Symptome hervorruft. Da sich die Schwingungsmuster kranker Organismen in charakteristischer Weise von denen gesunder Organismen unterschieden, könnte auch ein geübter Therapeut erfühlen, wann und wo das Energiefeld eines Menschen gestört ist.

Die Wirkung der Radionik besteht im Wesentlichen darin, Impulse zu erzeugen, die den Selbstheilungsprozess im System des Patienten anzuregen vermögen. Dazu wird der Patient schwachen, individuell abgestimmten, synthetischen Elektromagnetischen Feldern ausgesetzt. Im Erfolgsfall sollen deren Schwingungen im Energiefeld des Patienten eine Resonanz verursachen. Diese führt dazu, dass der Patient das auf ihn übertragene gesunde

Schwingungsmuster übernimmt und die Störungen verschwinden. Radionik ist sozusagen eine Technik des Aussendens von Gedanken, Mustern und Schwingungen an Menschen, deren Tiere oder Pflanzen, wo auch immer sie sich in der Welt befinden.

Hier sind auch die Erkenntnisse von Rupert Sheldrake[10], weltweit einer der kreativsten Biologen mit eingeflossen. Er hat das wissenschaftliche Denken revolutioniert. Er studierte in Cambridge Biologie und Biochemie und später an der Harvard University Philosophie. Ursprünglich war Sheldrake als Entwicklungsbiologe tätig. 1981 stellte er die Hypothese eines lebendigen, sich entwickelnden Universums mit eigenem Gedächtnis auf, welches man das morphische Feld nennt. Er wurde vor allem als Autor bekannt durch seine Theorie der morphischen Felder und der morphischen Resonanz. Vereinfacht gesagt geht er davon aus, dass diese morphischen Felder alle Informationen beinhalten und wir alle durch dieses Feld miteinander verbunden sind.

Die Hypothese der morphogenetischen Felder geht also davon aus, dass die Natur ein Gedächtnis besitzt. Alle natürlichen Systeme, wie z. B. Tiere, Pflanzen und selbst Insulinmoleküle, übernehmen demnach von allen früheren Exemplaren ihrer Art, wann und wo diese auch immer existiert haben mögen, eine kollektive Erinnerung. Diese wird durch Wiederholung immer weiter ausgeprägt.

Wussten Sie zum Beispiel, dass Lachse nach Jahren und tausenden zurückgelegten Kilometern zum Laichen genau an die Stelle des Flusses zurückkommen, an der sie selbst einmal geschlüpft waren? Oder ich persönlich finde auch die Geschichte von Meeresschildkröten so faszinierend.

Meeresschildkröten legen ihre Eier an Land ab, meistens immer wieder an ihrem eigenen Geburtsstand. Dazu schwimmen sie oft viele tausende Kilometer weit. Bei der Eiablage ziehen sich die weiblichen Tiere in der Nacht mit ihren Flossen über den Sandstrand und graben eine etwa 30–50 cm tiefe Grube, in welche sie die Eier legen. Nachdem die Eier abgelegt sind, vergräbt sie die Schildkröte und macht sich auf den Weg zurück ins Meer. In der Regel finden sich innerhalb weniger Nächte alle Weibchen eines Strandes ein und legen ihre Eier. Entsprechend gleichzeitig können dann auch die Jungtiere schlüpfen, vorausgesetzt, ihr Gelege wurde nicht Opfer eines Nesträubers. Die Sonne brütet die Eier aus. Die Brutzeit der Eier dauert 55-60 Tage, und die Schildkrötenweibchen legen die Eier wirklich immer so ab, dass die kleinen Schildkröten dann bei Vollmond schlüpfen werden. Auch das hat natürlich seinen Grund.

Alle Schildkröten schlüpfen zur selben Zeit und diese kleinen Wesen orientieren sich wie selbstverständlich am Licht des Vollmonds, um den Weg zurück ins Meer zu finden. Der Mond erhellt aber nicht nur den Strand, sondern bei Vollmond herrscht auch Springflut, was das Zurückkommen ins Meer ebenfalls erleichtert. Es ist also keine Mama da, die den kleinen Schildkröten den Weg gezeigt hätte oder gesagt hätte, dass sie genau in diese Richtung laufen müssen. Irgendwoher wissen aber diese neugeborenen Wesen, dass sie, um zu überleben, ins Wasser müssen, und dass sie, um dorthin zu kommen, sich am Mondlicht orientieren müssen. Würden sie sich an etwas anderem orientieren, würden sie nicht überleben. Also scheint doch dieses kleine, so eben geschlüpfte Wesen, die Instinkte ihrer Art über unsichtbare Einflüsse aufzunehmen. Es orientiert sich an der kollektiven Erinnerung seiner Art und wird davon geformt.

Im Gegensatz zu den meisten Biologen heutzutage schreibt Rupert Sheldrake nicht den Genen die Allmacht für die Entwicklung von Organismen zu. Nach seiner Hypothese tun Gene nicht mehr als das, wofür sie bekannt sind: Sie codieren Informationen für die Abfolge chemischer Bausteine in RNA und Eiweißmolekülen. Doch wie ein Organismus organisiert wird, liegt seiner Meinung nach eher in Feldern, die nicht materiell vererbt werden.

Ich persönlich finde diese Theorie sehr spannend. Obwohl das für Skeptiker nicht plausibel erscheint, haben Fortschritte in der Physik die alte Tradition nun bestätigt, dass wir alle auf einer feinstofflichen Ebene eins miteinander sind, und dass auf dieser Ebene ein Austausch von Heilenergie möglich ist.

Wenn also ein Feld geschwächt wird, zum Beispiel durch Stress oder Umweltbelastung, wird der Körper schließlich auch schwach und macht ihn dadurch für Krankheit anfällig. Das Ziel der Radionik ist es, das Energiefeld wieder herzustellen und dabei jede physische oder emotionale Krankheit, für die eine Person empfänglich sein könnte, zu lindern oder ihr vorzubeugen. Wir können dieses feinstoffliche Feld mit unseren normalen Sinnen nicht erfassen, sondern nur durch die Entwicklung unseres 'sechsten Sinns'. Radionik-Anwender sind darauf trainiert, sowohl die Ursachen der Schwäche im feinstofflichen Feld zu identifizieren, als auch korrektive Gedanken für deren Reparatur und zur Harmonisierung zu senden.

In den letzten 10-15 Jahren hat vor allem die moderne Quantenphysik unglaublich viele neue Erkenntnisse gewonnen, wie unser Leben wirklich funktioniert. Wenn wir dann auf der Basis der modernen Wissenschaft, die Methoden unsere Urgroßväter und unserer Urahnen näher betrachten, müssen wir feststellen, dass so manches Ritual, Gebet oder sogenannte Energiearbeiten alles andere ist als Aberglauben oder Hokuspokus. Tatsächlich ist der Mensch in der Lage, durch Veränderung von Informationen, sein physisches Umfeld zu verändern. Wenn Sie Interesse haben, schicke ich Ihnen gerne einen Link mit entsprechenden wissenschaftlichen Untersuchungen und noch mehr Experimenten zu.

So, lange Rede kurzer Sinn. Dieses Prinzip wenden wir nun auch im Business Kontext an. Denn anhand von Radionik kann man auch in den Energiefeldern von Unternehmen lesen. Diese werden sozusagen abgescannt. Anhand der Informationen, die man dann erhält, erkennt man schon im Vorfeld sehr deutlich im

Unternehmen existierende Engpässe. Mit der richtigen Strategie kann man hier schon entgegenwirken, bevor diese zu richtigen Problemen werden. War denn die Behandlung des Hundes Ihres Bruders erfolgreich?“, erkundigte sich Herr Dornberg.

„Ja, er erzählte mir völlig begeistert von dieser Behandlungsmethode. Ich wusste aber natürlich nicht, dass es sich hierbei um Informationsmedizin handelt. Ich dachte eher, es wäre eine Art Bestrahlung gewesen beziehungsweise um irgendetwas, was mit Radio und Ionen zu tun hat“, gab Paul zur Antwort.

„Ja das denken viele. Aber es hat absolut nichts mit einer physikalischen Bestrahlung zu tun, sondern mit einer Bewellung auf Schwingungsebene mit positiven Informationen. Diese Informationen nimmt der Körper dann auf und kann sich dadurch leichter selbst heilen. Auf Basis dieser energetischen Unterstützung stellt der Körper die notwendigen chemischen Stoffe her, welche die Heilung und Harmonisierung dann unterstützen. Ich mag es ganz besonders, wenn solche Resultate bei Tieren auftreten“, ergänzte Herr Dornberg. "Damit laufen die hilflosen Argumente der ORANGEN Kritiker, dass es sich bei solchen Verfahren ja nur um einen Placebo-Effekt handle, ins Leere.“

So wie Herr Dornberg das alles erläuterte, klang das für Paul durchaus nachvollziehbar. Der Schreck von wegen FBI-Methoden war für ihn hiermit auch ausgeräumt. Es schien ihm zumindest denkbar, Radionik auch mal an sich auszuprobieren.

„Lassen Sie uns auf die Terrasse zurückgehen“, schlug Herr Dornberg vor. „Ich möchte Ihnen in den Unterlagen das ganze Prinzip nochmals als Zusammenfassung aufzeigen.“

„Sind wir schon fertig?“, fragte Paul, „War das schon alles?“

„Na ja, was heißt schon – das war jetzt doch schon sehr komprimiert - aber im Prinzip war es das“, erklärte Herr Dornberg.

Paul erhob sich von dem Stein, auf dem er jetzt schon sehr lange gesessen hatte, und fühlte sich durchaus sehr wohl. Er war überhaupt nicht müde oder erschöpft, ganz im Gegenteil, er fühlte sich eher erfrischt und voller Energie.

„Ach ja, was ich noch fragen wollte, was hat es denn mit diesem Stein auf sich?“, wollte Paul wissen. „Das ist sozusagen eine Batu-Cave Filiale“, gab Herr Dornberg mit einem Augenzwinkern zur Antwort.

„In diesem Zusammenhang habe ich noch eine weitere Geschichte, was das Schicksal so alles an Gelegenheiten, die wie Puzzlestücke zusammenpassen, mit sich bringt, wenn man erst sein WARUM gefunden hat. Sind Sie noch aufnahmefähig?“

„Und ob“, erwiderte Paul.

„Gut, dann lassen Sie uns jetzt eine schöne Tasse Kaffee trinken, Herr Herter, und ich werde Ihnen die Geschichte vom kleinen Angestellten erzählen, der auszog sein Glück zu finden. Danach werden wir die Zusammenfassung in den Unterlagen besprechen, und dann haben wir's fürs Erste geschafft.”

„aktiverter Stein“ Quelle: privat

Vom kleinen Angestellten, der auszog sein Glück zu finden

Es war inzwischen spät am Nachmittag geworden und die Abendsonne machte aus der Hotel-Terrasse ein wohlig warmes und einladendes Eckchen. Paul hatte an diesem Tag mal wieder so viel Energie und Inspiration bekommen wie sonst in 14 Tagen Urlaub nicht.

„Also es war einmal ein gewisser Herr Gründorn", begann Herr Dornberg mit der Geschichte. „Herrn Gründorn kennen Sie ja bereits aus meinen Erzählungen. Er war der Meister, der hier Herrn Bauer zu neuen Geschäftserfolgen verholfen hat. Er ist der Held in dieser Geschichte. Er war Verkäufer in einem großen Möbelhaus in der Bettenabteilung. Meine Frau und ich kaufen dort immer unsere Möbel ein. Wir waren sozusagen Stammkunden bei Herrn Gründorn. Hauptsächlich deswegen, weil wir immer viele Probleme mit dem Schlafen hatten. Wir hatten damals bereits die vierte Matratze ausprobiert, aber einfach nicht die richtige gefunden beziehungsweise keine gefunden, auf der wir so richtig gut schlafen konnten.

Herr Gründorn war äußerst kulant und meinte, wenn es darauf ankäme, würden wir seine gesamte Kollektion ausprobieren dürfen, solange bis wir die richtige Matratze für uns gefunden hätten. In der Testphase mit der vierten Matratze hatten wir zufällig gerade wieder Kontakt zu Herrn Chong in Singapur, und ihm beiläufig von unserem Schlafproblem erzählt. Er hatte uns damals dann geraten, dass wir unbedingt einen Rutengeher in der Gegend ausfindig machen und unseren Schlafplatz untersuchen lassen sollten. Das hatten wir natürlich auch umgehend gemacht, und auch gleich einen kompetenten Mann dafür gefunden. Der stellte dann verschiedene Störzonen im Haus und im Schlafzimmer fest, beriet uns, was wir tun könnten und schlussendlich stellten wir zusätzlich unser Bett um. Ab der dritten Nacht schliefen wir wie Murmeltiere und tun es bis heute noch.

Mit dieser guten Nachricht gingen wir dann zu Herrn Gründorn, um den Kauf endgültig abzuschließen. Herr Gründorn war fasziniert und wollte unbedingt diesen Rutengeher kennenlernen, von dem wir ihm erzählt hatten.

Wir freuten uns, den Kontakt herstellen zu können, und so tauschten wir die Adressen der Herren aus.

Gut ein halbes Jahr später klingelte unser Telefon. Herr Gründorn rief an und bat um die Möglichkeit, sich mit uns zu unterhalten. Er bräuchte dringend Rat in einer privaten Sache. Zwei Tage später saßen wir in unserem Wohnzimmer. Herr Gründorn erzählte uns von seinem Treffen mit dem Rutengeher, und dass dieser ihn ermutigt hätte, ebenfalls mit der Rute zu arbeiten, da er hierfür anscheinend eine Begabung hätte. Dies hatte Herrn Gründorn richtig aufgerüttelt. Er war früher anscheinend immer mit seinem Onkel unterwegs gewesen, der wohl auch eine besondere Begabung dafür hatte. Dieser war immer von befreundeten Bauern gerufen worden, wenn Gesundheitsprobleme mit dem Vieh im Stall bestanden. Oft standen diese Probleme in Zusammenhang mit Wasseradern. Er wurde auch gerufen, wenn ein neuer Brunnen geschlagen werden sollte, oder die eine oder andere Quelle auf den Höfen versiegte und man mit der Rute eine neue suchen musste. Damals war Herr Gründorn zwar noch ein kleines Kind, aber er erinnerte sich fasziniert daran, wie er mit seinem Onkel unterwegs war.

Nach dem Treffen mit dem von uns vermittelten Rutengeher hatte sich Herr Gründorn auf diesem Gebiet zusätzlich weitergebildet und war nun zu einem richtigen Spezialisten für gesunden Schlaf geworden. Allerdings handelte er sich mit seiner „neuen Berufung" auch richtig Ärger ein. In seiner Abteilung verschoben sich aufgrund seiner neuen Passion die Umsätze eklatant in Richtung Natur- und Biomatratzen. Aufgrund der Rahmenverträge des Möbelhauses, die an bestimmte Umsätze gekoppelt waren, verlor das Möbelhaus nun allerdings Umsatzboni im Bereich der konventionellen Bettwaren. Somit wurde Herr Gründorn von der Geschäftsleitung eindringlich angewiesen, seine Beratungen gefälligst an die Umsatzvorgaben des Konzerns auszurichten. Man drohte ihm bereits mit Kündigung bei Nichterfüllung.

Es wäre ihm am liebten gewesen, sich selbstständig zu machen. Aber er hatte nicht nur wenig Kapital, sondern auch Angst vor dem Risiko, und wollte daher unseren Rat.

Meine Frau machte unter anderem einige kinesiologische Übungen mit ihm, die zum Ergebnis hatten, dass er sich sogar unbedingt selbstständig machen sollte. Nach dem Grundprinzip der *Engpasskonzentrierten Strategie* erarbeiteten wir dann gemeinsam eine Zielgruppe und nach ein paar Marktrecherchen entwickelten wir ein passendes Marketingkonzept dazu. Das Ganze sah richtig gut und stimmig aus.

Im Kern bestand das Konzept aus einem Matratzenfachgeschäft, das sich auf gesunden Schlaf und Bio-Produkte spezialisieren würde. Ebenfalls war im Konzept vorgesehen, dass auf Kundenwunsch Schlafplatzuntersuchungen angeboten würden, und neben den klassischen Produkten, wie Matratzen und Bettwaren, waren Entstörungsgeräte und spezielle Lampen für gesundes Licht im Produktportfolio. Mit einer Internetseite wurde die Dienstleistung im Markt getestet. Als innerhalb von 4 Wochen 11 Kunden aufgrund der Internetpräsenz und einem nachfolgenden Telefongespräch eine Beratung vor Ort buchten, war sonnenklar, dass dieses Geschäft von Beginn an sofort Umsatz und Erträge abwerfen würde.

Herr Gründorn hatte aber dennoch nicht den Mut, ins kalte Wasser zu springen und seinen Arbeitsplatz zu kündigen. Das Geschäft nebenbei zu betreiben war für ihn nicht möglich, da er niemals von seinem Arbeitgeber eine Einwilligung bekommen hätte. Zu dieser Zeit war Radionik zum Thema mentale Blockaden lösen noch in den Kinderschuhen und uns selbst auch noch nicht bekannt. Somit hatten wir nur einen Rat für Herr Gründorn und der hieß: Herr Chong und Kuala Lumpur.

Von Großmeister Chong erhielt Herr Gründorn sofort eine Zusage für einen Termin und die Begegnung der beiden war sozusagen Liebe auf den ersten Blick. Nach der Zeremonie in Malaysia im Batu-Cave blieb Herr Gründorn noch einige Tage mit Mr. Chong in Singapur. Dort lernte er seine Arbeit als Geomant kennen und stellte einige Parallelen zu seiner Arbeit als Rutengeher fest.

Mr. Chong war so begeistert von der Passion und Hingabe, mit der Herr Gründorn sich für seine Arbeit interessierte, dass er ihm kurzerhand anbot, sein Schüler zu werden. Dies war eine große Ehre, denn normalerweise sah es die Tradition vor, das Wissen nur innerhalb der Familie weiterzugeben.

Innerhalb weniger Monate wurde Herr Gründorn in allen Methoden und Techniken der taoistischen Geomantie geschult und nach kurzer Zeit wurde er zum Seniorpartner von Mr. Chong.

Bei vielen Projekten in ganz Asien, Indien, Australien und am Persischen Golf wurde er mit involviert und war festes Mitglied der Beratergruppe. Das letzte gemeinsame Projekt war das Marina Bay Hotel - das neue Aushängeschild von Singapur - mit einer Bausumme von 4,3 Milliarden Dollar.

Quelle: Fotolia – Creativa ‚Marina Bay Hotel Singapore'

Sein Strategiekonzept bezüglich seines Schlafstudios liegt übrigens immer noch in der Schublade. Vermutlich braucht er das auch nicht mehr. Er verkauft auch keine Matratzen mehr, sondern hat sich auf Geomantie in der Grundstücks- und Gartenberatung spezialisiert. Und unter anderem eben auch darauf, solche Kraftplätze wie hier, wir nennen sie liebevoll Batu-Cave-Filialen, zu schaffen.

Die Moral von der Geschichte: Finde dein WARUM, entwickle deine besten Strategien und sei immer offen für etwas noch Besseres. Gib der Genialität deines Seelenplans die Möglichkeit, dich zu faszinieren.“ Herr Dornberg holte einen tiefen Atemzug und schaute Paul dabei wieder durchdringend an.

Paul war beeindruckt und gleichzeitig kam ihm alles fast irreal vor.

Nach dem Kaffee nahmen die beiden Herren noch einen kleinen Imbiss, bevor sie sich nochmals den Unterlagen widmeten.

„Herr Herter, ich möchte, dass Sie jetzt zum Abschluss eine kurze Zusammenfassung von dem machen, was Sie verstanden haben. So kann ich sicherstellen, dass alles richtig rübergekommen ist, und wir können dann im Anschluss noch offene Fragen klären“, schlug Herr Dornberg vor.

Resümee des 2. Tages

Paul ließ die beiden intensiven Tage mit seinem neuen Mentor nochmals Revue passieren und fasste zusammen: „Ich habe gelernt, dass man drei Dinge ändern kann oder sogar muss, um vom durchschnittlichen Unternehmer zum wirklich erfolgreichen Unternehmer zu werden:

1. *Change Leadership*:

Man erkennt oder verfestigt sein wirkliches WARUM.

Man entwickelt eine Lebensvision und daraus eine Unternehmensvision.

Man lernt dadurch vor allem, sich selbst zu führen. Und zwar indem man lernt, sich von seiner Intuition, seiner Seele, führen zu lassen und zu vertrauen.

Schlussendlich lernt man mit diesem Vertrauen, seine Mitarbeiter und seine Kunden zu führen und zu begeistern.

2. *Change Strategie*:

Basierend auf den 3 Grundmodellen arbeitet man permanent und fortlaufend an seinen Strategien.

Man tut dies, indem man entweder Kundenengpässe findet, Potenziale im Unternehmen erkennt oder Innovationen erarbeitet. Somit differenziert man sich nachhaltig von Konkurrenten.

3. *Change Energy*:

Man unterstützt beide Prozesse, indem man die Energie- und Informationsfelder in seiner Umgebung pflegt und positiv beeinflusst. Vorzugsweise mit geomantischer Arbeit und Radionik.

Man ist offen und bereit für einen möglichen Wandel in der Unternehmensvision oder -mission. Denn wenn man einmal wieder einen Schritt in den Fluss des Lebens gemacht hat und vertraut, führt das Leben einen vielleicht noch zu einer viel höheren Bestimmung. Viel höher als der Mensch sich jemals zu planen getraut hätte.“

Paul schaute Herrn Dornberg nun fragend an, war aber sichtlich stolz auf sich, dass er die Dinge in eine so gute Zusammenfassung gebracht hatte, und im Schlusssatz fast schon philosophisch klang.

„Sie sind ein wahrlich meisterlicher Schüler“, kommentierte Herr Dornberg vor allem Pauls Schlusssatz. „Besser hätte ich das nicht zusammenfassen können.” Er nickte anerkennend.

„Jetzt zu Ihren Fragen“, fuhr Herr Dornberg fort. „Was haben Sie noch auf dem Block stehen?“

Paul begann: „Warum beinhalten die Unterlagen so viele Techniken und Methoden? Wir haben jetzt immer von der Einfachheit und der Genialität der Vorgehensweise gesprochen. Hier finde ich aber mindestens 80 verschiedene Methoden und Techniken.“

Herr Dornberg lächelte und antwortete dabei: „Keine Angst. Das ist sozusagen nur ein genereller, allgemeiner Werkzeugkasten. Das Prinzip der Unternehmer-Schule ist sehr einfach. Aufgrund der 3 Grundstrategien stellen Sie sozusagen Ihren eigenen Werkzeugkasten zusammen, und zwar speziell auf Ihr Unternehmen und Ihr WARUM ausgerichtet.

Sie wenden dann ausschließlich die Techniken bzw. Werkzeuge an, die in Ihrem Unternehmen zu 100% funktionieren. Und diese Techniken werden Sie dann auch sehr schnell beherrschen.

Jedes Unternehmen ist so individuell wie jeder Unternehmer, und somit ist auch im Detail jeder Werkzeugkasten einzigartig. Das Ziel der Unternehmer-Schule ist es, aus dem Unternehmer selbst den besten Berater und Coach für sein eigenes Unternehmen zu machen. Niemand ist besser prädestiniert für diesen Job als der Unternehmer selbst. Keiner kennt sein Unternehmen besser und niemand hat eine größere Akzeptanz für notwendige Veränderungs- und Change-Prozesse als ein charismatischer und authentischer Unternehmer mit seinem WARUM.

Und wie ich Ihnen erzählt habe, stinkt das Unternehmen meist am Kopf nach Fisch. Wenn der Kopf des Unternehmens offen dafür ist und das erkennt, ohne in Selbstgefälligkeit zu versinken, wenn er zudem lernt, sein Herz zu verstehen und dann mit Herz und Verstand sein WARUM ausdrückt, dann wird jedes Unternehmen einzigartig und somit unausweichlich erfolgreich.“

„Ein Frage habe ich noch", warf Paul ein, „was muss ich tun, um in diese Unternehmer-Schule zu kommen?"

„Hier endet leider mein Einflussbereich", erwiderte Herr Dornberg. „Ich hatte bereits erwähnt, dass die Schule nur begrenzte Plätze hat. Ein Mal im Jahr gibt es die Möglichkeit, sich für eine Aufnahme zu bewerben. Auf eine Entscheidung habe ich aber leider keinerlei Einfluss. Einen Aufnahmeantrag kann ich Ihnen jedoch zukommen lassen."

Paul war sehr enttäuscht: „Heißt dass, wenn ich keinen Platz bekomme, waren diese zwei Tage völlig umsonst?"

„Ob diese Tage umsonst gewesen sind, liegt schlussendlich daran, was Sie daraus machen. Wenn Sie die Unterlagen durchgehen, und sich vor allem an das halten, was ich Ihnen empfohlen habe, werden Sie enorme positive Veränderungen auch im Selbststudium erreichen können.

Aber Sie haben Recht, eine Mitgliedschaft in der Mastermind-Gruppe wird und kann es nicht ersetzen. Ich hatte Ihnen aber versprochen, Sie zu unterstützen. Daher mache ich Ihnen gerne das Angebot, dass ich Ihnen die Unterlagen für eine Unternehmensanalyse Ihres Betriebes schicke. Wenn Sie möchten, veranlasse ich parallel eine radionische Untersuchung der Informationsfelder Ihres Unternehmens und Ihrer persönlichen Informationsfelder.

Aber natürlich nur, wenn Sie das so wünschen und gestatten. Und wenn ja, dann biete ich Ihnen an, dass wir diese Unterlagen gemeinsam auswerten und daraus Ihre persönliche Strategie ableiten. Sollte Ihre Bewerbung dann angenommen werden, sind Sie im „Club" - falls es nicht klappt, werde ich Sie persönlich in diesem Prozess begleiten."

Paul war erleichtert. Für ihn wäre es eine große Enttäuschung gewesen, nicht weiter voranzukommen. Er hatte von Anfang an so sehr das Gefühl gehabt, hier auf etwas gestoßen zu sein, das sein Leben nachhaltig verändern könnte.

„Ich bin sehr dankbar dafür, Sie kennengelernt zu haben, Herr Dornberg, und ich hoffe, dass ich mich sehr bald adäquat revanchieren kann“, sagte Paul.

„Ich bin mir ganz sicher, dass Sie dazu sicherlich Gelegenheit bekommen werden“, entgegnete Herr Dornberg lächelnd und fuhr fort: „Im ersten Schritt würden Sie mir und meiner Frau eine Freude machen, wenn wir Sie, gemeinsam mit Ihrer Frau, in unserem Haus als Gast begrüßen dürften. Dies wäre sicherlich eine passende Gelegenheit für die Auswertung Ihrer Analysen. Würde Ihnen nächste Woche passen?“

Paul war hoch erfreut und antwortete: „Selbstverständlich, sehr gerne. Sind denn die Analysen so schnell machbar?“

„In unserer Werkzeugkiste hat nur geniales Werkzeug Platz“, erwiderte Herr Dornberg augenzwinkernd. „Sie kennen mein Motto: Die einzige Ressource, die in diesem Leben endlich ist, ist die Zeit. Eine Methode kann noch so vielversprechend sein, wenn Sie langwierig und zeitaufwendig ist, kommt Sie für mich nicht in Frage.“

Wieder war es spät geworden und auf der Fahrt nach Hause beschäftigte Paul vor allem das, was Herr Dornberg über die gemeinsame Entwicklung in der Unternehmerehe gesagt hatte.

Noch nie war ihm so bewusst geworden, dass seine Bemühungen, die Probleme im Unternehmen von Christine fernzuhalten und andererseits ihre Bemühungen, die Alltagsprobleme mit den Jungs alleine zu lösen, im Endeffekt dazu führen könnten, dass sie sich auseinanderleben könnten. Dieser Gedanke machte Paul richtig Angst.

Zuhause angekommen, war sein erster Gang heute nicht wie sonst ins Kinderzimmer. Er marschierte direkt zu Christine ins Wohnzimmer.

„Willst Du den Rest deines Lebens mit mir verbringen?“, fragte er Christine. Dabei streckte er ihr einen schon etwas vergammelten Blumenstrauß aus Feldblumen entgegen, den er auf der Heimfahrt auf einem dieser Blumenfelder gepflückt hatte.

„Was wäre die Alternative?“, fragte Christine.

„Es gibt keine Alternative“, antwortete Paul.

„Na, dann hol’ ich besser mal Wasser für die Blumen. Der Strauß muss ja sicherlich auch mit“, lachte Christine. Sie gab Paul einen Kuss auf die Stirn und ging in die Küche, um eine Vase zu holen.

An diesem Abend erzählte Paul seiner Frau sehr ausführlich von seinem Tag mit Herrn Dornberg. Und er erzählte vor allem von dem Farbensystem und das, was er darüber von seinem Mentor erfahren hatte, und auch von dem Gedankenansatz, Schöpfer des eigenen Lebens zu sein. Er erzählte Christine, dass er sich bei diesem Thema so sehr an die Zeit vor ihrer Heirat erinnert hätte, und wie sie damals beide eigentlich genau dieses Gefühl gehabt hatten, Schöpfer des Lebens zu sein, das gerade erst vor ihnen lag.

„Weißt Du, was ich Volltrottel heute erst richtig begriffen habe?“, fragte er Christine. Und ohne eine Antwort zu erwarten, fuhr er fort: „Um die Zeit mir dir richtig genießen zu können, brauche ich in erster Linie Zeit. Und darum haben ab heute unsere Unternehmensziele eine zusätzliche Kennzahl.“

Er schlug seinen Timer auf. Auf dessen Innenseite steckte ein roter Karton mit seinen Umsatzzielen. Auf einem Seminar hatte er einmal gelernt, seine Ziele schriftlich zu formulieren und immer bei sich zu tragen. Auf diesem roten Karton stand: *Jahresumsatz 12,5 Millionen Euro – Umsatzrendite 10%.*

Er hatte sich zwar an die Empfehlung gehalten, sich diesen Karton jeden Tag anzuschauen, jetzt merkte er allerdings, dass ihn diese Zahlen nicht mehr wirklich motivierten. Er ergänzte mit einem dicken Stift: *150 Tage Freizeit, um meiner Pflicht nachzukommen, Glück zu teilen.*

Wieder spürte er einen kleinen angenehmen Schauer über seinen Rücken ziehen und überlegte, ob dieser Gedanke durch die Erinnerung aus dem Gespräch mit Herr Dornberg kam, oder ob es eine Berührung mit seiner Seele war.

Kapitel 3

Der Durchbruch Teil 1

Zwei Tage später fand Paul die von Herrn Dornberg angekündigten Fragebögen in der Post. Einen Fragebogen füllte er selbst aus und einen gab er Christine zum Ausfüllen. Jeder hatte maximal 30 Minuten Zeit dafür, die Aussagen auf den Fragebögen mittels Zahlen von 1-10 zu bewerten. Als die Bögen ausgefüllt waren, gingen sie direkt wieder zurück per Fax an Herrn Dornberg.

Paul war seit seinem zweiten Treffen mit Herrn Dornberg wie ausgewechselt. Er spürte in seiner Arbeit wieder die Freude und die Euphorie, wie dies in seinen allerbesten Zeiten der Fall war. Gleich nach dem zweiten Treffen hatte er sich eine Liste von seinen Mitarbeitern angelegt, und versucht, sie anhand des Farbschemas etwas näher zu analysieren.

Gudrun, zum Beispiel, war ein perfektes Beispiel für BLAU. Sie war seine rechte Hand in Sachen Finanzen, Controlling und außerdem für die Buchhaltung zuständig. Früher war er immer wieder mit ihr zusammengerasselt, vor allem dann, wenn es um die Jahresplanzahlen ging. Ihre Pedanterie und Verbohrtheit trieb ihn ab und an zur Weißglut. Einmal hatte er sie als *‚vernagelt und kleinkariert'* bezeichnet, und *‚als eine Person, mit der kein Krieg zu gewinnen sei'*, weil sie darauf bestanden hatte, einen seiner besten Außendienstmitarbeiter dafür abzumahnen, dass der seine Reisekostenabrechnungen zum wiederholten Male nicht korrekt berechnet hatte und weil diese permanent mehrere Euro Differenz aufwiesen.

Gudrun war aufgrund von Pauls Äußerung und seines Wutausbruches tief gekränkt gewesen und hatte wohl insgeheim schon mit dem Gedanken gespielt, zu kündigen. Es war damals nur Christine zu verdanken, dass sich das Ganze dann wieder eingerenkt hatte. Paul bemerkte Christine gegenüber, dass er von einer Führungskraft wie Gudrun mehr unternehmerisches Feingefühl und Weitblick erwarten würde. Er entschuldigte sich später zwar bei Gudrun, aber nur um des lieben Friedens Willen und weil er es Christine versprochen hatte. Innerlich war er nach wie vor davon überzeugt, dass er recht hatte.

Nachdem Herr Dornberg ihm das Farbsystem erklärt hatte, sah Paul Gudrun nun aus einem ganz anderen Blickwinkel. Er genoss jetzt die Gewissheit, dass bei allen Zahlen, die über ihren Tisch gingen, zu 100% Verlass darauf war, dass nichts danebenging und alles seine Struktur und Ordnung hatte. Er hatte sich sogar schon überlegt, ob er sie nicht einfach mal so dafür loben sollte, wie toll sie ihren Job machte und ihr vielleicht auch mal eine Tafel Joghurt-Schokolade auf den Schreibtisch legen sollte. Joghurt-Geschmack war ihre Lieblingssorte. Aber dann verwarf er den Gedanken doch gleich wieder. Das würde jetzt vielleicht doch zu anbiedernd wirken.

Aufgrund des Farbsystems wurde Paul nun auch klar, warum er in so manchem Meeting, egal ob mit Geschäftspartnern oder auch seinen Mitarbeitern, manchmal das Gefühl gehabt hatte, dass diese ihn nicht wirklich erfassen und verstehen konnten.

Ihm wurde nun klar, dass, wenn er auf seiner Stufe der Farbe ORANGE oder sogar auf der Stufe GRÜN kommunizierte, ein BLAUER sich einfach schwer tat, ihn zu verstehen. So manches Mal hatte er mit der Enttäuschung gekämpft, dass seine Ideen und Innovationen, die er versucht hatte im Unternehmen einzuführen, von seiner Mannschaft als „fixe Chef-Idee“ abgetan wurde.

Er musste also mehr lernen, sein Gegenüber zu erkennen und versuchen, ihm auf dessen Entwicklungsstufe etwas zu erklären und nahe zu legen. Ebenfalls musste er lernen, dass er die ROTE Seite an sich integrieren musste, und dazu nutzen musste, um im Unternehmen auch mal Klartext zu reden. Außerdem musste er lernen, seine Truppe anzuführen, indem er klare Vorgaben und Ziele kommunizierte.

Paul fühlte sich aber insgesamt bedeutend wohler, zentrierter und optimistischer als noch vor wenigen Wochen. Was er allerdings noch nicht richtig erfassen konnte, war sein WARUM.

Er hatte mit Christine die letzten Tage viel darüber gesprochen, aber so richtig weitergekommen waren sie nicht. Er hatte ja schon von klein auf eine hohe Affinität zu Technik und Elektronik – und mit irgendwelchen Fischertechnik-Geschenken konnte man bei ihm immer einen Volltreffer landen. Aber alleine die Leidenschaft dafür oder ein Talent für bestimmte Dinge konnte ja noch kein WARUM sein.

„Das WARUM werden Sie nicht über Ihre Ratio erkennen", hatte er noch aus den Gesprächen mit Herr Dornberg im Ohr. Von daher ließ er diesen Gedanken jetzt einfach mal so stehen und freute sich schon auf den Besuch bei Herr Dornberg, der nun für das kommende Wochenende anstand.

Als es soweit war, hatte er die Kinder zu seinen Eltern gebracht, während Christine sich fertigmachte. Sie hatten sich für 10:00 Uhr mit den Dornbergs verabredet. Jetzt war es kurz nach 09:00 Uhr und 45 Minuten Fahrzeit mussten sie auf jeden Fall einplanen. Von daher war höchste Eile geboten.

Christine fühlte sich sehr unwohl. „Ich weiß gar nicht, warum dieser Herr Dornberg so darauf bestanden hat, dass wir zu zweit kommen", sagte sie immer wieder.

„Na ja, seine Frau ist ja auch da, und wahrscheinlich will er eben, dass wir uns alle kennenlernen", gab Paul zur Antwort.

Das einzige Unglück ist, das Glück nicht zu erkennen

Irgendwie hatte sich Paul das Haus von Herrn Dornberg genau so vorgestellt. Die Einfahrt, die auf das Grundstück der Familie Dornberg führte, war relativ versteckt. Ohne Wegbeschreibung hätte man vermutlich den Eindruck gehabt, man wäre falsch beziehungsweise der Weg würde bald irgendwo im Wald enden. Aber nach der letzten Kurve öffnete sich plötzlich ein unglaubliches Panorama.

Man hatte einen gigantischen Blick von einem kleinen Plateau aus weit über Wiesen und Wälder. Das Haus selbst war sehr modern, gerade Linien, irgendwie unspektakulär, aber trotzdem sehr elegant.

Frau Dornberg öffnete die Tür und begrüßte Christine und Paul mit einer Selbstverständlichkeit, als ob sie sich schon Jahre kennen würden. Herr Dornberg stand in der Küche und war zusammen mit einer Haushaltshilfe damit beschäftigt, Unmengen von Broten und Snacks vorzubereiten. Man hatte den Eindruck, dass hier Vorbereitungen für eine Party im Gange waren.

„Schön, dass Sie schon da sind", rief er ihnen entgegen. „Ich komme sofort."

Frau Dornberg begleitete Paul und Christine ins Arbeitszimmer, das sich direkt neben dem Wohnzimmer befand. Wohnzimmer und Arbeitszimmer erstreckten sich über die ganze Südseite des Hauses, das komplett verglast war und somit das ganze Panorama über diese wunderschöne Landschaft bot, die dem Haus förmlich zu Füßen lag.

„Ich freue mich ganz besonders, Sie endlich kennenzulernen" begrüßte Herr Dornberg Christine sehr herzlich, als er dazu stieß. „Meine Frau haben Sie ja bereits kennengelernt."

„Wo haben Sie denn Ihre Kinder geparkt?", fragte Frau Dornberg. „Bei Oma und Opa?"

„Ja, zum Glück wohnen unsere Eltern ganz in der Nähe. Ohne die Hilfe der Großeltern wäre es manches Mal schwer, alles zu schaffen", gab Christine zur Antwort und fügte hinzu: „Haben Sie auch Kinder?"

„Ja, einen Sohn", sagte Frau Dornberg. „Wir sind auch schon Großeltern und haben einen Enkelsohn."

„Das ist ja toll", erwiderte Christine, „dann waren Sie aber früh dran. Wie alt ist denn Ihr Enkel?"

„Julian ist 9", entgegnete Frau Dornberg.

„Na, fast im gleichen Alter wie unser Lorenz“, ergänzte Paul. „Der wird ja dann die Großeltern ganz schön beschäftigen!“

Das kann man so sagen“, gab Frau Dornberg zur Antwort. „Er ist gerade zu Besuch. Moment, ich stelle Ihnen unseren Prinzen mal vor.“

Wenige Augenblicke später kam Frau Dornberg zurück. Sie schob einen Kinderrollstuhl vor sich her und darin saß Julian, ein schwerbehindertes Kind, das nur angegurtet im Rollstuhl geschoben werden konnte, weil er sonst herausgefallen wäre. Sein Kopf war seitlich zur Schulter geneigt und seine Hände nach innen gedreht, während diese auf seine Brust trommelten. Dabei stieß er ständig laute, kurze Schreie aus, während er sich mit einer Hand auch in unregelmäßigen Abständen immer wieder an den Kopf schlug.

„Das ist Julian. Unser Kronprinz und Familienheld,“ stellte Frau Dornberg ihren Enkelsohn vor. „Ich hoffe, Sie haben keine Berührungsängste?“

Christine und Paul waren für einen Augenblick völlig erstarrt, bis Christine die Situation auflöste und einen Schritt auf Julian zumachte. Sie streichelte ihm liebevoll über den Kopf und sagte: „Hallo Julian, ich bin Christine. Schön dich kennenzulernen.”

„Er hat unsere Familie gerettet und unserem Sohn sein WARUM geschenkt. Wenn Sie wollen, erzähle ich Ihnen die Geschichte. Passt ja super zum heutigen Tag“, sagte Herr Dornberg mit einem Augenzwinkern.

„Gerne“, stammelte Paul. Mehr brachte er in diesem Augenblick auch gar nicht heraus. Immer wieder schaffte es dieser Dornberg, ihn sprachlos zu machen.

„Also, jetzt nehmen Sie aber erst mal Platz, und machen Sie es sich gemütlich. Wir werden heute viel zu tun haben. Unser Sohn Daniel“, fuhr Herr Dornberg fort, „war immer unsere größte Freude und unser größtes Glück. Das einzige Problem war, dass er ein smarter, charmanter, sehr gut aussehender und intelligenter junger Mann war, und dass ihm das auch absolut bewusst war. Ihm fiel alles immer nur so zu, und was er anfasste, wurde zu Gold. Wir hatten immer Bedenken, dass er irgendwann einmal tief fallen würde, und er dies dann nur schlecht verkraften könnte.

Direkt nach seinem BWL-Studium gründete er sein erstes eigenes Unternehmen. Die Mädels standen Schlange, und es waren bei Gott mehr als genug dabei, die man vom Fleck weg hätte heiraten können.

Er hatte jedoch verständlicherweise keine Eile und genoss sein Leben. Eines Tages eröffnete er uns, dass wir Großeltern werden würden. Tanja, seine damalige Freundin, war inzwischen schon ein Teil unserer Familie geworden und wir freuten uns alle auf unser Enkelkind. Bei der Geburt ging dann leider einiges schief, und leider waren die Schäden nicht reparabel. Hinzukam dass Tanja mit der Situation nicht fertig wurde, und nach monatelangen Depressionen verließ sie schließlich die Familie, weil sie der Situation nicht gewachsen war.

Daniel kümmerte sich rührend um seinen Sohn, und mit entsprechender Unterstützung durch eine Pflegekraft, welche Vollzeit zur Verfügung stand, bekam er seinen Alltag erstaunlich gut auf die Reihe. Er beteuerte immer wieder, dass es ihm gut gehe. Wir machten uns natürlich Sorgen um ihn, zumal ihn die ganze Situation doch sehr verändert hatte. Und somit natürlich auch unsere Beziehung zu ihm. Kurz vor Julians 1.Geburtstag kamen uns die beiden an einem Wochenende besuchen. Über beide Ohren strahlend stand Daniel, mit Julian und dessen Spezial-Kindertrage, damals im Flur. Er eröffnete uns, dass er seine Firma verkauft habe und seit einer Woche als Medizinstudent auf der medizinischen Fakultät der LMU München immatrikuliert sei.

'Ich habe endlich meinen Traumjob gefunden, sagte er damals - *ich werde Kinderarzt'*." Herr Dornberg machte eine kurze Pause und fuhr dann fort: „Uns war nie klar, dass Daniel nicht wirklich glücklich war. Ihm vermutlich auch nicht, denn alles lief ja immer

super für ihn. Erst durch Julian hat ihn das Leben auf eine völlig neue Spur, seinen Weg gebracht. Er ist übrigens inzwischen mit Mona verheiratet, die er in seiner Zeit als Arzt im Praktikum kennengelernt hatte. Trauzeuge war übrigens Julian, zumindest haben wir das familienintern so zeremoniell besiegelt. Julian hat uns eine völlig neue Stufe von Liebe in unsere Familie gebracht."

Paul und Christine waren ziemlich ergriffen. Irgendwie schien es jetzt etwas banal auf das Thema Unternehmerstrategie zurückzukommen. Aber Herr Dornberg hatte da wohl weniger Berührungsängste.

Eigenbild & die ganz andere Art von Fremdbild

„Apropos, Liebe ins Leben bringen“, sagte er. „Jetzt schauen wir mal, wo Ihre Liebe gerade feststeckt.“

Paul war wie immer fasziniert. Herr Dornberg machte einfach einen Punkt. Thema durch und integriert. GELB hatte manchmal ein ziemliches Tempo drauf.

Und tatsächlich war somit das Thema Julian am heutigen Tag zur selbstverständlichsten Sache der Welt geworden. Selbst Paul, der normalerweise immer mit den größten Berührungsängsten beim Thema Behinderung zu kämpfen hatte, entwickelte an diesem Tag eine unglaublich natürliche Art mit Julian umzugehen. Die Art und Weise wie Herr und Frau Dornberg mit diesem Thema umgingen, nahm Paul wohl sämtliche Ängste. Christine erkannte ihn kaum wieder und ahnte zu diesem Zeitpunkt überhaupt noch nicht, dass auch ihr Leben sich durch die Bekanntschaft mit den Dornbergs nochmals verändern würde und sie bald völlig neue Aufgaben übernehmen sollte.

An dem großen Besprechungstisch hatten sich jetzt alle, auch Frau Dornberg, so platziert, dass jeder einerseits Einblick in die

Unterlagen hatte, und gleichzeitig den grandiosen Blick auf die Landschaft genießen konnte.

„Ich möchte gerne damit beginnen, dass Sie mir einfach mal Ihre Lage schildern“, begann Herr Dornberg und forderte Paul auf, einfach mal zu erzählen, was er denn seit der Übernahme des Unternehmens alles gemacht hatte.

Paul schilderte, dass er das Unternehmen mit 14 Mitarbeitern nach seinem Mechatronik-Studium von seinem Vater übernommen hatte. Gegründet wurde das Unternehmen von seinem Großvater und sein Vater hatte es dann nach dessen Tod weitergeführt. Der eigentliche Ursprung war Blechbearbeitung gewesen. Paul hatte sich nach der Übernahme dann entschlossen, sich auf die Herstellung von Alu-Profilen zu spezialisieren und die Firma innerhalb von 8 Jahren auf 58 Mitarbeiter aufgestockt. Mit der Spezialisierung auf die Profile wurde groß investiert und eine neue Fabrikationshalle gebaut. Der Großvater hatte schon damals beim Bau der alten Werkstatt ein ausreichend großes Grundstück erworben. ‚*Wer weiß, wie groß wir noch werden*‘, hatte er immer gesagt. Auch er hatte damals schon 11 Mitarbeiter beschäftigt.

Pauls Vater war hingegen eher Handwerker als Unternehmer und somit verfolgte er auch keine großen Expansionspläne. Er führte das Unternehmen wirtschaftlich und vor allem handwerklich sehr solide fort, aber ohne Wachstumsambitionen. Nach dem großen Neubau, den Paul anschob, war sein Vater noch 5 Jahre als Meister weiterhin bei ihm beschäftigt, bis er dann vor 3 Jahren in Rente ging.

Zuerst übernahm Paul die Aufgaben seines Vater mit, doch als dann vor 2 Jahren die Mitarbeiterzahl von 35 zuerst auf 43 erhöht wurde, war es notwendig geworden, einen zusätzlichen Meister einzustellen. Erst lief auch alles sehr gut weiter und die Anzahl der Mitarbeiter stieg nochmals um 15 Leute, aber seit ein paar Monaten meinte Paul eine gewisse Stagnation zu verspüren. Er erklärte den Dornbergs, dass sie zwar noch genügend Arbeit hätten, dass allerdings der Auftragsbestand den sie sonst so gewohnt waren, immer mehr zusammenschmelze.

Paul drückte es so aus: *‚Er wisse nicht, ob das nur ein vorübergehendes Tief wäre oder ob er sich Sorgen machen müsse'.* Damit beendete er auch seine Ausführungen und wartete, skeptisch schauend, auf die Antwort seines Mentors.

„Sie wollen also wissen, was der Grund dafür sein könnte, was diese Stagnation verursacht hat?“, fragte Herr Dornberg.

Paul antwortete: „Ja genau, das wäre für mich sehr hilfreich.“

„Was ist denn aus der alten Werkstatt geworden? Steht die noch?“, wollte Herr Dornberg wissen.

„Ja, gleich neben der Fabrikationshalle. Das ist jetzt unser Lager für alte Formen und Werkzeuge“, erwiderte Paul.

Herr Dornberg nickte: „Ich verstehe,“ und wandte sich dann den Unterlagen und den Fragebögen zu, welche Paul und Christine ausgefüllt hatten.

„Okay, dann schauen wir mal, was wir da haben“, und eröffnete somit die Erläuterung der Auswertungen, die vor ihm lagen. „Zuerst schauen wir einmal, was der Fragebogen, den Sie ausgefüllt haben, hergibt.

Herr Dornberg befestigte einen Ausdruck an der aufgestellten Pinnwand mit folgenden Inhalten:

Auswertung Fragebogen

Vision, Werte, Einzigartigkeit:	70%
Strategiefokus:	64%
Ziele und Strategie:	66%
Ideen und Innovation:	65%
Führung: Unternehmen und Organisation:	82%
Führung: Lernen aus Leidenschaft:	86%
Engagement	86%
Finanzen: Planung und Kontrolle	82%
Prozesse; Perfektion im Ablauf	88%
Verkauf: Umsorgen	84%
Verkauf: Kundenorientierung	83%
Kommunikation:	86%
Lieferanten und Partner	88%
Mitarbeiter: Engagement Team	78%
Kontinuierliche Verbesserungsprozesse	68%
Ratingcheck – Markt	66%
Ratingcheck Unternehmensführung	68%

Dabei erklärte er: „Das spiegelt jetzt Ihre Sichtweise auf Ihr Unternehmen. Wir haben also Ihre Antworten auf die Aussagen des Fragebogens hier in diesen Überschriften zusammengefasst und prozentual bewertet. So sehen Sie also Ihr Unternehmen. Als Nächstes schauen wir einmal, welche Informationsfelder wir beim Scannen Ihres Unternehmens gefunden haben."

Jetzt befestigte Herr Dornberg ein zweites Blatt auf der Pinnwand.

Er fuhr fort: „Wenn wir jetzt die beiden Aussagen miteinander vergleichen, so stellen wir in folgenden Punkten eine gewisse Diskrepanz fest: Sie, Herr Herter, beurteilen die

Kommunikation, die Führung und das Engagement des Teams als gut bis sehr gut, ebenso den Bereich Kundenorientierung und Verkauf. Unser Scan jedoch sagt etwas anderes.“

Dabei markierte er folgende Aussagen auf dem zweiten Blatt:

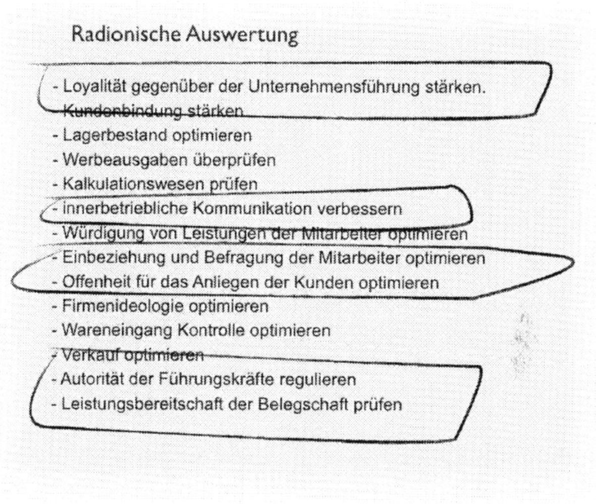

Radionische Auswertung

- Loyalität gegenüber der Unternehmensführung stärken.
- Kundenbindung stärken
- Lagerbestand optimieren
- Werbeausgaben überprüfen
- Kalkulationswesen prüfen
- innerbetriebliche Kommunikation verbessern
- Würdigung von Leistungen der Mitarbeiter optimieren
- Einbeziehung und Befragung der Mitarbeiter optimieren
- Offenheit für das Anliegen der Kunden optimieren
- Firmenideologie optimieren
- Wareneingang Kontrolle optimieren
- Verkauf optimieren
- Autorität der Führungskräfte regulieren
- Leistungsbereitschaft der Belegschaft prüfen

„Und was bedeutet das jetzt?“, fragte Paul.

Die Antwort von Herrn Dornberg kam prompt: „Entweder Ihre Wahrnehmung ist falsch oder die Aussagen aus dem morphischen Feld stimmen nicht.”

„Und woher weiß ich nun, was stimmt?“, entgegnete Paul.

„Es gibt zwei Möglichkeiten, das zu überprüfen“, war Herrn Dornbergs Antwort. „Eine Möglichkeit bestünde darin, Ihre Belegschaft und Ihre Kunden die Fragen ebenfalls beantworten zu lassen und dann zu vergleichen, wo Übereinstimmung herrscht und wo nicht. Oftmals ist es so, dass das Selbstbild des Unternehmers und das Fremdbild aus Sicht von Mitarbeitern oder Kunden differieren.“

„Aber wenn das mit den Fragebögen so möglich wäre, dann erscheint mir das doch eine sehr gute Möglichkeit“, stellte Paul fest. „Warum dann der Scan des morphischen Feldes?“

Herr Dornberg nickte verständnisvoll: „Erstens ist es ein ziemlicher Aufwand bis alle Mitarbeiter befragt und ausgewertet sind. Zweitens sind die Aussagen auch sehr subjektiv. Drittens erfordert es eine gewisse Reife der Belegschaft, damit die Fragen auch wirklich gute Ergebnisse bringen, und viertens erfahren Sie dann nur das, was die Mitarbeiter selbst wissen. Erinnern Sie sich an die 4 Quadraten? Den großen Teil, der Ihnen und Ihren Mitarbeitern verborgen ist, der sogenannte blinde Fleck?

Nichts desto trotz sind Umfragen eine wunderbare Methode für BLAUE und ORANGE Unternehmen. Umfragen sind jedoch besonders gut geeignet, wenn Sie im Nachhinein messen wollen, wie eine Veränderung im Unternehmen von der Belegschaft angenommen wurde. Das zeige ich Ihnen dann später.”

„Und worin bestünde die zweite Möglichkeit, zu überprüfen ob meine Einschätzung stimmt?“, fragte Paul nach.

„Diese Möglichkeit zeige ich Ihnen jetzt im Anschluss. Dazu möchte ich aber, dass wir uns im Vorfeld erst noch etwas unterhalten. Darf ich Ihnen ein paar private Fragen stellen? Auch Ihnen, Frau Herter?“, erkundigte sich Herr Dornberg und wandte sich Christine direkt zu.

„Ja natürlich sehr gerne, wenn das dazu gehört“, war Christines Antwort.

„Gehören Sie denn etwa nicht dazu?“, wollte Herr Dornberg wissen.

„Natürlich gehöre ich dazu“, sagte Christine lachend. „Wir sind ja eine Familie, aber geschäftlich kann ich nichts beitragen. Erstens sind die Jungs ja noch sehr klein, und zweitens komme ich beruflich aus einer ganz anderen Ecke.“

„Nämlich?“, schaute Herr Dornberg fragend.

„Ich bin Pädagogin. Ich habe auf Lehramt Englisch und Französisch studiert. Leider war ich nicht so lange im Beruf. Lorenz kam schneller als erwartet“, gab sie zur Antwort.

„Wären Sie lieber länger im Beruf geblieben?“, fragte Herr Dornberg nach.

„Irgendwie schon. Ich habe richtig Spaß an Sprachen und auch eine gewisse Begabung. Von daher lag es nahe, Englisch und Französisch zu studieren. Wenn ich jedoch an die heutigen Möglichkeiten denke, wäre auch Fremdsprachenkorrespondentin, oder so was Ähnliches, in Frage gekommen“, antwortete Christine mit einer gewissen Nachdenklichkeit.

Herr Dornberg schaute kurz zu seiner Frau und warf ihr einen vielsagenden Blick zu, den jedoch nur die beiden verstehen konnten.

„Gut, dann machen wir hier weiter, Frau Herter. Wir werden jetzt alle Fragen Ihres Mannes beantworten. Er wird dann wieder ein dickes Auftragspolster bekommen und die Firma wird weiter wachsen. Haben wir ihn dann glücklich gemacht?“, fragte Herr Dornberg und schaute Christine dabei durchdringend an.

Christine blickte fragend zurück und antwortete: „Zufrieden auf jeden Fall - glücklich, weiß ich nicht.”

„Wollen Sie einen zufriedenen Mann oder einen glücklichen?“, war auch schon die nächste Frage.

„Definitiv einen glücklichen Mann, dann bin ich nämlich auch glücklich“, lächelte sie und strich Paul dabei liebevoll über den Kopf.

„Und Sie, Herr Herter, was wollen Sie?“, wandte sich Herr Dornberg Paul zu.

„Wir haben die letzten Tage viel darüber gesprochen, was Sie mir über das Thema das WARUM eines Unternehmers gesagt haben“, holte Paul aus. "Wir sind zu dem Ergebnis gekommen, dass ich mein WARUM wirklich nicht kenne.“

„Ich hatte Ihnen aber auch gesagt", unterbrach ihn Herr Dornberg, „dass Sie Ihr WARUM nicht alleine über den Intellekt erarbeiten können."

Paul schüttelte mit dem Kopf und antworte: „Nein, nein, das weiß ich schon. Aber seit wir darüber nachdenken, erkennen wir oder besser gesagt spüren wir, dass es das ist, was uns letztlich noch zum Glücklichsein fehlt, und dass wir nie danach gesucht haben. Erst seit Sie mich darauf aufmerksam gemacht haben."

„Das stimmt nicht", entgegnete Herr Dornberg. „Nicht ich habe Sie darauf aufmerksam gemacht, sondern es war Ihre Seele. Nicht ich habe Sie angesprochen und um einen Termin gebeten. Ihr Mitarbeiter hat beiläufig auf die Unterlagen hingewiesen und Sie komplett in Resonanz dazu gegangen. In Ihnen hat etwas auf diesen „Missstand" aufmerksam gemacht. Ich bin sozusagen nur der Vorleser der Unterlagen. Lassen Sie uns heute mal so tun, als ob alles so kommen sollte, wie es kam. Einverstanden?", fragte Herr Dornberg.

Organisationsstellen – Orakel fürs Business

Christine und Paul stimmten erwartungsvoll zu, und Frau Dornberg schlug vor, etwas von den belegten Brötchen zu essen und eine Tasse Kaffee zu trinken. Gleich würden die *‚Statisten'* für ein Setting zum Organisationsstellen kommen und sie wollte den beiden im vorab das Procedere erklären, welches gleich stattfinden würde.

„Mein Mann hat mit Ihnen bei Ihrem letzten Treffen diese farbigen Klötzchen aufgestellt – erinnern Sie sich?", fragte Frau Dornberg.

Natürlich erinnerte sich Paul. Er war ja so verwundert, als Herr Dornberg behauptete, er hätte die Klötzchen nicht willkürlich platziert, sondern absichtlich, und zwar unterbewusst.

„Heute machen wir dasselbe - nur nicht mit Holzklötzchen, sondern mit sogenannten Statisten“, erklärte sie Paul und Christine. „Das hat den Vorteil, dass die mit uns sprechen, und wir so genauer erfahren können, was in Ihrem Unternehmen los ist. Haben Sie Lust auf ein bisschen Magie?“, fragte sie genauso verschmitzt, wie Herr Dornberg das immer tat.

Die Statisten waren für 12:00 Uhr eingeladen und da es jetzt erst kurz nach halb zwölf war, war es noch eine gute Gelegenheit einmal auf die Terrasse hinauszugehen und die Aussicht zu genießen.

Christine war fasziniert von den beiden Dornbergs. Ihre anfänglichen Bedenken von heute Morgen waren längst verschwunden. Irgendwie fühlte sie sich aber dennoch etwas klein, vor allem neben Frau Dornberg. Diese war mit Anfang 50 noch ungeheuer jung geblieben, attraktiv und unglaublich charismatisch. Und jetzt wo Christine deren beider Geschichte näher kannte, wuchs der Respekt vor ihr noch mehr. Die beiden hatten wirklich schon viel erlebt. Zuerst die Geschäftsaufgabe damals, dann der Neuaufbau der Firma und schließlich jetzt die Herausforderung mit ihrem Sohn und dessen Schicksal.

Irgendwie war es bewundernswert, wie diese Frau das alles meisterte. Es war aber irgendwie auch keine Frage des Meisterns, sondern viel eher eine Frage der Lebensfreude welche die beiden ausdrückten. Wenn man die beiden so ansah, nahm man ihnen zu einhundert Prozent ab, wenn sie behaupteten, dass jede Krise ihres Lebens ein Geschenk für sie war, die ihr Leben um ein Vielfaches bereicherte. Bewundernswert.

„Mein Mann hat mir erzählt, dass Sie auch ein eigenes Unternehmen haben“, sprach Christine Frau Dornberg an. „In welcher Branche sind Sie denn?“

„Wir betreiben eine Marketingagentur für alternative Heilberufe“, antwortete Frau Dornberg.

Christine war etwas verdutzt. Sie wusste, dass Frau Dornberg Betriebswirtschaftslehre und Wirtschaftspsychologie studiert hatte. Ein Bezug zu einer Marketingagentur fiel Christine da etwas schwer. Sie wollte sich nichts anmerken lassen und stellte, immer noch etwas verlegen, die nächste Frage: „Und wo haben Sie Ihre Agentur?"

„Wir sind momentan insgesamt an 46 Standorten in Europa vertreten. Das hat sich ein bisschen schneller und größer entwickelt, als ich mir das so vorgestellt hatte. Hört sich aber auch jetzt vielleicht mehr an, als es tatsächlich ist. Alles halb so schlimm."

„Halb so schlimm", mischte sich Paul in das Gespräch ein. „Ich kann mir überhaupt nicht vorstellen, dass es da überhaupt so einen großen Markt gibt. Hatte Ihr Mann nicht erwähnt, dass Sie BWL und Wirtschaftspsychologie studiert haben? Wie passt das denn zusammen?"

„Ja, das stimmt. Betriebswirtschaftslehre und Wirtschaftspsychologie waren sozusagen mein Ursprung. Bevor ich meinem Mann kennengelernt habe, habe ich nach dem Studium in drei verschiedenen Unternehmen gearbeitet, alle hatten zwischen 2500 und 5000 Mitarbeiter.

Ich war nie wirklich glücklich in dem Job. Die Materie an sich war hoch spannend, aber die Art und Weise, wie man diese Werkzeuge teilweise skrupellos eingesetzt hat, hat mich völlig schockiert. *‚To have lunch oder to be lunch'*, also fressen oder gefressen werden, war jeweils die gängige Parole. Das war nicht so ganz mein Ding.

Dann war ich mit Daniel schwanger und erst mal im Mutterschutz. Als Daniel dann 2 Jahre alt war, ging ich zurück in meinen Beruf. Aber ich konnte mich nicht mehr integrieren. Diese Alte Welt war mir so fremd geworden. Nach weiteren 2 Jahren habe ich dann gekündigt und bin erst mal wieder zu Hause geblieben. Für mich blieb dann auch Raum, mich gedanklich neu zu sortieren. Ich wusste zwar nicht, was ich machen wollte, aber für mich war immer klar, dass ich wieder arbeiten wollte. Daraufhin habe ich mich dann völlig neu orientiert und bin meinem Hobby, der Naturheilkunde nachgegangen. Gott sei Dank lief damals das erste Unternehmen meines Mannes noch gut und wir konnten es uns leisten, dass ich nebenher meine Ausbildungen machte. Zuerst den Heilpraktiker, später habe ich mich dann auf Hypnosetherapie, Bachblüten und Aura-Soma-Therapien spezialisiert.

Nach der Ausbildung habe ich dann voller Stolz meine Praxis eröffnet. Damals wohnten wir noch in der Eiffel, also weit weg von Großeltern und wir beide waren Vollzeit beschäftigt. Heute wundern wir uns oft, wie wird das damals alles so geschafft haben."

„Und wie kam es dann zu Marketing für Heilberufe?", bohrte Christine neugierig nach.

„Das haben meine Kollegen aus mir gemacht", antwortete Frau Dornberg. „Die Praxis lief vom ersten Tag an ziemlich gut. Ich war ja auch sehr gut vorbereitet. Ein Teil meines BWL-Studiums war ja schließlich auch Marketing gewesen, und mit dem Erlernten war für mich natürlich relativ klar wie meine Vermarktungsstrategie aussehen musste, um erfolgreich zu sein. Dass ich da eine Ausnahme in der Naturheilszene war, wurde mir erst klar, nachdem mich immer mehr Kollegen um Rat fragten, weil sie ihre Praxen nicht zum Laufen brachten. Spaßeshalber habe ich dann mal eine Marktanalyse gemacht und bin zu dem Ergebnis gekommen, dass das eine echte Marktlücke war und immer noch ist. Derzeit gibt es etwa 28.000 Heilpraktiker, und über 500 Heilpraktiker-Schulen, die laufend ausbilden. Allerdings gibt es nur ungefähr 3500 vollerwerbstätige Naturheilpraxen. Alle anderen schaffen es entweder überhaupt nicht eine florierende Praxis aufzubauen oder sie bleiben im Nebenerwerb stecken. Der Grund dafür: Naturheilkundler können kein Marketing."

„Gibt es denn in der Ausbildung zum Heilpraktiker keine Marketingausbildung?", wollte Paul wissen.

„Doch, das gibt es, aber eher nur eine Anleitung und keine Ausbildung“, antwortete Frau Dornberg. „Das Hauptproblem ist aber nicht das Know-how, sondern die Einstellung dazu. Zwei Drittel der Heilpraktiker sind weiblich. Viele Frauen tun sich noch mal ein ganzes Stück schwerer, sich zu verkaufen, als Männer.

Und ein Naturheiler hat per se viel größere Schwierigkeiten, wenn er das Wort *‚verkaufen'* und *‚Umsatz machen'* hört, als zum Beispiel ein Schönheitschirurg“, sagte Frau Dornberg mit einem Augenzwinkern.

„Na, das kann ich mir lebhaft vorstellen“, stimmte Paul zu.

Frau Dornberg fuhr fort: „Für mich war plötzlich sonnenklar, dass das mein neues Business ist. Ich entwickelte ein Marketingkonzept speziell für Heilpraktiker und Naturheilberufe und kombinierte es mit einem Coaching-Programm, das im wesentlichen Elemente aus Hypnose, psychologischen Elementen, Aura-Soma und Bachblüten bestand, um die Teilnehmer von ihren inneren Blockaden bezüglich Geld verdienen zu befreien.

Das hat so gut funktioniert, dass aus diesem Konzept dann ein Franchise-Konzept wurde und wir heute eben achtunddreißig Marketing- und Coaching-Stützpunkte im deutschsprachigen Raum haben und weitere acht im europäischen Ausland.”

„Bei Ihnen komme ich aus dem Staunen nicht mehr heraus“, bewunderte Paul die Geschichte. „Wenn ich mir das so anhöre und die Unterlagen Revue passieren lasse, dann vermute ich mal, Sie haben das Konzept nach *EKS* entwickelt und deshalb lief es dann so gut.”

„Nein, leider nicht“, gab Frau Dornberg zur Antwort. „*EKS* kannten wir damals noch nicht. Aber Sie haben recht, eigentlich könnte die Geschichte aus einem *EKS* Lehrbuch stammen.“

“Ja, Sie sind ein sehr gelehriger Schüler, Herr Herter“, merkte Herr Dornberg anerkennend an. „Fällt Ihnen auf, wie sich Ihr strategisches Denken bei jeder Geschichte ganz von alleine mehr und mehr entwickelt? Sie beginnen, die Geschäftswelt immer mehr mit der strategischen Brille zu sehen. Das gefällt mir gut, das gefällt mir sogar sehr gut", murmelte er vor sich hin.

„So richtig ins Laufen gekommen ist das Konzept aber erst, nachdem ich mir selbst wirklich einmal bewusst geworden bin, was es für mich bedeutet, diesen Job zu machen", fuhr Frau Dornberg fort.

„Im Nachhinein wurde mir dann erst so richtig klar, was die Punkte 3+4 der *EKS* Prinzipien wirklich bedeuten. Das erste Prinzip *'spitz statt breit'* und das zweite *'Konzentration auf den Engpass'* hatten sich ja sozusagen ganz von alleine ergeben. Der Markt hat mir meine Geschäftsidee ja buchstäblich auf dem Tablett serviert.

Es waren sofort Aufträge da und alles war in Ordnung. EKS Prinzip 3 'Immaterielles vor Materiellem' und 4. Prinzip *'Nutzen vor Gewinn'* war auch da, wenn auch allerdings eher unbewusst. Es war mir wirklich ein richtiges Anliegen, dass die Menschen mit ihren Praxen ins Laufen kamen. Nicht nur für die Therapeuten selbst. Ich bin davon überzeugt, dass die Menschen da draußen noch viel mehr erfahren müssen, was Naturheilkunde wirklich kann. Aber es war nur ein Anliegen. Es war nur ein kleines Feuer in mir.

Bei einer Supervision, die ein Kollege mit mir gemacht hatte, erkannte ich in einer Hypnosesitzung, dass dieses Anliegen eigentlich eine Passion von mir ist. Diese war allerdings im Ausdruck insofern blockiert, als dass diese Passion nicht ihr volles Potenzial entwickeln konnte. Mein kleines Flämmchen loderte in mir so vor sich hin, und war eher bestrebt nicht auszugehen. Dennoch hätte es aber das Potenzial zu einem wahren Freudenfeuer gehabt. In dieser Sitzung haben wir dann dieses Feuer richtig entfacht. Und das war der Durchbruch für mein Business. Plötzlich hatte ich nicht mehr 5-7 Anfragen pro Woche, sondern 50-60. Also das Zehnfache. Nach 2 Monaten hätte ich alleine für das Absagen von Anfragen eine Teilzeitkraft einstellen müssen. Ich hatte absolut nichts geändert, außer meiner inneren Einstellung dazu. Ich war auf einmal wirklich sichtbar und habe die Menschen angezogen, wie das Licht die Motten.

Das war dann der Zeitpunkt, ab dem ich gezwungen war, viel größer zu denken. Daraus ist dann eine völlig neue Herangehensweise entstanden und schlussendlich auch das Franchise-Konzept. Das alles wäre nie passiert, wenn ich Prinzip 3+4 der *EKS* nicht aktiv entwickelt hätte.

Viele Kollegen, die neu in unsere Unternehmer-Schule beziehungsweise in die Mastermind-Gruppe kommen, sind zwar sehr bemüht, auf Prinzip 3+4 besonders zu achten, aber sie haben es meistens nur zu einem Bruchteil von dem integriert, was es eigentlich brauchen würde. Das WARUM muss rational definiert, emotional verankert und entfacht werden, damit es zur vollen Wirkung kommt."

Paul und Christine spürten wieder diese Energie, welche das Ehepaar Dornberg ausstrahlten, wenn sie von ihren Überzeugungen und Techniken sprachen. Man wurde förmlich in einen Sog gezogen, der immer tiefergehende Fragen hervorbrachte.

Das Gespräch wurde nun allerdings von der Haushaltshilfe Martha jäh unterbrochen. Sie stand in der Tür und sagte: "Die Dummies sind da."

„Ja, sehr schön", rief Frau Dornberg hoch erfreut und marschierte Richtung Wohnzimmer, in das in diesem Moment vier Frauen und drei Männer traten.

Sie begrüßte sie herzlich mit den Worten: „Hallo Dummies! Schön, dass ihr da seid und Zeit für uns habt." Sie umarmte alle freundschaftlich zur Begrüßung und stellte dann vor: „Das sind Christine und Paul Herter. Wir sind schon so gespannt, was Ihr den beiden zu erzählen habt."

Nach einem kurzen Plausch versorgte Martha die Dummies mit reichlich Kaffee und Brötchen und Herr und Frau Dornberg erläuterten Paul und Christine kurz, wie das weitere Programm aussehen sollte und was es mit den Dummies auf sich hatte.

Die Dummies trafen sich regelmäßig bei Dornbergs. Frau Dornberg erklärte dazu: „Wir haben Ihnen ja vorher erklärt, dass wir heute nach dem Prinzip der farbigen Klötzchen Ihre Situation aufstellen. Die Aufstellungsarbeit kennt man im Ursprung aus der Familientherapie und speziell für das Unternehmensumfeld arbeiten wir mit diesem sogenannten Organisationsstellen.

Der Ablauf wird jetzt folgender sein: Sie, Herr Herter, werden nach unserer Anleitung diese Menschen nacheinander an der Schulter fassen und an einen beliebigen Punkt im Zimmer führen.

Einer dieser Menschen wird dabei ein Stellvertreter von Ihnen selbst sein, ein anderer vielleicht der Stellvertreter für Ihre Mitarbeiter, oder für Ihre Kunden und so weiter. Mal sehen, was wir alles so brauchen werden.

Sobald dann alle ihren Platz gefunden haben, werden wir die Damen und Herren befragen, wie es ihnen auf ihrem Platz geht, und daraus werden dann Rückschlüsse auf Ihre Situation ziehen können. Haben Sie das soweit verstanden?“ Frau Dornberg schaute Christine und Paul fragend an.

„Ja, verstanden“, entgegnete Paul. „Aber woher kennen diese Menschen die Situation in meinem Unternehmen?“, fragte er.

„Die kennen die Situation gar nicht. Wir tun jetzt nur mal so, als ob. Lassen Sie sich mal überraschen“, entgegnete Frau Dornberg.

Christine drehte mit ihrer linken Hand ständig unsicher in ihren Haaren. Eigentlich hatte sie sich das nach ihrer Schulzeit abgewöhnt. Aber der heutige Tag schien sie so aufgeregt werden zu lassen, wie damals kurz vor der Verkündung der Abi-Noten.

Die Dummies standen derweil auf der Terrasse und waren, im Gegensatz zu Christine, die Ruhe selbst. Den Namen Dummies hatten sie sich irgendwann einmal selbst gegeben, nachdem sie einmal bei Herrn Dornberg eingeladen waren, um für einen Vorstand aus der Automobilindustrie eine Situation aufzustellen, bei der es um eine wichtige Personalentscheidung für den Aufsichtsrat ging.

Herr Dornberg führte Paul und Christine nochmals zum Flipchart und fasste die Auswertungen auf den beiden DIN A 4 Blättern zusammen.

„Wie wir festgestellt haben, liegen Diskrepanzen zwischen Ihrer Wahrnehmung und dem, was der Scan sagt. Und zwar in den Bereichen Kommunikation, Führung, Engagement des Teams und im Bereich Kundenorientierung und Verkauf. Sie, Herr Herter, beurteilen diese Bereiche als gut, der Scan sagt aber hier läge einiges im Argen. Ich habe da auch schon so eine Vermutung. Schauen wir mal“, sagte er lächelnd.

Dann versammelte Frau Dornberg die Dummies im Wohnzimmer.

Irgendwie schien es fast so, als ob dieses Wohnzimmer ausschließlich für solche Sessions konzipiert wurde. Es war gut und gerne 50 qm groß und außer ein paar Regalen und dem Kamin befanden sich lediglich zwei Sofas im Raum, die heute ganz an die Wand gestellt waren.

Mehr und mehr erkannte Christine aber die Eleganz und die Schlichtheit dieses Raumes und konnte sich richtig hineinfühlen, was wohl für eine unglaubliche Ruhe von diesem Raum ausgehen würde, wenn man abends, durch nichts abgelenkt, vor diesem Kamin sitzen und meditieren könnte.

Paul wurde nun aufgefordert, sich eine der Damen oder Herren als seinen Stellvertreter auszusuchen. Diese Person sollte er dann irgendwo an einen Platz im Raum führen, den er für den Richtigen hielt.

Als Nächstes forderte Herr Dornberg ihn auf, einen Stellvertreter für seine Mitarbeiter zu wählen. Dann für seine

Kunden, für den Wettbewerb und schließlich für Herrn Horn, den neuen Meister, der vor 2 Jahren eingestellt wurde.

Nach und nach befragte dann Herr Dornberg die einzelnen Stellvertreter, wie es ihnen ginge und wie sie sich fühlten.

Paul und Christine saßen höchst angespannt auf einem der Sofas, und verfolgten die Aussagen der einzelnen Stellvertreter.

Christine schüttelte immer wieder ungläubig den Kopf als Pauls Stellvertreter erzählte, wie er sich fühlte. Besser hätte sie selbst Paul nicht beschreiben können. Wie war das möglich? Er hatte Paul noch nie zuvor im Leben gesehen und erzählte hier von Pauls tiefsten Empfindungen und Ängsten bezüglich des Unternehmens, die außer Paul selbst nur sie kennen konnte. Selbst Pauls Vater konnte nicht annähernd nachvollziehen, wie es in Paul aussah. Dazu waren sie aber auch als Unternehmer viel zu verschieden gewesen. Christine war völlig verwirrt.

Bei der Befragung des Stellvertreters für die Mitarbeiter stellte sich dann heraus, dass die anscheinend so gute Beiziehung zwischen dem neuen Meister, Herrn Horn, und dem Rest der Belegschaft von anfänglicher Sympathie und Euphorie ins Gegenteil umgeschwenkt war.

Dadurch, dass sich Paul in der letzten Zeit nicht mehr so um das Tagesgeschäft in der Produktion kümmern konnte, drängte sich Herr Horn immer mehr in die Rolle des heimlichen Chefs. Dies löste einen gewissen Widerstand in der Belegschaft aus. Aber nicht nur die Mitarbeiter gingen in einen Widerstand, sondern auch die Kunden.

In der Aufstellung äußerte sich nun der Stellvertreter der Kunden immer wieder negativ über die Beziehung zur Firma und erklärte, dass die Anbindung an den Inhaber verloren gehen würde. Man fühle nur noch wenig Verbundenheit mit dem Unternehmen und dem Inhaber und hätte somit einen starken Drang, sich mehr mit den Mitbewerbern der Firma Herter auseinanderzusetzen. Der Stellvertreter der Mitbewerber schien genau das zu spüren und war seit einiger Zeit hoch motiviert, die Kunden von Paul konzentriert zu bewerben und aktiver anzugehen.

Herr Dornberg machte an dieser Stelle eine kleine Pause und fragte Paul, wie es ihm ginge, wenn er diese Aussagen so höre.

Paul und Christine erklärten, dass sie dies jetzt alles voll umfänglich nachvollziehen konnten. Herr Horn war fachlich zwar viel mehr als ein Ersatz für den Vater, denn er brachte den Laden wirklich auf Vordermann. Jetzt, wo die Firma so stark gewachsen war, brauchte man schließlich auch andere Konzepte und Maßnahmen. Was Herr Horn allerdings nicht ersetzen konnte, war die Achtung und den Respekt, den Paul und sein Vater bei den Kunden hatte. Und je mehr Herr Horn merkte, dass ihm diese Achtung nicht voll umfänglich entgegengebracht wurde, desto stärker versuchte er sich über seine fachliche Kompetenz Achtung und Respekt zu verschaffen. Es schien also so, als ob er sich in die Chef–Rolle drängen wollte. Zumindest schienen sowohl Mitarbeiter als auch Kunden dies so zu interpretieren, dass Herr Horn den Laden sozusagen an sich reißen wollte, und darauf reagierten sie mit Widerstand und Ablehnung.

Die logische Folge war natürlich, dass das Engagement des Teams und die interne Kommunikation sich verschlechterten. Und selbst der Kunde fühlte sich nicht mehr so angebunden und beachtet und somit litt der Verkauf erheblich. Paul und Christine hätten für Herrn Horn die Hand ins Feuer gelegt, dass er hunderprozentig loyal zur Firma wäre und niemals aus persönlichen Eitelkeiten heraus agieren würde.

„Was Herr Horn absichtlich tut und was er unabsichtlich bewirkt, sind zwei Paar Stiefel“, erklärte Herr Dornberg. „Ich schlage vor, wir lassen das einfach mal so stehen und machen weiter. Ich denke da liegt noch mehr im Verborgenen.“

Herr Dornberg forderte Paul nun auf, seinen Großvater in das Bild zu stellen sowie das alte ursprüngliche Firmengebäude.

Der Stellvertreter des Großvaters brachte eine Fülle von Informationen über die Denk- und Lebensweise des Firmengründers. Paul verspürte wie eng seine Beziehung zu seinem Großvater war, obwohl er ihn nie kennengelernt hatte.

Er verstand auch mehr und mehr, was sein Vater in der Familientradition für eine Rolle spielte, und schlussendlich spürte Paul zum ersten Mal, welche Rolle er selbst übernommen hatte, und wie viel Kraft und Energie es ihm gab, diese Rolle jetzt neu, anders und ganz bewusst anzunehmen.

Nach der Aufstellung bedankte sich Paul vor allem bei Frau Dornberg und erklärte ihr, dass er jetzt bei dieser Aufstellung verstanden und vor allem gespürt hätte, was der Unterschied zwischen spüren und verinnerlichen wäre. Und dass er jetzt verstanden hätte, wie wichtig es wäre, die Prinzipien 3+4 bei der *Engpasskonzentrierten Strategie* tatsächlich zu verinnerlichen.

Christine hatte den ganzen Prozess von außen beobachtet und sie war tief ergriffen, als Paul ganz zum Schluss mit in das Aufstellungs-Bild kam, und nun selbst den Platz seines Stellvertreters einnahm.

Und so hatte sich ganz zum Schluss in der Aufstellung herausgestellt, dass Paul seinem Großvater nicht nur sehr ähnlich war, sondern dass Paul auch zu einem gewissen Teil die Traumata, die der Großvater im Krieg erlebt hatte und nicht auflösen konnte, emotional ebenfalls übernommen hatte.

Christine sah vor ihrem geistigen Auge ihre Schwiegermutter, die Paul, immer wenn er seine Wutausbrüche bekam, vorhielt: *'Du bist genau wie Dein Großvater'*.

Paul konnte endlich das Trauma und die damit verbundenen Gefühle der Angst und Wut auflösen. Als die Aufstellung beendet wurde, konnte man in seinem Gesicht förmlich sehen, dass sich etwas in diesem Mensch verändert hatte. Paul sah viel entspannter aus und wirkte um einige Jahre jünger.

Auf der Terrasse wurde in einer sehr entspannten Runde mit den Dummies noch eine Tasse Kaffee getrunken, bevor diese sich wieder verabschiedeten. Christine, Paul und die Dornbergs fassten dann die Ereignisse des Nachmittags nochmals zusammen.

Die Falle im Change - Phasenmodell der Veränderung

Paul versuchte, seine Gedanken in Worte zu fassen: „Die Geschichte mit meinem Opa erklärt für mich so einiges. Zwar kann man das ja kaum nachvollziehen, wenn man so etwas zum ersten Mal macht, aber mein Gefühl sagt mir, da muss etwas dran sein. Ich fühle mich richtig gut und frei, als wäre eine riesige Last von mir gefallen. Bleibt das so?“, fragte er zu Frau Dornberg hingewandt.

„Hat Ihnen mein Mann schon das *Phasenmodell der Veränderung* vorgestellt?“ fragte Frau Dornberg.

Paul antwortete: „Ich erinnere mich, dass wir das Thema im Zusammenhang mit Krisen in Unternehmen kurz angesprochen hatten, aber wir wollten es nochmals vertiefen.“

„Gut, dann lassen Sie uns reingehen und ich werde Ihnen dieses Phasenmodell einmal aufzeichnen,“ sagte Frau Dornberg.

Am Flipchart malte sie dann folgende Grafik auf:

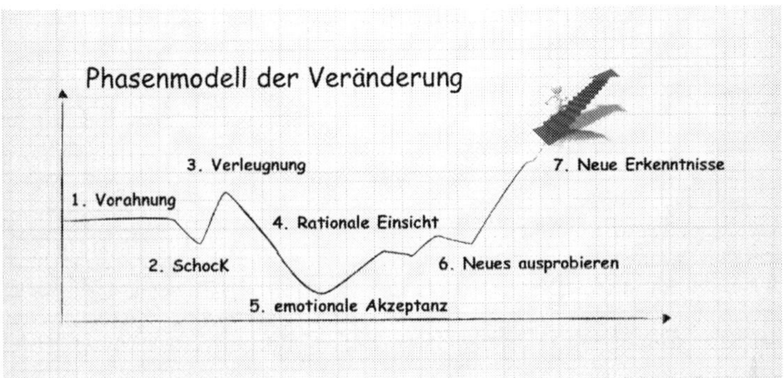

Quelle: Q8 – Success & Living ©

„Fast jede Veränderung verläuft nach folgender Kurve und kann in 7 Phasen eingeteilt werden“, begann Frau Dornberg zu erklären.

“Die erste Phase ist die *Phase der Vorahnung*. Hier macht sich eventuell schon ein Gefühl in einem breit, dass etwas im Leben nicht optimal ist und man bemerkt, dass eine Veränderung ansteht. Man weiß vielleicht noch nicht genau, um was es sich genau handelt, aber das komische Gefühl existiert bereits.

Phase Nr. 2 ist dann die Situation, in der das *Schockerlebnis* wirklich eintritt. Das, was man eventuell schon geahnt hat, wird auf einen Schlag offensichtlich. Manchmal kann ein Schockerlebnis im Leben auch ohne Vorahnung eintreten, das ist ebenfalls möglich. Aber die Phasen nach einem Schock oder Trauma laufen immer identisch ab.

Das bedeutet, dass in der Phase 3, welche man die *Phase der Verleugnung* nennt, etwas sehr Kurioses passiert. Man stemmt sich sozusagen gegen den Schock, möchte es nicht wahrhaben, lenkt sich vielleicht auch ab, macht sich und anderen etwas vor und erzielt dann eine vielleicht auch eine kurzfristige Verbesserung der Situation oder auch des Gefühls dazu.

Dennoch macht es das Schockereignis nicht ungeschehen. Die Veränderung ist nicht aufzuhalten und somit geht die Kurve wieder nach unten bis zu dem Punkt an dem der Mensch quasi gezwungen wird, einsichtig zu werden.

Das ist dann die 4. Phase. Die *Phase der rationalen Einsicht*. Jetzt ist auf der logischen sachlichen Ebene klar, dass eine Veränderung erfolgen muss und man dieser nicht mehr ausweichen kann, wenn es wieder aufwärts gehen soll. Allerdings ist das noch nicht ganz der Punkt, an dem wirklich eine Veränderung stattfinden kann. Der Mensch muss zuerst den tiefsten Punkt erreichen. Das ist Phase 5. Die *Phase der emotionalen Akzeptanz*. Erst wenn er dieses tiefe Tal durchschritten hat und alle Emotionen des Schockerlebnisses zugelassen hat, kann er es loslassen und sich neu orientieren.

Es kommt zu Phase 6, in der man neue Dinge ausprobiert. In dieser sogenannten *Phase des Ausprobierens* geht es schon wieder richtig nach oben, zeitweilig noch mit ein paar kleinen Schwankungen, denn nicht alles, was man neu ausprobiert, wird einem gelingen und zu einem passen. Daher kann es auch in dieser Phase noch ein kleines Auf und Ab geben.

Wichtig ist jedoch, dass man hier nicht aufhört, Neues auszuprobieren. Denn nur so kommt man in die Phase 7, die *Phase der Erkenntnisse und der Integration.* Nur so kann Wachstum stattfinden.

Ihre Frage, ob das dann so bleibt, Herr Herter, ist insofern sehr bedeutend, da die meisten Unternehmer hier in die Falle tappen."

Dann blätterte Frau Dornberg den Flipchart-Bogen um, und begann erneut eine Kurve zu zeichnen.

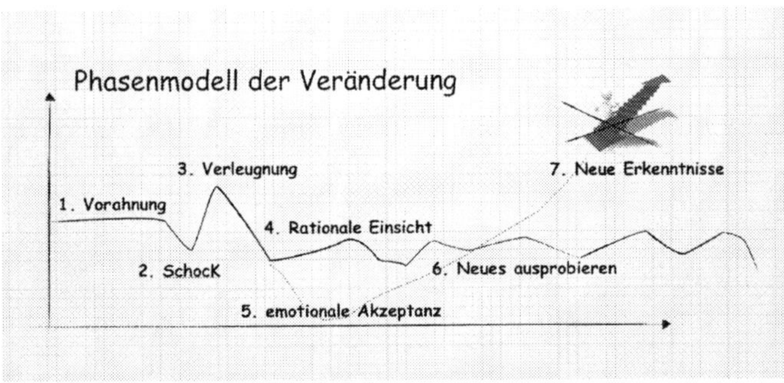

Quelle: Q8 – Success & Living ©

„Die Falle sieht wie folgt aus", fuhr sie fort. „Sie sehen, dass hier in dieser Zeichnung bis zur Phase 4 alles beim Gleichen wie in der ersten Zeichnung bleibt. Gefährlich wird es hier in dieser *Phase der rationalen Einsicht* aber dann, wenn versucht wird, die Abkürzung zu nehmen.

Das bedeutet, viele Menschen und Unternehmer verpassen es oder versuchen zu vermeiden, durch die Phase 5 *Emotionale Akzeptanz* zu gehen. Sie mogeln sich vielleicht auch daran vorbei. Stattdessen versuchen sie, gleich zur Phase 6 *des Ausprobierens* überzugehen, und bleiben dann aber bei mittelmäßigen bis zweitklassigen und nicht wirklich neuen Ideen stecken. Sie erreichen so niemals eine wirkliche Veränderung und somit auch kein neues Wachstum für ihr Unternehmen.

Die große Gefahr ist hier wirklich, sich auf eine Endlosschleife zu begeben. Denn dadurch, dass man es auf einer emotionalen Ebene nicht akzeptiert hat, dass man etwas Entscheidendes im Leben oder Unternehmen ändern müsste, um andere Ergebnisse zu erzielen, wird sich auch nicht wirklich etwas ändern. Diese Menschen machen sich eigentlich nur etwas vor. Vielleicht kennen Sie solche Menschen auch. Man denkt eigentlich, dass das Leben sie förmlich dazu zwingt, hinzuschauen und etwas zu verändern. Aber, weil sie in Wirklichkeit Angst davor haben, das tiefe Tal der Tränen zu durchschreiten oder es für sie vielleicht auch eine persönliche Bankrotterklärung oder Zeichen von Schwäche wäre, auch den emotionalen Teil des Prozesses zu akzeptieren, ändern sie sich nicht und laufen im selben Muster weiter. Oftmals sogar ein Leben lang.

In Unternehmen ist das genau dasselbe, wobei hier die Möglichkeiten der Unbegrenztheit natürlich eingeschränkt sind. Der Markt reguliert dies hier von selbst und oftmals überleben solche Firmen auf Dauer nicht. Vor allem die Stufen unterhalb GRÜN tun sich sehr schwer damit. Vielleicht erinnern Sie sich auch noch an den Tag, an dem Sie innerlich erkannt haben, dass Sie in einer Krise stecken. Es ist aber im Leben und in jedem Unternehmen von entscheidender Wichtigkeit dafür zu sorgen, die Phase 5 komplett bis nach ganz unten zu durchschreiten.

Man muss die negativen Emotionen der Krise zulassen. Danach aber eben auch die positiven Emotionen fühlen, so wie Sie, Herr Herter, es gerade erleben. Und wenn es aufwärts geht, ist es wichtig, diese Emotionen auch zu verankern. *'Damit das wirklich auch so bleibt',* wie Sie so schön sagen. Wie das Verankern geht, zeige ich Ihnen und wir machen nachher noch 1-2 Übungen. Dann wird das sicherlich so bleiben und sich in ein paar Wochen vielleicht sogar noch deutlich positiver verstärken", sagte Frau Dornberg.

Frau und Herr Dornberg lächelten sich dabei an, und man konnte den beiden ansehen, dass dieses *„vielleicht"* auch ein *„na wart' mal ab, Du wirst noch Augen machen"* bedeuten konnte.

„Was mir jetzt noch nicht ganz klar geworden ist, ist, was wir denn mit den Informationen betreffend Herrn Horn machen", wollte Paul noch wissen.

Frau Dornberg erklärte: „Hier können Sie Folgendes tun. Als Erstes rate ich Ihnen dazu, im Betrieb zu überprüfen, ob die aufgestellte Szene von heute genau so oder so ähnlich den Tatsachen entspricht. Wenn ja, ist zu überlegen, wie man am besten darauf reagiert. Vielleicht ist es ausreichend ein Gespräch mit Herrn Horn zu führen. Vielleicht wäre aber auch zusätzlich ein Coaching das Richtige für ihn. Wenn beides nicht auf Gehör stößt, sollten Sie über eine alternative Besetzung auf diesem Posten nachdenken.

Für Ihre Marketing-Planung waren die Informationen heute auch von großer Bedeutung. Ich denke, ein richtig guter Event, der speziell das Ziel der Kundenrückgewinnung hat, wäre hier wohl die richtige Strategie. Und zuletzt sollten Sie sich überlegen, welches Führungsinstrument Sie in Ihrem Unternehmen ändern können, damit Ihre Belegschaft in Zukunft eine Alternative hat, um auf empfundene oder echte Ungerechtigkeit noch anders reagieren zu können als mit Leistungsverweigerung."

Paul schnaufte laut durch: „Puh - so langsam wird mir erst klar, was meine wirklichen Aufgaben als Unternehmer sind, jetzt nachdem die Firma so gewachsen ist.

Und mir wird klar, wie fahrlässig das alles im Moment vernachlässigt wird. Aber wie gehe ich denn jetzt genau vor? Das heißt doch, dass ich eine Marketing-Agentur und einen Coach benötige, richtig? Wo und wie finde ich diese? Haben Sie eine Empfehlung?"

„Mehrere hundert, wenn Sie wollen, das wird Ihnen aber wenig nützen", antwortete Herr Dornberg und fuhr fort: „Und ich sage Ihnen auch warum. Erstens: Die Arbeit eines Coachs können Sie noch nicht beurteilen, weil Sie keine Erfahrung haben. Zweitens: Keine Marketingagentur kann Kunden für Sie zurückgewinnen. Und zwar aus dem einfachen Grund, dass es nicht deren Kunden sind, sondern die Ihren. Wenn Sie Ihre Frau so langsam verlieren würden, was denken Sie, wie effektiv wäre es, wenn Sie mich darum bäten, ein gutes Wort für Sie einzulegen? Und selbst wenn ich mitkommen würde und wir zu zweit auf Ihre Frau einreden würden, denken Sie, dass das bei ihr besonders gut ankommen würde?"

„Ja, aber ich hab ja gar keine Erfahrung mit all dem. Irgendjemand muss ich ja fragen", entgegnete Paul.

„Sollen Sie ja auch" fuhr nun Frau Dornberg fort. „Allerdings hilft Ihnen da keine Marketing-Agentur, sondern wirklich eher ein Coach. Es kommt sehr darauf an, dass der Inhalt stimmig ist und genau zu Ihnen passt. Wenn der Inhalt genau definiert und auf Sie zugeschnitten ist, ist automatisch auch sichergestellt, dass Sie den Inhalt auch genau so rüberbringen können. Und dann können Sie eine Marketing-, Event- oder Werbeagentur damit beauftragen, das Ganze zusätzlich noch schön zu verpacken. Mehr nicht."

„Toll, das heißt ja, ich kann eigentlich gar nichts machen. Denn einen Coach kann ich ja anscheinend nicht beurteilen, und somit sind mir ja komplett die Hände gebunden", antwortete Paul ein wenig frustriert.

„Um Coaches beurteilen zu können, brauchen Sie einfach eine gewisse Erfahrung in diesem Bereich, wie überall sonst auch.

Jeder Unternehmer ist in der Regel Spezialist auf seinem Gebiet, weil er da viel Erfahrung hat und sich laufend damit beschäftigt", kam die ruhige und sehr souveräne Antwort von Frau Dornberg.

Und Herr Dornberg ergänzte die Aussage seiner Frau: „Wie viel Erfahrung haben Sie in der Herstellung von Alu-Profilen?"

„Wie meinen Sie das?", fragte Paul.

„Na genau so, wie ich die Frage gestellt habe. Wie viel Erfahrung haben Sie mit der Herstellung von Alu-Profilen?", wiederholte Herr Dornberg.

Paul war inzwischen sehr vorsichtig mit seinen Antworten. Er wusste ja, dass er da manchmal ganz schön aus der Reserve gelockt wurde.

„Na, eine ganze Menge Erfahrung, würde ich behaupten. Alles in allem fast 15 Jahre Erfahrung", war schlussendlich seine selbstbewusste Antwort.

Prompt kam die Retoure von Frau Dornberg: „Okay - und was tun Sie, damit Sie auf Ihrem Gebiet up to date bleiben?"

Auch hier war Paul nicht um eine Antwort verlegen: „Ich bilde mich regelmäßig weiter. Ich besuche Messen, rede mit Kollegen, und so weiter."

Kaum ausgesprochen, richtete er sich aber schon irgendwie darauf ein, dass auch gleich wieder eine Retourkutsche von den Dornbergs kommen würde. Das war zwar in den Augenblicken dann nicht wirklich angenehm, hatte aber wirklich einen sehr hohen Lerneffekt bei Paul.

Herr Dornberg schaffte es mit seiner provokanten Art immer wieder, ihn aus der Reserve zu locken und ihn zum Nachdenken anzuregen. Deshalb erwartete er diese Retourkutsche inzwischen fast schon mit einer gewissen Neugier. Dass Dornbergs Frau ihn in ähnlicher Weise provozierte, fand er irgendwie faszinierend.

„Dann sind Sie ja ein richtiger Spezialist", war nun Frau Dornbergs nächste Fangfrage und Paul merkte, dass das Ehepaar ein eingespieltes Team war. Die Beiden beherrschten es perfekt, den Dingen durch abwechselnde Fragen auf den Grund zu kommen.

„Ja, das kann ich durchaus von mir behaupten“, ließ sich Paul weiter auf das Spielchen ein.“

„Letzte Woche hatten wir einen Spezialisten für Zen-Gärten hier“, antwortete nun wieder Herr Dornberg. „Der Trottel hat bei der Installation meines neuen Office-Programms meinen ganzen Rechner geschrottet. Jetzt habe ich endgültig die Nase voll, und nächste Woche kommt nun unser alter Gärtner wieder. Mit dem haben wir bessere Erfahrungen gemacht. Der hatte beim letzten Mal auch die DSL-Internet Verbindung wieder ins Laufen gebracht.“

Christine musste laut hinaus lachen, aber Paul stand noch immer ein wenig auf dem Schlauch.

„Mein Schatz“, meldete sich nun Christine zu Wort, „die Dornbergs meinen, dass wir uns viel zu sehr um das falsche Know-how kümmern. Wir sollten uns viel mehr darum kümmern, dass wir uns in den Bereichen fortbilden sollten, in denen uns Know-how fehlt. Zum Beispiel im Bereich Coaching und Führung. Dann können wir entweder selbst viel besser coachen und führen, wie jetzt im Fall Horn, oder wir sehen den Bedarf viel besser und können dann genau beurteilen, wen wir wofür brauchen, und was wir von demjenigen erwarten können. Stimmt das so, Herr Dornberg?“

„Jetzt ist der Groschen gefallen, und zwar gleich zwei Mal. Haben Sie das bemerkt?“, fragte Herr Dornberg.

Jetzt war selbst Christine etwas verdutzt und fragte: „Was meinen Sie mit zwei Mal?“

Frau Dornberg, die direkt neben Christine saß, legte ihre Hände vorsichtig auf die von Christine und bemerkte mit einer ganz sanften Stimme: „Sie haben das wunderbar verstanden und zusammengefasst. Das war der erste Groschen. Und Sie haben zum ersten Mal das Wort *'wir'* benutzt, und zwar gleich sieben Mal in Ihrem Satz. Ich glaube, wir werden bald eine geeignete Stelle für die neue Mitarbeiterin, die sich gerade vorgestellt hat, in Ihrem Unternehmen einrichten müssen, Herr Herter.“ Frau Dornberg schaute Paul und Christine dabei lachend und durchdringend an.

Was war das wieder für ein Tag. Die Ereignisse schienen sich mal wieder völlig zu überschlagen. Paul und Christine spürten sofort, dass hinter dem Gedanken, den Frau Dornberg gerade ausgesprochen hatte, nämlich eine Möglichkeit zu finden Christine mit ins Unternehmen zu nehmen, so viel Lebensqualität für sie beide stecken könnte.

Christine hatte ein unglaublich tolles Gespür für die ganzen Geschäftsabläufe, obwohl sie völlig fachfremd war. Paul erzählte immer abendelang von den Problemen im Unternehmen, und Christine hatte immer tolle Ansätze für Lösungen gehabt.

Warum waren sie nicht schon viel eher darauf gekommen, diese Gespräche tagsüber zu führen und die Abende als Familie zu nutzen? Im Moment vergeudeten Sie am Abend wirklich wertvolle Familienzeit mit der Diskussion der Herausforderungen des Unternehmens. Vermutlich war dies immer noch so, weil sie keinen definierten Aufgabenbereich für Christine gesehen hatten. Aber genau über solch einen Aufgabenbereich wollten sie jetzt umgehend nachdenken und diesen so schnell wie möglich installieren.

„Gut, dann hätten wir das auch“, unterbrach Herr Dornberg im üblichen Tempo Pauls und Christines Gedanken. Er malte dabei einen großen Haken auf sein Blatt. Es schien, als ob er eine Checkliste vorliegen hatte, die er endlich mit der letzten Eintragung vervollständigen konnte.

„Weitere Fragen?“, forderte er Paul auf.

„Wie bekomme ich Erfahrungen mit Coaches oder Coaching? Wo fange ich da an?“, fragte Paul.

„Indem Sie einfach mit Coaches arbeiten. Und ich meine damit, dass Sie erst mal selbst mit Coaches arbeiten sollten, nicht Ihre Mitarbeiter. Das kann dann in einem zweiten Stepp passieren, aber erst, wenn Sie selbst etwas an sich verändert haben. Viele Unternehmer holen sich Coaches, um ihre Mitarbeiter flott zu machen. Das scheitert natürlich in den meisten Fällen. Sie erinnern sich ja sicherlich. Das hatten wir im Kapitel *'Unsere Firma stinkt am Kopf nach Fisch'* besprochen. Eine weitere Möglichkeit wäre, dass Sie selbst zum Coach werden. Und das ist im Übrigen eine der besten Empfehlungen, die ich Ihnen geben kann."

„Aber das dauert ja ewig", entgegnete Paul. „Gute Coaches brauchen doch jede Menge an Erfahrung und Weiterbildung."

Herr Dornberg entgegnete: „Klar, professionelle Coaches müssen sich in vielen verschiedenen Bereichen zurechtfinden können. Aber Sie haben es ja in der Regel mit fast immer der gleichen Mitarbeiter-Mannschaft und einem ähnlichen Kundentyp zu tun. Außerdem brauchen Sie nicht alle Coaching-Aufgaben im Unternehmen immer alleine durchzuführen. Und erstens werden Sie sich ganz enorm selbst weiterentwickeln, zweitens werden Sie eine ganz andere Qualität des Führens erlernen, und drittens können Sie sehr genau beurteilen, wen Sie dann als Coach eventuell bräuchten. Das hatten wir ja bereits. Ihre neue Mitarbeiterin hatte das vorher so schön zusammengefasst", antwortete Dornberg, nickte dabei Christine zu und fuhr dann gleich wieder fort: „Die zweite Alternative ist, dass Sie in der Unternehmer-Schule in eine Mastermind-Gruppe aufgenommen werden."

Dabei wedelte er mit einem Blatt Papier, welches er Paul vorlegte und sagte: „Hier ist ein Antragsformular. Über diese Möglichkeit hatten wir ja letztes Mal schon gesprochen."

Paul steckte den Antrag gleich ein und merkte an, dass er diesen sofort am nächsten Tag ausfüllen und abschicken würde.

„Wenn ich nicht aufgenommen werden sollte, könnte ich dann nicht Sie als Coach buchen, Frau Dornberg?“, blickte er fragend. „Sie machen doch genau das, was ich im Moment bräuchte, Coaching und Marketing.“

„Netter Versuch, Herr Herter“, antwortete Frau Dornberg. „Und das wäre für Ihre aktuelle Lage auch eine Interimslösung. Aber wenn Sie wirklich nur an dieser Interimslösung interessiert sind, dann helfe ich Ihnen gerne mit 2 oder 3 Empfehlungen aus. Mein Mann und ich arbeiten nur mit Unternehmern zusammen, die den TÜRKISen Weg gehen wollen.“

Plötzlich wurde Paul und Christine klar, dass das hier nicht nur etwas faszinierendes Neues für sie war, sondern dass dieser Weg, den ihnen das Ehepaar Dornberg aufzeigte, wirklich etwas Lebensveränderndes für sie bedeuten könnte und sie auch keinesfalls nur eine Interimslösung wollten. Und ohne darüber sprechen zu müssen, war ihnen klar, dass sie diesen Weg auf jeden Fall einschlagen und ausprobieren mussten.

Zeige mir Deine Farbe, und sage dir wer du bist. Teil 2

„Ich wollte Ihnen noch ein paar Übungen zeigen, wie Sie das gute Gefühl bezüglich Ihres Großvaters aufrechterhalten können. Haben Sie Lust?“, fragte Frau Dornberg und schaute dabei Paul an.

Die Frage war eigentlich überflüssig, aber Paul nutzte seine Antwort als Gelegenheit, um seine Begeisterung und Dankbarkeit für die gemeinsame Arbeit auszudrücken. „Ja, wirklich sehr, sehr gerne“, sagte er.

„Dann kommen Sie doch bitte mit“, forderte Frau Dornberg Paul auf, und zu Christine gewandt sagte sie: „Wenn Sie möchten, können Sie uns gerne begleiten, Frau Herter.“

Sie gingen zurück ins Arbeitszimmer und Frau Dornberg öffnete eine Doppeltüre an einem Einbauschrank, welcher flächenbündig in einer Nische eingebaut war. Hinter den Türen kam ein Glasregal zum Vorschein in dem über 100 meist zweifarbige Flaschen standen. Jede Flasche war ungefähr 8 Zentimeter hoch und 6 Zentimeter breit war. Die Flaschen schienen eine farbige Wasser- und Ölmischung zu enthalten.

Hinter den Flaschen befand sich eine satinierte Glaswand und dahinter Leuchtstoffröhren. Als Frau Dornberg diese anknipste, erstrahlten und leuchteten die Flaschen noch intensiver in allen Farben. Es war ein beeindruckender Anblick. Christine und Paul hatten so etwas noch nie zuvor gesehen.

Frau Dornberg begann zu erklären: „Ich möchte Ihnen meine sogenannten Juwelen, das *Aura-Soma Farbsystem*[11], vorstellen. Haben Sie davon schon einmal etwas gehört?", fragte sie.

Paul und Christine schüttelten stumm den Kopf, worauf Frau Dornberg mit ihrer Erklärung fortfuhr: *‚Aura'* bedeutet Licht – und *‚Soma'* steht für Körper. Das *Aura-Soma Farbsystem* hat sich in meiner Praxis als Baustein für die ganzheitliche Persönlichkeitsentwicklung sehr positiv bewährt. Farben als Entschlüsselung des Persönlichkeitscodes lassen Talente und Möglichkeiten erkennen, loten Stärken und Potenziale aus und wecken Flexibilität und Kreativität. Aura-Soma eröffnet uns hier Möglichkeiten, die wir oft nie für möglich gehalten hätten.

Das spannende an diesem System ist, dass es nicht nur ein Barometer körperlicher und emotionaler Zustände ist, sondern es informiert auch über vergangene, gegenwärtige und zukünftige Ereignisse. Man könnte es auch so formulieren, dass das *Aura-Soma Farbsystem* eine ganzheitliche Methode zur Selbsterkenntnis, für erhöhtes Wohlbefinden, Harmonisierung und Bewusstseinsentwicklung ist.

Ich erfahre in meiner Arbeit oft viel von den Menschen durch deren Erzählungen. Wenn der Mensch es aber erlaubt, dann gibt uns dieses System, ähnlich wie die Radionik, jedoch noch einen tieferen Einblick in seine Seele, was oft elementar wichtig ist, um an den wirklichen Kern eines Problems oder Themas zu kommen. Oft ist einem das ja nicht wirklich bewusst, sonst hätte man es ja bereits geändert.

Jede der Flaschen trägt eine eigene Farbbotschaft und spiegelt die entsprechenden Lebensthemen wider. Die individuell nach Farbvorliebe ausgewählten Equilibrium Flaschen zeigen also Merkmale der Persönlichkeit auf und weisen darauf hin, wo ein Mensch mit sich selbst steht.

Durch die Sprache der Farben und durch die Übersetzung der Bedeutung der Farben erfahren wir, wer wir sind und was uns hilft, unsere Potenziale zu stärken. Aura-Soma erlaubt dem Höheren Bewusstsein die dem Unwohlsein zugrunde liegenden Ursachen, seien diese im mentalen oder emotionalen Bereich gelagert, in Beziehungen oder im Beruf, etc. anzusprechen.

Dem Bewusstsein des Menschen wird ermöglicht, tiefe Lebensmuster zu erkennen und zu überwinden. Aura-Soma bringt den Menschen wieder in Kontakt mit sich selbst und unterstützt ihn bei seiner Selbstverwirklichung im täglichen Leben und ebenfalls bei der Erkennung und Auflösung von Verhaltensmustern und Blockaden auf eine sanfte und angenehme Weise. Aura Soma ist also im Prinzip ein Spiegel unserer Seele.

Frau Dornberg rückte nun einen Sessel zurecht und wies Paul an: „Bitte setzen Sie sich hier vor die Flaschen. Ich möchte Ihnen nun, mithilfe dieser Flaschen, die Gelegenheit geben, mit Ihrer Seele in Kommunikation zu treten. Denn sie weiß von einer höheren Warte aus, was am besten für Sie ist. Durch ein Aura-Soma Reading können wir tiefere Einblicke diesbezüglich erhalten.

Und das geht folgendermaßen: Sie wählen selbst aus den verschiedenen Farbflaschen 4 Flaschen für sich aus, die Sie im Moment am meisten ansprechen. Vicky Wall[12], die Begründerin dieses Farbsystems, hat diese 4-Flaschen Auswahl auch passenderweise *‚Die Reise der Seele durch die Zeit'* genannt, und beschrieb den Vorgang folgendermaßen: *‚Du bist die Farbe, die du wählst, und diese spiegelt die Bedürfnisse deines Inneren wider'.*"

Frau Dornberg war sichtlich berührt als sie diese Sätze zitierte und sie machte danach eine kleine, fast andächtige Pause, bevor sie weitersprach: „Wie Sie vielleicht wissen, gehört die Anwendung von Farbe ja mit zu den ältesten Formen der Heilbehandlung, und archäologische Funde dokumentieren die Bedeutung des Zusammenhangs von Lebenskraft und Farben bereits vor 10000 Jahren. Auch in Ägypten und allen alten Hochkulturen wurde die Farbe therapeutisch eingesetzt, und sowohl körperliche als auch psychische Leiden behandelte man mit Farben.

Jede dieser Flaschen hier hat zwei Fraktionen. Sie enthalten eine ausgewogene Komposition aus einer öligen und einer wässrigen Phase, angereichert mit Pflanzenfarben, ätherischen Ölen und Edelsteinen. Equilibrium, wie man diese Farbessenzen heute nennt, verbindet im Prinzip die Traditionen der Farbheilung, die in den Tempeln des alten Ägyptens, Griechenlands, Chinas und Indiens ausgeübt wurde, mit pflanzlichen Extrakten und ätherischen Ölen in Kombination mit Kristall- und Mineralenergien.

Paul und Christine hörten wie gebannt den Ausführungen zu. Das hörte sich alles sehr spannend an, auch wenn es völlig neu für die beiden war und Paul sich auch nach wie vor etwas schwertat, so etwas in ein paar bunten Flaschen, in denen ein zweifarbiges Öl und Wasser-Gemisch enthalten war, sehen zu können.

Er unterbrach Frau Dornberg in ihren Ausführungen und fragte: „Hat das ganze Farb-System hier denn etwas mit den Farben zu tun, über die Ihr Mann schon mit mir gesprochen hat? Ich dachte das hätte einen anderen Namen gehabt?"

Frau Dornberg lächelte verständnisvoll, nickte dabei und antwortete: „Nein, dieses System ist nicht zu verwechseln mit den Farben, welche Sie in dem von Beck und Cowan entwickelten Modell *Spiral Dynamics*, welches auf der Ebenentheorie der

Persönlichkeitsentwicklung von Clare Graves aufbaut, kennengelernt haben. Das hat miteinander nichts zu tun, und auch die Farben haben andere Bedeutungen. Manche Übereinstimmung gibt es zwar, aber ich denke, eher nur zufällig. Aber ich möchte Sie auch nicht mit Hintergrundfakten langweilen. Sie möchten nun sicher Ihre Flaschen auswählen."

„Nein, nein," antwortete Christine, „erzählen Sie weiter. Das klingt unglaublich spannend und faszinierend."

Und Paul fügte hinzu: „Ja, ich habe zwar schon etwas gelernt, mehr auf meine Gefühle und Empfindungen zu hören, aber dennoch hört ein Teil in mir auch nach wie vor gerne Daten und Fakten zu einem Thema, um mir ein stimmiges Gesamtbild machen zu können. Ist wahrscheinlich mein BLAU/ORANGER Anteil". Er sagte dies fast mit einem entschuldigenden Unterton.

Frau Dornberg ging nun zu dem Regal und nahm ein Buch heraus, das ganz unten neben der letzten Flasche im Regal lag. Darauf war das Bild einer älteren, weißhaarigen, sehr sympathischen Dame zu sehen.

Sie deutete darauf und erzählte weiter: „Das *Aura-Soma Farbsystem* wurde in den 80 er Jahren von Vicky Wall, einer Apothekerin und Therapeutin aus England entwickelt. Ihren Namen hatte ich ja bereits schon erwähnt. Ihr Vater war einer der großen Kabbalisten des 20. Jahrhunderts und bereits seit frühester Kindheit kam sie durch ihn mit alternativen Heilmethoden in Berührung. Stationen ihres Weges waren später eine Apotheke der alten Schule, in der sie noch selbst Präparate von Hand und nach Rezeptur herstellte, und eine eigene Praxis für medizinische Fußpflege. Wegen ihrer fortschreitenden Erblindung musste sie sich vorzeitig aus dem aktiven Berufsleben zurückziehen. Im Alter von 66 Jahren, kurz vor ihrem wohlverdienten Ruhestand, erblindete sie vollständig.

Ihre Fähigkeit die menschliche Aura zu sehen, die sie seit ihrer frühesten Kindheit hatte, ging jedoch nicht verloren. Sie konnte nach wie vor die farblichen Umrisse eines Menschen, die wahre Aura wie sie es nannte, erkennen. Nachdem sie die tiefste Verzweiflung über diesen Schicksalsschlag des Erblindens überwunden hatte, stellte sie, nach mehreren Visionen, die sie hatte, eines nachts in ihrem Labor zuhause die ersten sogenannten *‚Balance-Flaschen'* her, und zwar auf einer Wasser-Öl Basis mit natürlichen Mineralien und Pflanzenessenzen.

Zu Anfang kannte sie selbst noch nicht die tiefere Bedeutung, die in diesen teils zweifarbigen Flaschen, sie nannte sie liebevoll *‚meine Juwelen'*, steckte. Sie sprach von dieser Nacht, in der *‚Balance geboren wurde'*, davon, dass sie ‚den Impuls spürte, aufstehen zu müssen, um in ihr Labor zu gehen'.

Danach schreibt sie in ihrer Biografie weiter: *„Alles was ich weiß, ist, dass andere Hände meine geführt haben"*. Am nächsten Morgen standen einige bunte Flaschen auf dem Frühstückstisch, deren Bedeutung und Sinn sie nicht erklären konnte. Erst nach und nach hatte sich gezeigt, dass es bei den Balance-Ölen um weit mehr geht, als um einfache Farbpflegeöle, welche aus natürlichen Pflanzen-, Mineralien-Extrakten, Ölen und Wasser bestand.

Vicky Wall stellte die bunten Flaschen in ihrem Therapieraum auf. Sie arbeitete trotz ihrer Erblindung mit einer Freundin in einer Gemeinschaftspraxis, welche sie im eigenen Zuhause eingerichtet hatten, weiter. Ihre Patienten reflektierten sehr stark auf die bunten Flaschen und Vicky Wall erkannte durch ihre Aura-Sichtigkeit einen Zusammenhang der Flasche, von der sich ein Patient angezogen fühlte, und dessen Aura-Farbe.

Da sie oft auch mit den Problemen und Lebensthemen ihrer Patienten vertraut war, konnte sie die Bedeutung der Flaschen immer mehr entschlüsseln, den Farbcode encodieren und die Bedeutung quasi übersetzen. Es zeigte sich, dass die Menschen immer auf genau die Farben reflektierten, welche in ihrer Aura und ihren Chakren ‚ausgelaugt' waren. Durch Überbeanspruchung in einem bestimmten Bereich des menschlichen Energie-Felds, der Chakren, war ein Ungleichgewicht entstanden. Das war auch der Grund dafür, dass sie ihre Flaschen dann auch anfangs Balance-Öle nannte, weil diese, körperlich angewendet, die Balance in den einzelnen Chakren und somit im ganzen Energie-System des Menschen nach und nach wiederherstellten.

Jedes Chakra ist ja für eine bestimmte Körperregion verantwortlich. Durch das Auftragen der Farböle, deren Wellenlänge der Schlüssel zu dem bedürftigen Chakra ist, wird die geschwächte Wellenlänge gestärkt. Ein schönes Bild, könnte der Vergleich der Chakren mit einem Radiosender sein. Ist die Frequenz des Radiosenders am Gerät nicht richtig eingestellt, ist schlechter oder gar kein Empfang die Folge. Stellen wir die wieder exakt ein, können wir wieder 100%ig empfangen.

Die Chakren sind ein Schleusensystem, durch das wir Energie aufnehmen, aber auch unser System „entmüllen". Muster und Blockaden sitzen in den Chakren, und darum ist eine Unterstützung auf körperlicher Ebene so wichtig, um diese für immer loszuwerden. Die Wirkung der Farböle geht über Haut, Lymphe und dann ins Blut in den jeweiligen Bereich des Körpers.

Aura-Soma ist also ein Hilfsmittel, um energetische Blockaden auf körperlicher und seelischer Ebene aufzulösen. Und das Schöne dabei ist, dass Aura-Soma so einfach in der Anwendung ist. Sie kennen ja unser Motto: *von der Einfachheit zur Genialität.*"

Frau Dornberg atmete tief durch und lächelte Paul und Christine an. „Lust auf eine *‚Reise der Seele durch die Zeit*?", fragte sie.

„Unbedingt, meine BLAU/ORANGEN Anteile sind mehr als zufriedengestellt", war Pauls Antwort. Er war nun richtig neugierig geworden.

Frau Dornberg erklärte weiter: „Stellen Sie sich nun bitte vor, Sie müssten jetzt für eine lange Zeit auf eine einsame Insel und Sie dürften nur 4 dieser Flaschen mitnehmen. Schauen Sie sich diese Flaschen in Ruhe an. Gehen Sie ganz nach Gefühl oder nach dem ersten Gedanken, der auftaucht, und suchen Sie bitte nacheinander 4 Flaschen aus. Wenn Sie eine Flasche für sich gefunden haben, dann fassen Sie die Flasche bitte ausschließlich hier oben am Verschluss an, und stellen Sie diese dann vor sich auf dem Tischchen hier ab. Lassen Sie sich Zeit, und lassen Sie sich von uns auch nicht stören."

Pauls Blick schweifte durch die Regale und er hatte wirklich Mühe, sich hier für 4 Flaschen zu entscheiden. Irgendwie hatte jede Flasche ihre ganz eigene Schönheit. Manche Flasche stach im direkt ins Auge.

Beim zweiten und dritten Durchsehen begann er auf einmal für manche Flaschen eine Begeisterung zu empfinden. Manche Flaschen begannen ihn aber sogar richtig abzustoßen. Schließlich entschied er sich nach und nach für jeweils eine Flasche, und hatte so am Schluss 4 Flaschen vor sich stehen.

Frau Dornberg erklärte Paul nun, dass die ersten beiden Flaschen für seine *‚Seelenaufgabe'* und seine mitgebrachten *‚Talente und Herausforderungen'* in diesem Leben stünden und sogenannte *‚Vergangenheitsflaschen'* seinen.

Die dritte und vierte Flasche stünden für das *‚Hier und Jetzt'* und inwieweit die Seelenaufgabe bereits verwirklicht war und für einen *‚Ausblick in die Zukunft'* beziehungsweise dafür, was man heute schon dafür tun könne, um einem Ziel näher zu kommen.

Paul war tief beeindruckt von dem was er nun in dem Reading, aufgrund von 4 farbigen Flaschen, die vor ihm standen, von Frau Dornberg alles zu hören bekam. Gut, vielleicht hatte ihr Mann einiges über ihn erzählt – aber dennoch gab es so viele Dinge, welche sie in dem Reading erwähnte, die ihn innerlich beschäftigten und auch Charakterzüge, die Herr Dornberg und somit auch dessen Frau eigentlich nicht kennen konnte.

Frau Dornberg schaute am Schluss des Readings nun nochmals auf die Reihe der 4 Flaschen. Sie fasste nun die zweite

Flasche der Auswahl vorsichtig am Verschluss und schob sie etwas nach vorne.

Den Blick auf diese Flasche gerichtet sagte sie: „Jetzt möchte ich Ihnen aber noch etwas zu dieser Flasche, die sie als zweite gewählt haben, sagen. Denn die zweite Flasche hat in einem Reading immer eine ganz besondere Bedeutung, da sie ja, wie bereits erwähnt, für die *‚Talente und Herausforderungen'* im Leben steht. Sie ist somit also auch das Trittbrett zur Verwirklichung der ersten Flasche. Der Weg und Türöffner zu Ihrer Seelenflasche, also im Prinzip zur Berufung in ihrem Leben. Talente sind oft im Leben als Herausforderungen eingepackt. Oft macht man sich nicht die Mühe, diese Geschenke auszupacken, und versucht sie lieber zu umgehen und zu vermeiden.

Aber nur indem wir diese ‚scheinbaren' Herausforderungen angehen, können wir darin unsere tiefst verborgenen Talente entdecken und so zu unserer Berufung finden.

In Ihrem Fall steht auf der zweiten Position die B65. Alle Flaschen haben zusätzlich zu den Nummern auch einen eigenen besonderen Namen. Diese hier heißt: *‚Den Kopf im Himmel und die Füße auf der Erde'*. Es ist eine Flasche, die für eine Veränderung steht, für einen Transformationsprozess. Man könnte auch sagen das wahre Ich, das *‚Ich bin'* des Menschen, kommt auf die Welt.

Wie ich Ihnen schon gesagt habe, zeigt diese Flasche, dass Sie ein Mensch sind, der erst überlegt, bevor er seine Energie in Handlungen einfließen lässt. Ein Mensch, der weiß, wo er steht und wohin er geht. Ein Mensch, der fortschrittliche Ideen und eine sehr positive, leidenschaftliche Seite hat. Er liebt Freiheit, Moral und Stärke. Er trägt viel Kraft in sich und kann andere Menschen begeistern und auch die Kraft in denen erwecken.

Das sind die Gaben und Talente, die diese Flasche aufzeigt. Aber wo es Licht gibt, ist auch Schatten. Die Kehrseite ist, dass Sie momentan in sich noch mit Gefühlen wie Ärger, Wut und Groll kämpfen. Sie grübeln zu viel nach, was vor allen zu

Schwierigkeiten mit materiellen Dingen führt. Sie halten noch an Frustrationen fest, woraus alle möglichen geistigen und körperlichen Probleme entstehen.

Wenn Sie sich durch Autoritäten bedroht fühlen, dann bricht dieser Ärger leicht auf, wenn Sie sich gereizt fühlen. Das sind die Herausforderungen, die diese Flasche, auf der zweiten Position von Ihnen gewählt, anzeigt. Wenn diese Wut in Ihnen befreit wird, und Sie sich mit ihr auseinandersetzen, dann kann diese in etwas Konstruktives umgewandelt werden. So, dass zum Beispiel aus Reaktion Aktion wird. Sie könnten eine Inspiration für andere Menschen sein, ein Beispiel dafür, dass Spiritualität auch im Alltag gelebt werden kann.

Woher in Ihrem Fall die Wut und die Frustration stammten, haben wir ja gerade alle eindrücklich in der Aufstellung erlebt. Wenn Sie nun wollen, nehmen Sie diese Flasche mit nach Hause und reiben sich täglich mit dem Öl ein. Ich werde Ihnen noch eine schriftliche Auswertung zum gesamten Reading zukommen lassen und auch dort die Anwendung aller Flaschen ausführlich beschreiben. Wenn Sie täglich mit der Flasche arbeiten, kann es sehr schnell möglich sein, dass diese hilft, den Energiefluss im Körper wieder zu befreien. Bei Ihnen wurde dieser besonders durch das Denken behindert. Sie werden lernen, mehr und mehr auf Ihre Intuition zu hören und auf Ihren Bauch."

Frau Dornberg lächelte und ging zu einem Schaubild, das an der Wand hing, und einen menschlichen Körper und dessen Aura-Feld zeigte. Sie zeigte auf die Farben violett und rot, welche am Kopf und an den Füssen des Menschen waren und sagte: „Das sind genau die Farben, die Sie hier auch in der Flasche B65 sehen – violett und rot.

Der Kopf also im Himmel und die Füße auf dem Boden – die Mitte, also so gesehen der Bauch, Ihr Solarplexus-Chakra, im freien Fluss."

Sie zeigte jetzt auf den Bauch des ‚Energie-Menschen' auf dem Plakat. „Und so wird das auch bei Ihnen sein, Herr Herter", und sie fügte noch hinzu: „Achten Sie dann in der nächsten Zeit sehr genau auf Ihre Träume und Ihre Gedanken. Mit der Anwendung von Aura-Soma werden Blockaden und Muster sanft aus Ihrem Energiesystem geschleust. Manchmal macht sich dies in Träumen bemerkbar, oder es fallen uns Dinge ein, an die wir lange nicht gedacht haben. Indem wir uns dieser Dinge wieder bewusst werden, können wir sie verändern und loslassen."

Dies sagend gab sie Paul nun die Flasche in die Hand und Paul umklammerte diese fast liebevoll.

Mittlerweile hatte es Pauls Ego aufgegeben, ständig bei allem was die beiden Dornbergs erzählten zu hinterfragen, ob das nun Sinn machen könnte oder nicht. Stattdessen war ein tiefes Vertrauen entstanden, Dinge einfach mal stehen zu lassen und gegebenenfalls auch einfach mal auszuprobieren.

„Ich danke Ihnen sehr", sagte Paul, den Blick fest auf seine Flasche gerichtet. „Das fühlt sich sehr gut an und ich bin sehr gespannt."

Auch Christine suchte sich nun 4 Flaschen aus und war natürlich ebenso gespannt, was wohl ihre Auswertung ergeben würde.

Nachdem auch Sie dann von Frau Dornberg den Farbcode ihrer Flaschen übersetzt bekommen hatte, und sie auch einiges über sich erfahren hatte, fügte Frau Dornberg noch hinzu: „Sie sollten die Auswertung gleich behandeln, wie die Aussagen auf dem radionischen Scan über Ihr Unternehmen. Nehmen Sie die Dinge einfach einmal zur Kenntnis und beginnen Sie, darüber nachzudenken.

Auf manche Aussagen werden Sie mehr reflektieren und auf andere weniger. Aber das macht nichts. Lassen Sie es einfach mal so stehen. Lesen Sie die Auswertung, welche Sie in ein paar Tagen noch schriftlich von mir bekommen, von Zeit zu Zeit immer wieder durch.

Ganz spannend wird es dann, wenn Sie diese in einigen Monaten oder Jahren mal wieder zur Hand nehmen. Da geht einem dann in so manchem Fall ein großes Licht auf. Wie mein Mann Herrn Kierkegaard immer so schön zitiert: ‚*Wir leben unser Leben vorwärts – aber verstehen tun wir es rückwärts*'." Sie zwinkerte Christine und Paul zu.

„So und zum Abschluss machen wir jetzt noch eine Übung, die helfen wird, Ihre Intuition zu steigern."

Resümee des 3. Tages

„So jetzt haben Sie es für heute schon fast geschafft", stellte Herr Dornberg dann fest. „Kommen Sie mit. Jetzt statten wir unserer Batu-Cave-Filiale noch mal einen Besuch ab, um Ihre Intuition zu boosten."

Paul war etwas verwirrt, als Herr Dornberg sie auf die Terrasse führte. Er hatte eher damit gerechnet, dass es jetzt gemeinsam zum Golfhotel ging.

„Ich dachte, wir gehen zur Batu-Cave-Filiale?", wandte er sich fragend an Herrn Dornberg.

Prompt kam dessen lachende Antwort: „Ja, machen wir doch auch. Herr Gründorn hat hier in der Gegend schon ein ganzes Filialnetz installiert."

Ungefähr 20 Meter vom Haus entfernt, lag schräg unterhalb der Terrasse ein ähnlicher Stein wie auf dem Golfplatz. Christine wusste von dem Kraftplatz im Golfhotel bereits aus Pauls Erzählung und war schon sehr gespannt, ob auch sie irgendetwas spüren würde.

Beide setzen sich nach Anleitung von Frau Dornberg auf den Stein. Sie schlossen die Augen und Frau Dornberg begann, sie mit ruhigen Worten in einen ganz entspannten Zustand zu führen.

Mehr und mehr begannen Paul und Christine die aufsteigende Energie entlang ihrer Wirbelsäulen zu spüren, und wie diese Energie dann schlussendlich bei beiden mit diesem leichten Schauer, der über den Nacken floss, in der Mitte des Schädels am Kronen-Chakra endete.

Frau Dornberg berührte sie dann noch an verschiedenen Meridianpunkten am Kopf und noch etwas leicht benommen, aber sehr zentriert und ruhig, öffneten dann beide nach Aufforderung wieder die Augen.

Martha hatte inzwischen den Tisch auf der Terrasse den Tisch gedeckt.

“Unsere Perle hat lecker gekocht. Lassen Sie uns den schönen Abend noch etwas genießen, und wir besprechen jetzt Ihre Hausaufgaben“, übernahm Herr Dornberg wieder das Kommando. Alle vier gingen zurück zur Terrasse.

„Heute ist viel passiert. Vielleicht viel mehr, als Sie jetzt schon sehen können - aber sehr bald sehen werden“, fuhr Herr Dornberg am Tisch fort. „Sie haben sehr großes Glück, dass Sie beide auf der gleichen Wellenlänge sind. Das ist als Ehepaar nicht unbedingt alltäglich. Ich hatte bereits betont, dass es aus unserer Sicht beinahe unumgänglich ist, dass die Weiterentwicklung auf eine neue Bewusstseinsstufe wirklich nur dann gelingt, wenn beide Partner diese Veränderung mitmachen. Alleine der heutige Tag hätte vermutlich schon große Probleme mit sich gebracht, wenn Sie, Frau Herter, nur davon erzählt bekommen hätten, ohne es mitzuerleben.

Wir empfehlen Ihnen jetzt folgende Vorgehensweise, da Sie sehr schnell handeln müssen, was die Situation in Ihrem Unternehmen angeht.

Erstens: Wir machen Ihnen einen Kontakt zu einem Coach, der Sie bezüglich der Vorgehensweise in puncto Marketing, Gespräch mit Herrn Horn und Führungstools für Ihre Belegschaft berät.

Zweitens: Sie beginnen damit, das Aura-Soma Öl regelmäßig einzureiben, und Sie blockieren fixe Termine, in denen Sie gemeinsam meditieren. Hierfür werden wir Ihnen noch spezielle CDs als Begleitung empfehlen.

Drittens: Ich werde dafür sorgen, dass Ihre radionische Auswertung mit der optimalen Bewellungs-Sequenz gestartet wird. Das wird Sie sehr dabei unterstützen, dass die Marketing- und Coaching-Ergebnisse den maximalen Erfolg bringen. Der Experte wird sich bei Ihnen vorher aber noch melden.

Viertens: Sie stellen den Aufnahmeantrag bei der Unternehmer-Schule. Wenn dieser genehmigt wird, besuchen Sie ein Probeseminar und entscheiden sich dann, ob die Mastermind-Gruppe zu Ihnen passt, und ob Sie beitreten wollen.

Wenn ja, dann herzlich willkommen im Club, wenn nein, dann suchen Sie sich eine für Sie passende Plattform. Sie haben jetzt viele Einblicke erhalten und werden bestimmt einen passenden Weg finden."

Paul und Christine waren noch immer ganz euphorisch getragen von den Ereignissen des Tages und von der schicksalhaften Begegnung mit den Dornbergs an sich.

„Wir sind Ihnen unglaublich dankbar für das alles hier", ergriff Paul das Wort, „und ich spüre wirklich, dass eine große Veränderung auf uns zukommt. Was mich jedoch immer noch umtreibt, ist die Frage bezüglich meines WARUM."

„Keine Bange", sagte Frau Dornberg in ihrer beruhigenden Art. „Das WARUM kommt ganz sicher und ganz bestimmt auch zur richtigen Zeit. Klären Sie jetzt erst einmal das, was ansteht. Machen Sie Ihre Hausaufgaben."

Auf der Heimfahrt sprachen Christine und Paul kaum. Zu viele Eindrücke mussten sie jetzt verarbeiten. Eines war ihnen jedoch klar, egal was weiter passieren würde, heute hatten Sie eine neue Richtung in ihrem Leben eingeschlagen.

Kapitel 4

Frisch ans Werk

Gleich am Montag hatten Paul und Christine mit der Umsetzung der Hausaufgaben begonnen. Einen Termin, mit dem von Frau Dornberg empfohlenen Coach, konnten sie bereits für die gleiche Woche noch vereinbaren.

Der Aufnahmeantrag für die Unternehmer-Schule war auch bereits ausgefüllt, und für Freitag war ein Telefonat angesetzt mit dem Berater, der für die Radionik zuständig war.

Christine und Paul hatten sich vorgenommen, jeden Abend für 15 Minuten gemeinsam zu meditieren. Beginnen konnten sie noch nicht, weil sie noch auf die CDs warteten, welche die Dornbergs mit der Post nachschicken wollten.

Dafür begann Paul direkt schon am Montagmorgen, sich mit dem Aura Soma Öl so einzureiben, wie es in der Beschreibung stand. Was ihn allerdings irritierte, war, dass das rot-violette Öl, welches doch eigentlich auf biologischer Basis aus reinen Naturstoffen hergestellt war, dennoch an seinen Händen etwas abfärbte und sogar sein Unterhemd abends jeweils etwas rötlich gewesen war.

„Das liegt einfach daran, dass dein Körper die Essenz noch nicht zu hundert Prozent annehmen möchte. Du bist innerlich noch nicht soweit, irgendwas Bestimmtes loszulassen“, erklärte ihm Christine vorlaut dieses Phänomen. „Das steht hier in der Beschreibung von Frau Dornberg genau erklärt. Du musst weiter tüchtig einschmieren und dann wird sich das sicherlich mit der Zeit legen.“

Der Termin mit dem Coach lief richtig gut. Am Vortag hatte sich Paul mit Oliver zusammengesetzt. Der war ja so was wie die gute Seele des Unternehmens und außerdem einer der dienstältesten Mitarbeiter des Betriebs. Und es war ja auch Oliver gewesen, der ihn auf die Unterlagen aus dem Seminar ansprach. Mit ihm konnte Paul schon immer unverblümt reden.

Auf Herrn Horn angesprochen, bestätigte Oliver, dass sich das Verhältnis von der Belegschaft zu dem Meister sehr verschlechtert hätte. Oliver persönlich hatte nicht den Eindruck, dass Herr Horn sich zu sehr als Chef aufspielen würde, aber beim Rest der Belegschaft wäre dies wohl momentan die aktuelle Empfindung. Oliver meinte, dass dies auch aus den Köpfen der Mannschaft nicht so leicht raus zu kriegen wäre.

Nachdem Paul dann Herrn Krug, dem neuen Coach, die Situation und Olivers Feedback bezüglich Herrn Horn beschrieben hatte, empfahl Herr Krug, ein Gespräch zu dritt abzuhalten. Paul kam mit Herrn Horn immer gut zurecht. Daher war dieser in diesem Gespräch dann auch sehr offen und auch bestürzt über die Reaktionen, die er anscheinend im Betrieb durch sein Verhalten ausgelöst hatte. Zuerst begann er sich immer wieder zu rechtfertigen, aber Herr Krug konnte ihm sehr schnell Zusammenhänge aufzeigen, warum Führungskräfte oftmals völlig anders wahrgenommen würden als sie dies beabsichtigten. Herr Horn zeigte sich dann sehr interessiert. Paul und er beschlossen, gemeinsam mit dem Coach ein oder zwei Seminare auszusuchen, die ihm in puncto Führung noch ein paar Werkzeuge liefern konnten.

Nachmittags kam dann Christine zum Gespräch mit dem Coach dazu, um ein Konzept für einen Kundenrückgewinnungs-Event auszuarbeiten. Das Konzept bestand darin, an einem Tag Mitarbeiter und Kunden direkt zusammenzubringen, indem bei diesem Event unter anderem gemeinsame Workshops abgehalten würden. Da es sehr eilig war zu handeln, wurde die Veranstaltung bereits auf in 4 Wochen terminiert.

Am Freitag fand dann das Telefonat mit dem Spezialisten für Radionik statt. Gemeinsam besprachen er und Paul nochmals die Auswertung und die Ergebnisse, die mit dem Coach erzielt wurden. Daraufhin wurde dann die Bewellung inhaltlich und zeitlich abgestimmt und Paul und er vereinbarten, bezüglich Zwischenergebnissen in Kontakt zu bleiben.

Was den bevorstehenden Kunden-Event anging, hatten sie eine sehr hohe Anmeldequote, obwohl der Termin für einen Samstag vorgesehen war. Paul, Christine und Herr Horn hatten sich entschlossen, die Kunden persönlich anzurufen, um diese einzuladen. Erst danach wurden die schriftlichen Einladungen verschickt und dann nochmals in einem weiteren Telefonat nachgefasst, ob mit einer Teilnahme zu rechnen wäre.

Dieser sehr persönliche Kontakt kam bei den Kunden natürlich sehr gut an und der Event wurde ein eindrucksvoller Erfolg. Die Kunden waren hellauf begeistert, ob der Herzlichkeit, Ehrlichkeit und der Offenheit, mit der man sie empfangen hatte.

Gemeinsam wurden Probleme und Engpässe aufgedeckt und besprochen und in vielen Fällen wurden bereits gleich Lösungen erarbeitet. Es war ein wirklich produktives Arbeitsmeeting mit klaren Zielen und Ergebnissen. Jeder der Beteiligten erkannte, dass der zukünftige Erfolg nur gemeinschaftlich erzielt werden konnte. Dies schaffte ein aufrichtiges Gemeinschaftsgefühl.

Herr Horn nutze den Tag, indem er jeden Mitarbeiter immer wieder mit den Kunden direkt zusammen brachte und somit demonstrierte, dass seine Rolle darin bestand, die Brücke zwischen Kunden und Mitarbeiter zu schlagen.

Die positiven Ergebnisse ließen nicht lange auf sich warten und bereits am Event-Tag wurden von vielen Kunden Aufträge in Aussicht gestellt, die dann auch wirklich innerhalb weniger Wochen danach offiziell erteilt wurden.

In der darauffolgenden Woche wurde auf einer Betriebsversammlung von Herrn Krug, dem Coach, eine Feedbackrunde zu dem Event moderiert, um das Erreichte nochmals zu kommentieren.

Gemeinschaftlich wurde dann zusätzlich noch beschlossen, dass eine Arbeitsgruppe, unter Leitung von Herr Horn, ein betriebliches Vorschlagswesen für das Unternehmen entwickeln sollte, um für zukünftig auftretende Herausforderungen, egal ob technischer oder zwischenmenschlicher Art, Lösungen zu finden.

Zusätzlich hatte Paul jetzt die Anregung von Herrn Dornberg aufgenommen und die gesamte Belegschaft die Fragebögen ausfüllen lassen, die er und Christine vor dem Treffen mit Dornbergs auch schon ausgefüllt hatten. Die Auswertung der Fragebögen zeigte sehr deutlich, wie gut die Mannschaft wieder zusammengewachsen war.

Als sich Paul und Christine mit den Dornbergs nochmals zu einem Abendessen auf der Terrasse des Golfhotels trafen, berichteten sie voller Stolz von den Ereignissen der letzten Wochen.

„Ich bin immer noch tief beeindruckt, was in den letzten Wochen alles passiert ist. Ohne Ihre Hilfe hätten wir das niemals geschafft“, schwärmte Paul.

„Übrigens“, ergänzte Christine zu Frau Dornberg hin gewandt, „das Öl zieht jetzt auch bei Paul so richtig ein. Er scheint jetzt offen für eine Veränderung.” Sie zwinkerte dabei.

Frau Dornberg lächelte anerkennend und sagte: „Männer tun sich manchmal etwas schwerer, sich für etwas Neues zu öffnen. Für Männer ist das Wort Veränderung oft gedanklich damit gekoppelt, im jetzigen Zustand nicht okay zu sein - und es ist für sie um ein Vielfaches schwerer, Hilfe anzunehmen, weil sie als schwach erscheinen oder als nicht gut genug angesehen werden könnten. Genau das Gegenteil ist aber der Fall: Jemand der Hilfe annimmt und bereit ist, seinen blinden Fleck anzugehen, der zeigt wirklich wahre Größe.“

„Herr Dornberg, Sie hatten bei unseren Gesprächen erwähnt, dass es zur richtigen Zeit die Gelegenheit geben wird, dass wir uns bei Ihnen revanchieren können. Ich denke, dass das jetzt der richtige Zeitpunkt wäre. Bitte sagen Sie mir, was wir für Sie tun können?“, fragte Paul.

„Dies ist noch nicht der richtige Zeitpunkt", entgegnete Herr Dornberg. „Und nicht ich werde Ihnen sagen können, wie Sie sich revanchieren können, sondern nur Sie selbst. Und was das sein wird, werden Sie erst erkennen, nachdem Sie Ihr WARUM gefunden haben. Wenn Ihnen dies klar geworden ist, dann erst ist auch der richtige Zeitpunkt gekommen."

Christine und Paul wurden etwas nachdenklich. Herr Dornberg hatte recht. Sie hatten zwar sehr erfolgreiche Wochen hinter sich und wirklich viel erreicht, aber sie waren „nur" aus einer Krise wieder gut herausgekommen. Das fühlte sich zwar sehr gut an, trug auch sehr zur finanziellen Sicherheit bei, aber es leistete noch keinen wirklichen Beitrag, um glücklich zu sein.

Paul spürte intuitiv, dass es jetzt nicht angebracht war, weiter zu diesem Thema nachzufragen. Er nahm den Hinweis von Herrn Dornberg schweigend und dankbar an und beließ es dabei.

„Ich habe aber noch eine kleine Überraschung. Dabei handelt es sich zwar eher um eine Überraschung für Christine und mich, aber ich denke Sie werden sich trotzdem sehr mit uns freuen, weil es eigentlich Ihr Verdienst ist", sagte Paul und zog einen Briefumschlag aus der Tasche seines Jacketts. Fast feierlich zog er einen Brief aus dem Umschlag und begann vorzulesen:

Sehr geehrter Herr Herter,

wir würden uns sehr freuen, Sie zu unserem 6-tägigen Start-up Seminar vom 10.-16. April in Spanien begrüßen zu dürfen.

Aufgrund Ihrer Bewerbungsunterlagen und den gemeinsamen Telefongesprächen sind wir zu dem Ergebnis gekommen, dass eine Zusammenarbeit für beide Seiten sehr vielversprechend sein könnte.

Anbei schicken wir Ihnen die Unterlagen mit den entsprechenden Details bezüglich Inhalt und Ablauf des Start-up-Seminars sowie für die Rahmenbedingungen für eine eventuelle Mitgliedschaft in der Mastermind-Gruppe. Bitte teilen Sie uns bis zum 28.Februar mit, ob Sie am Start-up-Seminar teilnehmen werden.

Mit freundlichen Grüßen, Karla und Konrad Frank

Stolz blickte Paul in die Runde.

„Na, das sind ja wirklich schöne Nachrichten“, freute sich Herr Dornberg und fragte: „Haben Sie sich denn schon entschieden?“

„Wir werden auf jeden Fall teilnehmen. Nachdem, was wir alles mit Ihnen erlebt haben, sind wir sehr zuversichtlich, dass das ein wichtiger Meilenstein für uns sein wird.

Außerdem betrachten wir das auch ein wenig als Wink des Schicksals, das wir aufgenommen...”, Paul hielt mitten im Satz inne und setzte ein sehr nachdenkliches Gesicht auf.

Wie gebannt starrte er nun auf den Brief der vor ihm lag. Er änderte plötzlich seine Tonlage und sagte mit einer gewissen Enttäuschung in der Stimme: „Moment mal. Na klar, jetzt durchschaue ich das Ganze erst. Sie stecken dahinter, Sie haben uns den Platz in der Mastermind-Gruppe organisiert! Warum fällt mit das jetzt erst auf? Karla und Konrad Frank, das ist doch das Ehepaar, das seinerzeit auch in Singapur war, als Sie mit Herrn Chong in den Batu-Höhlen waren. Richtig?“

„Ja und nein“, antwortete Herr Dornberg. „Es stimmt, dass es sich genau um dieses Ehepaar Frank handelt. Aber es stimmt nicht, dass wir es waren, die Ihnen einen Platz in der Mastermind-Gruppe organisiert haben. Hierauf haben wir wirklich keinen Einfluss gehabt und den wollten wir auch nie haben. Frau und Herr Frank haben ihre Auswahlkriterien für die Unternehmer-Schule und sie halten sich auch sehr konsequent daran. Wenn Sie wollen, können Sie die Aufnahme ruhig als Wink des Schicksals betrachten, denn unseren Beitritt in die Mastermind-Gruppe haben wir ebenso gesehen. Ich hatte nämlich Familie Frank seinerzeit in Singapur gar nicht persönlich kennengelernt. Ich kannte sie nur aus Erzählungen von Master Chong.

Aber nennen Sie es Zufall, Schicksal oder wie immer Sie wollen – wir sollten die Franks noch persönlich kennenlernen. Und das war vor 5 Jahren, also über 15 Jahre, nachdem ich in

Singapur war. Meine Frau war in jenem Sommer in Tetford in England zu einem Fortbildungsseminar auf Dev Aura, dem Stammsitz von Aura Soma, eingeladen.

In dieser kleinen Gruppe war unter anderem auch eine gewisse Karla Frank. Obwohl beide Damen schon viele Jahre mit dem Aura-Soma Farbsystem arbeiteten, waren sie sich noch niemals zuvor begegnet oder hatten von einander gehört. Sie waren sich jedoch von Anfang an außerordentlich sympathisch gewesen und verspürten eine große Verbindung zueinander. Und eines Abends stellten sie dann fest, dass es eben diese große gemeinsame Verbindung gab - beide kannten Master Chong.

Und wie in unserem Leben auch, hatte Herr Chong auch einen lebensverändernden Einfluss auf die Biografie der Familie Frank. Wir hatten sozusagen ein ähnliches Schicksal, fast zur selben Zeit und mit ähnlichem Ausgang. Wie bei uns war Herr Chong auch bei den Franks ein Wendepunkt im Leben gewesen.

Kurz nach dieser Begegnung hatten meine Frau und ich uns dann entschlossen, uns für eine Aufnahme in der Mastermind-Gruppe bei Frau und Herrn Frank zu bewerben. Und trotz unserer gemeinsamen Geschichte sind wir den ganz normalen Weg des Aufnahmeverfahrens gegangen, und hatten dann noch ein paar Monate Wartezeit hinzunehmen“, beendete Herr Dornberg seine Erklärung.

Paul, der inzwischen wieder versöhnter schaute, bemerkte mit einer gewissen Sprachlosigkeit: „Das Leben schreibt manchmal wirklich die faszinierendsten Geschichten.“

„Dann werden wir uns ja hoffentlich bald regelmäßig treffen“, übernahm Christine dann freudig das Wort.

„Nicht unbedingt in der Mastermind-Gruppe, aber bei den Jahrestreffen“, antworte nun Frau Dornberg. „Die einzelnen Mastermind-Gruppen sind begrenzt auf maximal 15 Teilnehmer. Aber das steht alles im Detail in den Unterlagen, die dem Brief beigefügt sind.“

Und ihr Mann fügte noch hinzu: „Aber niemand hindert uns daran, uns privat zu treffen. Zum Beispiel hier an diesem magischen Ort, an dem alles begann."

Alle lachten und Paul gab zu: „Ehrlich gesagt, hatte ich bei unserem ersten Zusammentreffen in Ihrem Büro gedacht, dass ich nach maximal 2 Stunden wieder weg sein würde. Und Ihre damalige Aussage von wegen gehaltvolle Gespräche führe ich gerne an magischen Orten, hatte mich sehr beunruhigt und komplett verunsichert. Und das passiert mir wirklich selten." Paul errötete dabei fast ein wenig.

Frau Dornberg schüttelte etwas verlegen den Kopf. Sie konnte sich lebhaft vorstellen, wie ihr Mann solche Situationen jeweils förmlich zelebrierte. Ihr Mann aber lachte laut und genoss die nachhaltige Wirkung, die er bei Paul damals augenscheinlich erzeugt hatte.

Sie hatten an diesem Abend noch richtig viel Spaß zusammen und verblieben am Ende, dass sie sich über den Verlauf der Dinge auf dem Laufenden halten würden.

Der Durchbruch Teil 2

Bis April, zum Start der neuen Start-up Seminare, waren es noch gut 8 Monate hin. Paul und Christine nutzten die Zeit und beschäftigten sich mit den ganzen Buchempfehlungen von ihrem Mentor Herrn Dornberg und tatsächlich schafften es die beiden auch, regelmäßig gemeinsam zu meditieren.

Außerdem beschäftigten sie sich immer wieder mit den Aura-Soma Auswertungen, die sie von Frau Dornberg noch schriftlich erhalten hatten, und blieben fleißig dabei, die jeweils 4 Flaschen nacheinander anzuwenden und am Körper einzureiben.

Geschäftlich lief soweit alles sehr gut. Paul zog es vor allem am Wochenende immer wieder mal in die alte Werkstatt. Er fand auch immer wieder einen neuen Vorwand dort hinzugehen, entweder um aufräumen zu müssen oder die alten Formen und Teile neu zu sortieren. Wenn er aber ehrlich war, wusste er selbst nicht, was ihn immer wieder dorthin zog.

Schließlich wurde es April. Paul und Christine flogen nach Spanien zum Start-up Seminar. Sie hatten sich entschieden, das Seminar gemeinsam zu besuchen. Nach den Gesprächen mit Dornbergs war ihnen klar, dass sie diesen Weg gemeinsam gehen wollten.

Christine war zwar inzwischen schon öfters mit im Büro, aber sie hatte noch nicht so wirklich ihren Platz gefunden. Ein bisschen hatte sie sich auch erhofft, dass sie hierzu auf dem Seminar Impulse bekommen würde.

Im Flugzeug gingen die beiden die Unterlagen nochmals durch und amüsierten sich darüber, dass das Seminar ausgerechnet auch in einem Golfresort stattfinden würde. „Vermutlich ist das auch eine Batu-Cave Filiale“, witzelte Paul.

Und als sie in Spanien ankamen war es in der Tat wirklich ein Ort, der sich sehr ähnlich dem des Golfhotels zuhause anfühlte.

Christine und Paul erlebten eine sehr intensive Woche. Sie erarbeiteten neue Strategien für ihr Unternehmen, lernten sehr viel über Führung, das Wertesystem *Spiral Dynamics*, integrales Unternehmertum und darüber wie man sein Unternehmen, seine Mitarbeiter und seine Kunden mit Kraft und Energie versorgt.

Sie lernten auch sehr viel über die eigene Ego-Struktur, über morphische Informationsfelder und wie man diese positiv beeinflussen konnte. Vor allem aber lernten sie sehr viel über sich selbst.

Am vierten Tag hatte Paul bei einer Meditationsübung so etwas wie ein Gipfelerlebnis. Seine Gedanken führten ihn zu der alten Werkstatt und er sah sich dort selbst, wie er neue Regale einzog und umräumte. Plötzlich erschien ihm sein Großvater und sagte zu ihm: *'Na mein Junge, bist Du auch wieder hier, damit die*

Schönheit der Technik dein Herz zum Singen bringt? Wir sollten uns das bewahren'. Paul brach in Tränen aus und musste die Meditation beenden. Es fiel ihm sichtlich schwer, sich wieder zu beruhigen. Er schluchzte aus tiefster Seele und war wirklich aufgelöst.

Christine hatte sich furchtbar erschrocken und hatte gleich Herrn Frank, den Trainer, hinzugerufen. Der brachte ein Glas Wasser und beruhigte Christine: „Alles ist gut. Ihrem Mann geht es wunderbar. Lassen Sie ihm ein paar Minuten Zeit und Ruhe, das Erlebte für sich zu ordnen und sich zu sammeln."

Nach ein paar Minuten hatte sich Paul wieder gefangen und erzählte Christine von seiner Meditation.

Er erzählte ihr von den Bildern, die er sah, von der Aussage seines Großvaters, und dass er sich auch als Kind gesehen hatte, wie er begeistert mit seiner Fischer-Technik spielte und wie er damals wirklich von der Schönheit der Technik fasziniert war. Und er erzählte ihr, dass er in der Meditation wieder auf die alten Formen und Werkzeuge geschaut hatte und dabei wieder so fasziniert von der Schönheit der Technik war, als er plötzlich seinen Großvater sagen hörte, 'Das sollten wir uns erhalten'. Dabei wurde ihm schlagartig klar, dass es das war, was sein Herz zum Singen bringen würde, alte Technik zu erhalten. Diese Schönheit der Handwerkskunst musste erhalten und bewahrt werden, genau das war sein WARUM.

Die Begegnung mit seinem Großvater war so real und ergreifend, dass Paul sich emotional einfach nicht mehr halten konnte. Es waren Tränen der Freude und der Erleichterung und das Gefühl, endlich angekommen zu sein. Die restlichen 2 Tage des Seminars gab es für Paul nur noch dieses Thema, und in den Gruppenarbeiten erstellte er Konzepte und Strategien, wie das in seiner Firma umzusetzen wäre. Seine Euphorie steckte die anderen Teilnehmer mit an. Jeder der anwesenden Unternehmer brachte Ideen oder Kontakte mit ein, und Paul und Christine beendeten das Seminar mit tonnenweise Material und Aufgaben in der Tasche.

Wieder zuhause, war es anfangs schwer, das Alltagsgeschäft vor lauter Euphorie für die neue Aufgabe nicht aus den Augen zu lassen. Herr Horn hatte aber endgültig seinen Platz im Unternehmen gefunden und die Belegschaft stand hinter ihm. Dies gab Christine und Paul den notwendigen Freiraum, um gezielt an ihrem neuen Projekt arbeiten zu können.

Paul wurde nach anfänglichen Bedenken dann klar, dass er das alte Unternehmen weiterführen und behalten wollte. Seine ersten Gedanken waren eher in Richtung Verkauf und komplettem Neustart gegangen.

Beim ersten Treffen der Mastermind-Gruppe nach dem Start-up-Seminar wurde aber ein klares Konzept erarbeitet, dass es der sinnvollere Weg wäre, das Unternehmen zu behalten, und auch wie alles umsetzbar wäre. Das Organisationsstellen beim Mastermind-Meeting hatte deutlich gezeigt, dass er das alte Unternehmen nicht verkaufen sollte.

Die Arbeiten an dem neuen Geschäftsmodell gingen zügig voran und bald schon kristallisierte sich heraus, dass Pauls neues Fachgebiet die Instandsetzung von historischen Hubbrücken sein würde. Schon immer bewunderte er die Schönheit dieser Art von Brücken und dieser alten Handwerkskunst. Er erinnerte sich auch daran, dass er als Jugendlicher immer mal wieder bedauert hatte, nicht um die Jahrhundertwende gelebt zu haben. Dann hätte er nämlich genau solche Brücken gebaut.

Es gab inzwischen aber einen sehr großen Bedarf an Fachleuten zur Sanierung dieser Art von Brücken. Vor allem im Ausland. Hier setzte man immer noch auf gute alte Ingenieurs- und Handwerkskunst Made in Germany. Mit seinem aus dem Studium und der Erfahrung in der Produktion brachte Paul alle Voraussetzungen für die Fertigung von Ersatzteilen für solche Brücken mit. Und das langjährige Befassen mit der Konstruktion von Alu-Profilen verschaffte ihm ein hohes Spezialwissen in

Sachen Statik. Das war vor allem bei einem kompletten Neuaufbau einer Brücke gefragt. Überhaupt war es faszinierend für ihn zu erleben, wie sich Türe um Türe öffnete, wenn man eine maximale Resonanz zu den Dingen hatte. Alles schien ihm förmlich zuzufliegen.

In Rekordzeit hatte er ein kleines schlagkräftiges Team von Spezialisten zusammengestellt und bereits 2 Aufträge an Land gezogen: einen in Oldenburg und einen weiteren in Brügge.

Er wusste, dass er sein neues Unternehmen sehr behutsam aufbauen musste. Hier zählten vor allem Qualität und eine gute Reputation für Weiterempfehlungen. In der Mastermind-Gruppe fand er viel Unterstützung zu diesen Themen.

Die Radionik und die energetische Arbeit mit dem morphischen Feld hatten sich zum Steckenpferd von Christine entwickelt. Bei jedem Treffen in der Mastermind-Gruppe wurden die neuen Strategien und Ideen anhand der Radionik und dem Organisationsstellen simuliert und somit die Wirksamkeit im Vorfeld überprüft.

Sehr schnell wuchs der Bekanntheitsgrad von Pauls und Christines neuem Unternehmen. Im April noch hatte Paul erst sein wirkliches WARUM gefunden und bereits im November hatte er seinen ersten Auslandsauftrag in Kanada. Diesem folgten sehr schnell weitere Aufträge. Später in der ganzen Welt, von Bilbao in Spanien über Porto Alegre in Brasilien bis zu Saga in Japan.

Mit den vielen Aufträgen im Ausland war dann auch klar geworden, welche Rolle Christine ab sofort übernehmen würde. Ihre perfekten Englisch- und Französischkenntnisse waren überhaupt der Grundstock dafür gewesen, so schnell in Kontakt und Verhandlungen mit Interessenten treten zu können; ganz zu schweigen von den ganzen Formalitäten, die jeweils in der Landessprache verfasst werden mussten. Und nach kurzer Zeit wurde das Spezialgebiet um weitere Bereiche in der Instandhaltung von Industriedenkmälern erweitert.

„Eigentlich ist das nichts anderes als meine Fischer-Technik-Kräne, die ich als Kind immer gebaut habe", scherzte Paul, wenn er immer mal wieder auf seine Erfolgsgeschichte angesprochen wurde. Zum einjährigen Bestehen hatte Christine ihr WARUM, das sie zwischenzeitlich schriftlich formuliert hatten, als Poster gerahmt und über dem Sideboard in Pauls neuem Büro aufgehängt:

Wir glauben fest daran, dass die Quelle der Inspiration für allen weiteren Fortschritt in der Bewahrung der technischen Kunstwerke unser Vorfahren liegt.

Wir setzen jeden Tag unser Know-how dafür ein, alte Technik aus dem frühen 19.Jahrhundert so zu erhalten, dass ihre Schönheit junge Menschen dazu inspiriert, den Pioniergeist ihrer Vorfahren weiterzutragen.

Wir helfen dabei, Industriedenkmäler lebendig zu erhalten.

Zu früh gefreut

Heute hatten Christine und Paul sich wieder mit den Dornbergs zum Essen verabredet. Sie hatten sich schon lange nicht mehr gesehen. Ihr Terminkalender war so voll und da die Dornbergs nicht in der gleichen Mastermind-Gruppe wie sie waren, gab es einfach kaum Gelegenheit sich auszutauschen. Umso mehr freuten sie sich auf den heutigen Abend. Paul hatte heute seine Revanche mit im Gepäck.

Beim Essen am Abend erzählten Christine und Paul dann von der unglaublichen Entwicklung ihrer zweiten Firma, von Christines Erfüllung, die sie in ihrer neuen Aufgabe fand und davon, dass sie die alte Werkstatt als Firmensitz für die neue Firma grundsaniert und umgebaut hatten. Und davon, dass sie ein großes Gemälde von Pauls Großvater hatten malen lassen, das jetzt direkt im Eingang platziert worden war.

„Manchmal kommt es mir so vor, als wenn ich im Kino sitze und eine Szene folgt der anderen, ganz nach Drehbuch“, erklärte Paul den Dornbergs.

„Das ist ein sicheres Zeichen, dass Sie nahe an der Genialität sind“, bemerkte Herr Dornberg anerkennend.

„Was macht denn Ihr altes Unternehmen?“, fragte Frau Dornberg. „Läuft es da weiterhin gut?“

„Ja, wirklich alles bestens“, antwortete Paul. „Wir konnten alles soweit strukturieren und organisieren, dass der Laden fast von alleine läuft. Zumindest ohne Christine und mich.“

„Sie halten aber den Kontakt zu den Mitarbeitern, oder?“, wollte Frau Dornberg sich nochmals vergewissern.

„Ja keine Sorge, auf jeden Fall“, versicherte Paul. „Uns wurde sehr bewusst, wie wichtig es ist, seine Kraft und Energie in die Menschen im Unternehmen zu investieren. Und die Methoden, die wir in der Unternehmer-Schule erlernt haben, wenden wir sehr gewissenhaft an.

Ich denke“, fügte Paul hinzu und setzte sich dabei etwas aufrechter hin, „wir haben unser WARUM gefunden und deshalb ist auch heute der Tag, an dem wir uns bei Ihnen revanchieren möchten. Ich habe lange auf diesen Tag gewartet und ich hoffe, wir machen Ihnen eine Freude damit.“

Paul warf Christine einen Blick zu und diese öffnete ihre Handtasche und legte ein kleines Vertragswerk auf den Tisch. Paul sprach weiter: „Mit der Umstrukturierung im alten Unternehmen haben wir uns entschlossen, zwei Bearbeitungsschritte so zu vereinfachen, dass wir diese als Fremdverarbeitung vergeben können. Es handelt sich hier um ein jährliches Auftragsvolumen von 420.000 Euro.“

Pauls Stimme wurde jetzt sehr feierlich und Christine wartete sehr gespannt auf die Reaktion von Herrn und Frau Dornberg.

„Dieses Auftragsvolumen haben wir heute Morgen der Behindertenwerkstätte erteilt, dessen Stiftungsvorsitzender Ihr

Sohn ist. Ich hoffe, wir machen Ihnen damit eine Freude?", beendete Paul seinen Vortrag.

Herr Dornberg schaute etwas versteinert zu seiner Frau, die aber immerhin etwas anerkennend lächelte. Nach einigen Sekunden ergriff dann Herr Dornberg wieder das Wort: „Sicherlich machen Sie uns damit eine Freude. Vor allem aber wahrscheinlich jedoch unserem Sohn. Wenn ich ehrlich bin, Herr Herter, hätte ich mehr von Ihnen erwartet - und ich meine das nicht monetär."

Paul und Christine, die so lange auf diesen Moment gewartet hatten, wäre fast das Gesicht heruntergefallen. Sie waren ziemlich perplex und hatten mit solch einer Reaktion nie im Leben gerechnet.

Herr Dornberg fuhr fort: „Ich denke, Sie haben mehr zu geben als Aufträge zu erteilen! Oder liege ich da falsch?"

Die Frage war natürlich rein rhetorisch zu verstehen und so antwortete Paul mit etwas gedämpfter Stimme, um den Moment noch einigermaßen zu retten: „Ich werde nochmals in mich gehen."

Wieder zuhause, fragte Christine bei einem Glas Wein, welches sie noch gemeinsam im Bett tranken, immer wieder: „Was meinst Du Paul, was will er denn genau?" Es war zwar schon ziemlich spät, aber sie konnten beide nicht einschlafen. Mit dieser Reaktion von Herrn Dornberg hatten sie im Leben nicht gerechnet.

„Aufträge und Geld sind es auf jeden Fall nicht", sagte Christine nachdenklich, ohne überhaupt eine Antwort von Paul abzuwarten. „Ach, komm lass gut sein. Nachdenken bringt ja nichts, lass' es auf uns zukommen. Vermutlich ist es schon da und wir sehen es nur noch nicht."

Noch vor einem Jahr hätte solch ein Ausspruch Paul auf die Palme gebracht. Heute gab er seiner Frau einen Gute-Nacht-Kuss und sagte: „Hast wahrscheinlich wie immer recht, meine Karma-

Christl." So nannte er sie ab und zu seit der Begegnung mit Herrn Bauer vom Golfhotel. Irgendwie fand er den Gedanken romantisch, dass man sich in einem anderen Leben wieder als Ehepaar treffen könnte beziehungsweise auch schon öfter mal zusammen war.

Herrn Dornberg einmal auf seine Meinung zur Theorie der Reinkarnation angesprochen, antwortete dieser in seinem sympathischen Pragmatismus: „Glauben Sie an die Möglichkeit, dass Ihre Zukunft in diesem Leben besser wird als Ihr momentanes Leben?"

„Ja, durchaus", hatte Paul damals zur Antwort gegeben.

„Und wie geht's Ihnen dann in dem Augenblick, jetzt wenn Sie daran glauben?", fragte Herr Dornberg nach.

„Gut geht's mir dann", war Pauls Antwort.

„Wenn es Ihnen dann jetzt gut geht, wie groß ist dann die Wahrscheinlichkeit, dass die Zukunft auch gut oder noch besser wird? Größer oder kleiner?", war Dornbergs erneute Frage.

„Größer natürlich", antwortete Paul.

„Sehen Sie, darum glaube ich an Reinkarnation, und zwar von ganzem Herzen. Erstens, weil es mir dadurch sofort viel besser geht, als wenn ich nicht daran glaube. Und zweitens, weil mich dieser Glaube auch mein Alter genießen lässt, weil die Angst vor dem Tod nicht mehr so dominant ist.

Und drittens, weil ich davon überzeugt bin, dass man nicht nur hier seine Realität erschafft, sondern auch im nächsten Leben. Wenn ich also nicht an ein nächstes Leben glauben würde, würde ich die Möglichkeit verschenken, dass es für mich eines gibt", sagte Herr Dornberg lachend.

Paul hatte daraufhin entschieden, auch an Reinkarnation zu glauben. Rational betrachtet war es einfach sinnvoller in diesem Punkt irrational zu sein.

Karma-Christl war gleich eingeschlafen, aber Paul entschied sich noch 10 Minuten zu meditieren. „Intuition, ich brauch' da eine Lösung, und wenn's geht aber bitte pronto", waren seine letzten Gedanken.

Endlich angekommen

Heute war Donnerstag und der Donnerstag war Mitarbeitertag in Pauls Firma. So zumindest war das inzwischen die interne Bezeichnung. Genau genommen war es ein Tag wie jeder andere, nur dass Paul am Donnerstag immer für 1-3 Stunden durch den Betrieb ging, je nachdem was alles anstand.

Er hatte es sich zur Aufgabe gemacht, sich in dieser Zeit wirklich um die Mitarbeiter persönlich zu kümmern. Er ging also von Arbeitsplatz zu Arbeitsplatz und wollte hören, wie es den Leuten ging. Es war für Paul auch eine Art, seinen Respekt und seine Wertschätzung den Mitarbeitern gegenüber auszudrücken.

Viele waren zwar immer gut drauf und hatten keinen Redebedarf. Einige andere hatten immer ein gewisses Mitteilungsbedürfnis bezüglich der aktuellen Fußballspiele oder TV-Soaps. Einige hatten aber auch Sorgen, weil in deren Familien Menschen krank waren oder irgendwelche Beziehungen gerade Stress machten. Paul konnte sich dieser Probleme zwar nicht immer annehmen, aber dass er ein ehrliches und offenes Ohr hatte, war für die Menschen mindestens so wertvoll.

An der Werkbank von Carmen war er heute etwas länger stehen geblieben. Sie war eine langjährige Mitarbeiterin und eine der zuverlässigsten im Betrieb. Ihr Blick hatte immer etwas Leidendes gehabt.

„Na Carmen, alles Disco?" neckte er sie immer, weil Carmen überhaupt nicht ausstehen konnte, wenn vor allem ihre Kinder mit diesen Kunstworten um sich schmissen oder unanständige Ausdrücke benutzen. Das mache sie immer richtig wütend, hatte sie Paul einmal erzählt, und sie fände es respektlos, so miteinander zu sprechen. Sie erzählte Paul auch immer wieder, dass sie das einfach nicht dulden wolle und dass man sich bei ihr zuhause deswegen regelmäßig an die Köpfe ging.

„Ja, alles soweit ganz gut“, sagte sie mit einem gewissen Seufzer.

„Na, das klingt aber nicht sehr überzeugend. Hast Du irgendwelche Probleme?“, fragte Paul nach.

„Nein, nein. Alles gut“, antwortete sie nochmals.

Paul spürte, dass die Antwort nicht wirklich aufrichtig war und dass Carmen irgendetwas belastete und so bohrte er nochmals weiter: „Komm schon, das merke ich doch, dass Dich etwas belastet. Hat es was mit der Arbeit zu tun?“

„Nein, Chef ganz bestimmt nicht", kam prompt die Antwort. „Ich liebe den Job und ich bin wirklich froh, hier sein zu können. Wir haben auch wirklich keinen Grund zum Klagen, uns geht's gut. Wir haben unser Auskommen. Natürlich könnte es immer besser gehen, aber das Leben ist halt kein Wunschkonzert - aber wir machen das Beste draus.“

Paul war in diesem Moment etwas hilflos. Eigentlich hätte er ihr nun gerne gesagt, dass er in den letzten Monaten sehr wohl gelernt hatte, dass jeder Mensch seines eigenen Glückes Schmieds sei – aber wie sollte er dies Carmen, hier kurz an ihrer Werkbank stehend, in einigen Sätzen rüberbringen?

Er hatte schließlich selbst die letzten Monate damit verbracht, sich zu verändern und damit auch sein Leben und seine Einstellung zum Leben zu ändern. Er klopfte Carmen respektvoll auf die Schulter, nickte nur kurz mit dem Kopf und sagte: „Ich bin auch froh, dass wir dich hier haben.“ Dann machte er weiter seine Runde durch den Betrieb.

Als er später wieder im Büro seiner neuen Firma saß, dachte Paul immer wieder an Carmen. Das kurze Gespräch mit ihr ging ihm nicht mehr aus dem Kopf. Er erinnerte sich dabei an den Tag, an dem er Herrn Dornberg kennengelernt hatte.

Rückblickend konnte er wirklich sagen, dass diese Begegnung sein Leben verändert hatte, und dass der Tag ihrer ersten Begegnung wirklich der Tag gewesen war, an dem er die Entscheidung für sich getroffen hatte, dass er etwas in seinem Leben ändern wollte. Sicherlich war es nicht immer einfach gewesen, sich von alten Glaubensmuster und Paradigmen zu lösen, die jahrzehntelang sein Denken und somit sein Leben bestimmt hatten.

Er hatte in den letzten Monaten gelernt, dass er sein Werte-System, welches er von seinen Eltern übernommen hatte, nochmals neu definieren musste und der jetzigen Zeit und vor allem seinem Leben anpassen musste.

Das war nicht immer einfach gewesen. Vor allem hatte er einige Menschen damit in seinem Umfeld überrascht, die mit seiner neuen Denkweise gar nicht zurechtkamen.

Auch gab es viele Energieräuber, die ihn in seiner Entwicklung aufhalten wollten, und die ihm auch sagten „Du hast dich aber verändert" – und dieses meinten sie nicht unbedingt im positiven Sinne. Hier war er sehr froh, dass Christine und er an einem Strang zogen und sie die gleichen Wertvorstellungen teilten.

Aber es gab auch so viele neue Menschen, die in sein Leben traten und mit denen er und Christine sich auf einer ganz anderen Ebene austauschen konnten. Das war ein wunderbares Gefühl und er merkte, wie aus seinem früheren engen Geist ein offener, aufgeschlossener, neugieriger Mensch geworden war.

Er hatte sich wirklich, auf den Stufen der Farben gesprochen, von ORANGE zu GELB entwickelt – und manchmal hatte er schon fast TÜRKISE Aspekte in seinem Denken und Handeln. Paul war wirklich glücklich mit sich selbst.

Einige klare Worte seines Mentoren Herrn Dornberg hatten am Anfang der Begegnung den Anstoß für ein neues Leben und eine neue Sichtweise gegeben. Paul war von tiefer Dankbarkeit erfüllt.

Aber er konnte jetzt natürlich auch Carmen aus tiefstem Herzen verstehen. Auf ihrer Stufe gab es noch niemanden, der ihr diese Einblicke gegeben hatte. Vielleicht hätte sie damit auch noch nichts anzufangen gewusst – so wie es Paul ebenfalls ging, als er diese eingeschränkte Sichtweise noch selbst hatte – und er gemeint hatte, dem Schicksal ausgeliefert zu sein.

Auch er hatte jahrelang geglaubt, dass ab einem gewissen Punkt im Leben das Wichtigste wäre, ein guter Ehemann und vor allem Vater zu sein. Und dass von dem Moment an, ab dem er die Verantwortung für Familie und Unternehmen übernommen hatte, seine persönlichen Wünsche und Ziele nicht mehr so viel zählten.

Er erinnerte sich, wie lange es gedauert hatte, bis er sein WARUM endlich fand, so tief war es verschüttet gewesen. Und wie lange hatte es gedauert, dass er sich wirklich frei fühlte, seine eigenen Ziele definieren zu dürfen. Aber er hatte eben auch von seinen Eltern gelernt, dass man sich selbst nicht so wichtig nehmen dürfe.

Es hatte schlussendlich danach auch noch einige Zeit gedauert, dieses Paradigma wieder aus seinem Kopf zu bekommen und zu erkennen, dass er der wichtigste Mensch in seinem Leben war.

Denn nur wenn er selbst glücklich war, konnte er schlussendlich auch Christine und die Kinder glücklich machen, und ein Unternehmen gut führen. Dies wollte er den Kindern auch mit auf den Weg geben, nicht nachzulassen, bis sie endlich ihr eigenes Glück, ihren Weg gefunden hatten und wie wichtig es war, sich Ziele zu setzen und diese auch zu erreichen.

Für seine Mitarbeiter galt eigentlich dasselbe. Er hatte die Verantwortung übernommen, Chef zu sein, und insofern, dachte er früher noch, dass er auch seinen Mitarbeitern, wie auch seiner Frau und seinen Kindern jede unangenehme Erfahrung ersparen müsse.

In den letzten Monaten hatte er aber in seiner Mastermind-Gruppe gelernt, dass er durch dieses Verhalten, den Mitarbeitern und den Kindern jede unangenehme Erfahrung ersparen zu wollen, diesen Menschen seiner Umgebung auch die Erfolgserlebnisse genommen hatte, welche diese so dringend brauchten, und die nur aus der eigenen Überwindung von Schwierigkeiten resultieren konnten.

Er dachte an sich selbst, wie gut es sich anfühlte, dass er es selbst geschafft hatte aus seiner Krise herauszukommen. Natürlich hatte es einen Anstoß von Herrn Dornberg gebraucht – aber schlussendlich den Weg gegangen war Paul selbst – was ihn jetzt auch unendlich stolz machte.

Er hatte vor vielen Monaten bei einem Top-Speaker, der selbst Unternehmer und Familienvater war, in einem Vortrag eine ganz wichtige Grundregel gelernt: *„Tun Sie für andere Menschen nichts, was diese selber tun können. Bringen Sie stattdessen Ihr eigenes Leben in Ordnung. Sie tragen nur und ausschließlich für sich selbst und für Ihr eigenes Leben Verantwortung"*.

Paul war dieser Satz am Anfang etwas aufgestoßen, da er diese Einstellung für äußerst egoistisch hielt. Aber auch hier hatte er gelernt, offen zu sein und die Dinge aus einer weiteren Perspektive zu sehen. Er erkannte, dass es für keinen Menschen am Lebensende wirklich erfüllend sein könnte, wenn er auf die Frage, wer er sei, nur antworten könnte: *„Ich war der Ehepartner von Herrn/Frau .... oder der Vater von ...... "*.

Und er hatte erkannt, dass man schlussendlich nicht wissen wolle, wessen Vater oder Ehemann er war, sondern wer „ER" war. Es ging darum, dass jeder sein eigenes Leben leben musste und auch Verantwortung dafür trug.

Das hatte er gelernt und es war ihm wichtig, dass dies auch seine Söhne erkannten. Schlussendlich wollte er auch nicht, dass wenn seine Söhne selbst einmal verheiratet wären und Kinder hätten, sie dann ihr Leben aufgäben und nur noch „Ehemann“ oder „Vater“ wären.

Es war ihm wichtig, seinen Kindern mitzugeben, dass diese so wie er, ihre eigenen Ziele haben mussten und dass dies gemeinsam mit ihrem WARUM der Motor ihres Lebens sein würde. Es war Pauls tiefste Überzeugung, dass, wenn jede Generation so mit dem Leben umgehen würde, und Vorbild dafür sein würde, Verantwortung für das eigene Leben zu übernehmen, dann alle die Möglichkeit hätten, die Welt ein Stückchen besser zu machen.

Natürlich musste man Kinder so lange sie klein waren oder auch neue Mitarbeiter in den Bereichen unterstützen, wo sie noch tatsächlich hilflos waren. Aber jede Hilfe darüber hinaus war doch nur eine Demonstration scheinbar überlegener Stärke oder weil wir hofften, dass wenn wir Dinge selbst machten, uns dann Probleme erspart bleiben würden oder vielleicht auch weil wir geliebt sein wollten.

Paul hatte gelernt, dass „Retter“ zu sein, nichts anderes war als ein Beweis, wie stark und hilfsbereit man war; also ein Beweis der Überlegenheit, anstatt jemanden zu helfen, unabhängig zu werden und ein selbstbestimmtes und freies Leben führen zu können.

Schlussendlich war doch aber die gute Botschaft in der eigenen Verantwortungsübernahme, dass man zu jedem Moment seines Lebens auch die Ruder selbst in der Hand hatte. Und ausschließlich das schaffte ein Gefühl von Glück und Freiheit anstatt von Ohnmacht und Abhängigkeit.

Wenn Paul seine Entwicklung in den letzten Monaten so betrachtete, war sein Selbstwert um ein Vielfaches gestiegen. Er hatte die Dinge in seinem Leben selbst angepackt. Natürlich wurde er dabei von anderen Menschen inspiriert, aber eben nur inspiriert.

Niemand sagte zu ihm: *„Geh mal zur Seite. Ich mache das für dich, weil du das ja sonst nicht selbst schaffst"*. Das wäre zwar in vielen Momenten bequemer gewesen - aber wer wäre dann Paul? Was wäre seine Identität?

Dies wurde ihm vor vielen Monaten klar, und er hatte sich auch fest vorgenommen, dasselbe mit seinen Jungs zu praktizieren. Er wollte ihnen das Recht auf ihre eigenen Erfahrungen zugestehen und auch das Recht, den Weg dorthin selbst auszusuchen.

Als Paul nun in seinem schönen Drehsessel im Büro so Hin und Her schwang und über seine Entwicklung und Einstellung in den letzten Monaten sinnierte, fiel ihm ein, was Herr Dornberg bei ihrem ersten Treffen im Golfhotel zu ihm gesagt hatte: *„...weil Ihnen niemand gezeigt hat, wie Sie Ihr WARUM finden und dass Ihr WARUM der Schlüssel zum Glück ist... Und weil es denen, die es Ihnen eigentlich beibringen sollten, es genauso erging wie Ihnen"*.

Seine Mitarbeiterin Carmen hatte auch von niemandem gelernt, dass es wichtig war, ein Ziel im Leben und ein WARUM zu haben, und dass es wichtig war, nicht nur für das tägliche „Auskommen" zu sorgen und dafür, dass es den Kindern mal besser ginge als ihr selbst.

Niemand hatte Carmen inspiriert. Sie war auf ihrer Stufe genauso in einem Hamsterrad wie Paul es auf seiner Stufe gewesen war. Nur dass Carmen eben nicht wie er zusätzlich ein Unternehmen zu führen hatte – aber dennoch hatte sie eine Familie zu führen. Die Regeln waren hier eigentlich ähnlich. Sie hatte nicht gelernt, Ziele zu haben, und dass es wichtig war, sein WARUM zu finden. Folglich würden es auch ihre Kinder nicht von ihr lernen können.

„Wir werden erst dann in einer besser Welt leben, wenn ein Großteil der Unternehmen von ganzheitlich erfolgreichen Unternehmern geführt wird". Auch dieser Satz von Herrn Dornberg ging Paul nun schlagartig durch den Kopf.

„Christine!“, rief er in das Nachbarbüro, „Hast Du mal kurz Zeit? Ich glaube, ich hab’s - bitte komm doch gleich mal zu mir ins Büro rüber.“

Einige Sekunden später stand Christine in seinem Büro und Paul erzählte ihr von seiner Begegnung mit Carmen am Vormittag. Er war sichtlich aufgeregt und sagte: „Wenn unsere Mitarbeiter niemand hatten, der ihnen gezeigt und vorgelebt hat, wie wichtig es ist, im Leben Ziele zu haben und sein WARUM zu finden, dann können sie auch ihre Kinder nicht in diese Richtung führen.

Wir als Unternehmer können schlussendlich unsere Ziele auch nur erreichen, wenn die Produktivität und die Ergebnisse unserer Firma optimal sind. Das erreichen wir aber nicht alleine, sondern nur mit Hilfe unserer Mitarbeiter. Je glücklicher und zufriedener unsere Mitarbeiter sind, desto besser wird also das Ergebnis sein.

So wie du und ich gelernt haben, Ziele zu haben und ein WARUM zu finden und ein System wie ein Unternehmen und eine Familie zu führen, müssen wir nun unseren Mitarbeitern zeigen, wie auch sie Ziele finden. Wir müssen ihnen zeigen, wie sie diese erreichen und wie sie ihre Familiensysteme führen können. Wir müssen ihnen zeigen, dass es auch für sie möglich ist, sich zu entwickeln, sich zu verändern, das Leben selbstverantwortlich in die Hand nehmen zu können. Nur so werden wir unsere Unternehmen auf Dauer ebenfalls weiterentwickeln können“.

Paul war inzwischen ganz aufgeregt und ließ Christine gar nicht einmal zu Wort kommen. Er fuhr fort: „Was hältst Du davon, wenn wir für unsere Mitarbeiter Vorträge oder Workshops im Unternehmen organisieren – natürlich auf freiwilliger Basis? Derjenige, der sich angesprochen fühlt, darf gerne teilnehmen. Und was hältst du davon, wenn wir dann noch zusätzlich einmal pro Jahr ein Wochenendcamp für alle Kinder unser Mitarbeiter organisieren würden?

Auf beiden Veranstaltungen könnten wir Erwachsenen und Kindern Denkanstöße geben und ihnen Tools und Techniken beibringen, wie sie sich persönliche Ziele setzen können, wie sie diese erreichen, und was sie tun können, wenn sie mit etwas in ihrem Leben unzufrieden sind.

Und wie sie es anpacken können, selbstverantwortlich etwas zu verändern. Den Kindern könnte man zum Beispiel auch zeigen, wie sie ihre Berufung finden können. Vielleicht haben die Kollegen aus unserer Unternehmerschule ja auch Lust mitzumachen, und wir könnten einen wirklich großen Event daraus machen. Vielleicht könnten wir uns sogar den einen oder anderen Top-Speaker oder Trainer dazu holen, der auch uns inspiriert hat."

Christine nahm Paul liebevoll in den Arm und sagte: „Ich liebe Dich, mein TÜRKISER Unternehmer."

Damit war alles gesagt.

Die Idee wurde im Unternehmen auf der nächsten Betriebsversammlung kommuniziert. Die Mitarbeiter waren alle sehr begeistert und hatten großes Interesse an einem Workshop. Einige gaben sogar das Feedback, dass sie selbst schon mal privat ein Seminar besucht hatten, das Veränderung, Persönlichkeitsentwicklung und Ziele setzen zum Thema hatte. Der Eine oder Andere las privat auch schon Bücher in dieser Richtung.

Auch die Kollegen der Mastermind-Gruppe und die anderen Mitglieder der Unternehmerschule nahmen das Konzept begeistert auf. Innerhalb kürzester Zeit war ein Arbeitskreis gebildet worden, und gemeinsam mit den Coaches der Unternehmerschule wurden Workshops konzipiert. Das Ergebnis waren schlussendlich 2 Workshops – einer für Erwachsene und einer für Kinder.

Ziel beider Workshops war es, Erwachsenen und Kinder dabei zu helfen, ihre eigenen Begrenzungen zu überwinden und zu lernen, Verantwortung zu übernehmen, Ziele zu definieren, um eine klare Richtung für das Leben entwickeln zu können. Bei den Kindern lag der Focus unter anderem auch auf der idealen Berufsfindung.

Die Workshops für die Erwachsenen fanden jeweils betriebsintern in den Firmen der Unternehmer der Mastermind-Gruppen statt. Die Gruppen der Kinder wurden zusammengelegt und bereits im ersten Jahr gab es über 80 Teilnehmer. Für das nächste Jahr waren schon weit über 150 Kinder geplant. Das Konzept schlug wie eine Bombe ein.

Auch Carmen, Pauls Mitarbeiterin, hatte ihre zwei Kinder angemeldet. Sie selbst hatte sich auch für den Workshop für Erwachsene, der in der Firma stattfand, eingetragen. Sie war zwar am Anfang eine der Skeptikerinnen, was ja ein wenig in ihrer Natur lag, aber sie vertraute Paul.

Carmen war auch eine der Ersten gewesen, mit der Paul im Betrieb persönlich über seine Idee gesprochen hatte. Das Donnerstag-Gespräch mit ihr hatte ja auch schließlich den Ausschlag für die Idee gegeben. Carmen, die von Natur aus immer etwas pessimistisch war, gab Paul damals zur Antwort, dass sie auf jeden Fall ihm und Christine zuliebe kommen würde, obwohl sie der Meinung war, dass so was vielleicht eher nichts für so Leute wie sie aus dem Handwerk und der Arbeiterklasse wäre.

Im ersten Moment war Paul etwas über diese Aussage enttäuscht, aber als er Christine davon erzählte, meinte sie, dass Carmen vielleicht einfach nur Angst davor hatte, da es etwas ganz Neues und sehr Ungewohntes für sie war. Und sie erinnerte Paul daran, wie er selbst etwas Angst vor dem ersten Seminar in der Mastermind-Gruppe hatte und an seine Bedenken, ob er dort einen Seelen-Striptease machen müsse.

Carmen und die übrigen Teilnehmer waren nach dem Workshop alle sehr angetan und überrascht. Noch nie hatten diese Menschen etwas darüber gehört, wie wichtig es war, Ziele im Leben zu haben, und dass es dafür nie zu spät wäre.

Es waren Top-Speaker für den Event eingeladen und Christine und Paul hatten keine Mühen gescheut, den Mitarbeitern einen erlebnisreichen und unvergessenen Tag zu bieten. Sie wollten dies ja auch gerne nutzen, um es zu einer festen Institution in ihrer Firma machen.

Schlussendlich hatten sie ja auch zwischenzeitlich in ihrer Unternehmensphilosophie die Sätze verankert: *„Wir sind immer offen für Veränderungen und nutzen die Chancen, die sich daraus ergeben"* und *„Wir arbeiten eng mit unseren Mitarbeitern zusammen und zeigen ihnen, wie sie durch die Vertiefung und Verbesserung ihrer Kenntnisse und Fertigkeiten mehr aus ihrer Arbeit und ihrem Leben machen können"* und *„Wir tun alles, um unseren Mitarbeitern bei der Realisierung ihrer beruflichen Ambitionen und persönlichen Ziele zu helfen. Denn wir sind fest davon überzeugt, dass Menschen, die sich in ihrem Beruf wohl fühlen, nicht nur die besten Leistungen erbringen, sondern auch privat zufriedener sind und motivierter ihre persönlichen Ziele erreichen."*

Am Montag nach dem ersten Event für Mitarbeiterkinder kam Carmen zu Paul ins Büro.

Ihre Kinder, Klaus, 14, und Melanie, die gerade 16 geworden war, waren beim Workshop dabei gewesen. Carmen hatte Paul einen Kuchen mitgebracht und sagte:

„Meine Kinder hatten ein unglaublich tolles Wochenende. Vielen Dank dafür!"

Sie überreichte Paul den Kuchen und dabei liefen ihr ein paar Tränen übers Gesicht. Paul stellte den Kuchen auf den Schreibtisch. Darauf stand mit Schokoladenguss geschrieben: *Du bist echt ein geiler Chef!*

Paul schmunzelte – wusste er doch wie sehr Carmen vor ein paar Wochen noch diese Modeworte wie „geil", etc., gehasst hatte.

„Alles gut bei Dir?", fragte Paul.

„Alles Disco", antwortete Carmen lachend und sah Paul dabei mit großen dankbaren Augen an. Paul hatte in den letzten

Wochen den Eindruck, dass Carmen sich sehr positiv verändert hatte. Sie war viel offener geworden, hatte immer einen positiven Gesichtsausdruck und einen lustigen Spruch auf den Lippen.

„Man will doch immer, dass die Kinder das Beste aus ihrem Leben machen und dann weiß man aber oft selbst nicht wie das geht“, sagte sie mit leicht zitternder Stimme. „Übrigens den Titel des Workshops finde ich super, könnte von mir sein”, bemerkte Sie mit einem Augenzwinkern. Dabei hielt sie die Einladung hoch, welche die Eltern für ihre Kinder zum Workshop bekommen hatten. Darauf stand:

Das Leben <u>ist ein</u> Wunschkonzert –

...Bock auf 1.Geige?

Paul nahm Carmen in den Arm und sagte: „Nicht nur der Titel ist von dir - ohne dich wäre die ganze Idee niemals entstanden. Deine Kinder können stolz darauf sein, so eine Mutter zu haben.“

*

„Ich habe es gewusst. Vom ersten Augenblick an, als Sie mein Büro betreten hatten, hab' ich gewusst, dass Sie mich nicht enttäuschen werden, Herr Herter. Sie haben sich wirklich gebührend revanchiert. Und ich hätte große Lust, Ihr *„Das Leben ist ein Wunschkonzert–Konzept"* jetzt bundesweit mit Ihnen aufzusetzen. Was halten Sie davon?", sagte Herr Dornberg als er mit Paul wenige Tage später im Golfhotel auf dem großen Stein neben dem Sandbunker saß und die beiden Herren auf bewegende 18 Monate mit einem Glas Champagner anstießen.

„Ein weiterer ganzheitlich erfolgreicher Unternehmer. Glückwunsch Herr Herter! Sie sind angekommen. Gut, gemacht, sehr, sehr gut gemacht."

ENDE

Nachwort der Autoren und Danksagungen

Warum dieses Buch?

Wir möchten mit diesem Buch Unternehmern, die sich in der Komplexität ihres Alltags gefangen fühlen oder sich bereits in Veränderungsprozessen befinden, Mut machen, nach ihrem eigenen, wirklichen WARUM zu suchen und nicht nachzulassen, bis sie es gefunden und umgesetzt haben.

Da wir diesen Prozess selbst durchlebt haben und auf dem spannenden Weg der Farbtypen auf der Ebene der Persönlichkeitsentwicklung in Richtung TÜRKIS unterwegs sind, können wir 1:1 nachvollziehen, in welchem emotionalen Auf und Ab sich ein Unternehmer immer wieder befindet und wie schwer es ist, Berater zu finden, mit denen man sich dazu auf Augenhöhe austauschen kann. Wir kennen diese Situationen sehr genau, weil wir selbst viele Jahre immer wieder damit gekämpft haben, alles alleine schultern zu müssen, da niemand unsere Situationen ‚ganzheitlich' mit allen Nuancen und Lebensaspekten nachvollziehen konnte.

Wir haben für uns aussergewöhnlich erfolgreiche Konzepte entwickelt und angewandt, die Ihnen als Unternehmer heute ebenfalls helfen werden, ganzheitliche Veränderungen effektiv und nachhaltig umzusetzen. Mit unserem Buch wollten wir einen kleinen Einblick darin geben.

Diese eigenen Erfahrungen weitergeben zu wollen, war unter anderem auch einer der Gründe für die Gründung unserer ganzheitlichen Unternehmer-Beratung 1999 und der Erweiterung durch unsere integrale Unternehmerschule mit den Mastermind-Gruppen im Jahre 2012. Wir verstehen uns als Sparringspartner für Unternehmer, die deren persönliche Situation und die unternehmerische Komplexität verstehen, nachempfinden und auf Augenhöhe gemeinsam analysieren können. Wir helfen Unternehmern aus deren Rad der Komplexität herauszutreten und nachhaltige und ganzheitliche Veränderung umzusetzen. Dies praktizieren wir sehr erfolgreich entweder im Einzelcoaching oder in der Mastermind-Gruppe.

Unternehmertum ist unsere Leidenschaft, denn wir sind davon überzeugt, dass der Wunsch ein Unternehmer zu sein, eine Berufung und ein Privileg ist. Die wenigsten Menschen spüren in sich diese Berufung. Aber alleine seiner Berufung zu folgen, genügt oft nicht. Viele Unternehmer schaffen es nicht, wirklich ganzheitlich erfolgreich zu werden.

Die Basis für ganzheitlichen Erfolg ist unter anderem die Antwort auf die Frage – WARUM? Warum habe ich diesen tiefen inneren Wunsch Unternehmer zu sein? Ebenfalls spielt die persönliche Bereitschaft zur Weiterentwicklung eine wichtige Rolle.

Unternehmer zu sein, ist oft kein einfacher Weg. Bei uns war dieser Weg in schwierigen Zeiten gepflastert mit Zweifeln und Fragen, ob wir überhaupt im richtigen Business seien oder vielleicht doch lieber den bequemeren und sicheren Weg des Angestellten wählen sollten?

Vor allem dann, wenn Geldsorgen oder mangelnde Auftragslage wieder den Alltag dominierten und jegliche Kreativität blockierten. Kennen Sie das?

Die Zweifel waren aber schlussendlich auch der Motor dafür, uns auf den Weg nach der Suche unseres eigenen WARUM zu begeben. Warum taten wir uns das alles an? Warum wählten wir nicht den scheinbar bequemeren Weg?

Für Rudolf war immer schon klar, dass er sich niemals dauerhaft in ein Angestelltenverhältnis begeben würde. Bereits mit Mitte zwanzig machte er sich selbstständig. Aber sein Unternehmertum war zu dieser Zeit alles andere als eine permanente Erfolgsgeschichte. Nach über 12 Jahren voller Höhen und Tiefen musste er erkennen, dass er seinen wirklichen Platz noch nicht gefunden hatte.

Für ihn Bestand zwar kein Zweifel darin, dass seine Berufung die Selbstständigkeit war, nur die wirklich richtige Konstellation hatte sich für ihn noch nicht gezeigt. Der Entschluss, den elterlichen Betrieb fortzuführen und mit diesem zu expandieren, hatte sich aber als falsches Lebenskonzept herausgestellt und er war damit gescheitert.

Sein eigentliches WARUM als Unternehmer fand er schlussendlich, als er wirklich sein außerordentliches Talent erkannte, komplizierte Zusammenhänge und Verstrickungen in einem Unternehmen auf einfachste Weise so darzustellen, dass für den Inhaber sehr schnell nachhaltig Lösungen erkennbar wurden.

Seine eigenen persönlichen Erfahrungen, wie schnell man sich als Unternehmer in Engpässe verstricken kann, aus denen man nur schwerlich alleine wieder herausfindet, waren hierfür die besten Lehrmeister gewesen. Und im Nachhinein erkannte er den tieferen Sinn dieser scheinbar mit viel Lehrgeld, Blut, Schweiß und Tränen bezahlten wirklich harten Jahre.

Die Erkenntnis zu erlangen, dass diese bitteren Erfahrungen einen tieferen Sinn und Nutzen haben sollten, war ein längerer Prozess. Unter anderem auch deshalb, weil er sein einzigartiges Talent, als etwas Selbstverständliches erachtet hatte.

Erst als immer mehr Unternehmer um seinen Rat baten, darunter auch sehr erfolgreiche und namhafte, von denen er nie erwartet hätte, dass seine Erfahrung für sie einen Mehrwert bieten konnte, wurde ihm klar, was sein wirklicher Weg war: nämlich Unternehmer in Veränderungs- und Wachstumsprozessen zu unterstützen. Ein Bewusstsein für die wirklichen Ursachen ihrer Engpässe zu entwickeln und nachhaltige Lösungen zu erarbeiten.

Dieses hilft Unternehmern, sich nicht nur sich frühzeitig aus dem Hamsterrad zu befreien, bevor sie sich in eine verhängnisvolle Sackgasse manövrieren, sondern vor allem auch dabei, ihre Einzigartigkeit zu erkennen und diese zum maximalen Erfolg in ihrem Unternehmerleben einzusetzen.

Bei mir war es ganz anders gelagert. Ich war bis zu meinem 32. Lebensjahr im Angestelltenverhältnis und hatte viel Erfahrung im kaufmännischen und betriebswirtschaftlichen Bereich meiner Arbeit auf Geschäftsleitungsebene gesammelt, sowohl in mittelständischen kleineren Unternehmen, als auch in einem Unternehmen mit über 5000 Mitarbeitern.

Hier lernte ich mit Menschen, großen Zahlen, Zielen und Strategien umzugehen. Daraus aber eine Selbstständigkeit für mich abzuleiten, war mir zu der Zeit nicht in den Sinn gekommen. Zwei Dinge empfand ich persönlich dennoch immer als schmerzliche Lücken. Erstens, dass in dieser Unternehmerwelt, zumindest damals noch, wenig Platz für Dinge war, welche nicht mit dem rationalen Geist erfasst werden konnten. Zweitens kam ich mit den verschiedensten Führungskräften und vielen hochrangigen, namhaften Unternehmern in Kontakt - vermisste aber in diesen obersten Führungsebenen oft schmerzlich einen Führungsstil – der Führung mit Charisma und Menschlichkeit vereint hätte.

Und eine dritte Lücke tat sich langsam immer mehr auf, die mit beiden erstgenannten Lücken eng zusammenhing. Außerhalb meiner Arbeit faszinierten mich seit Jahren die Themen Psychologie, menschliches Verhalten und Persönlichkeitsentwicklung, und ich hatte selbst viel an mir gearbeitet um auch dorthin zu kommen, wo ich nun beruflich war.

Ich entschied mich sogar parallel zur nebenberuflichen Ausbildung zum Business Coach, psychologischen Berater sowie zum Image und Personality Coach. Ebenfalls beschäftigte ich mich viel mit Energie-Arbeit, wie Feng-Shui.

Und schlussendlich sollte danach auch noch ein, nebenberuflich aufgenommenes, akademisches Studium das Ganze abrunden. Unter anderem deswegen, weil ein Modul des Studiums *Change-Management* war, was mich brennend interessierte.

Von meinen privaten Aktivitäten, die ich Feierabends, an Wochenenden und in Urlauben praktizierte, erwähnte ich an meinem Arbeitsplatz jedoch nichts, um diesen durch mein „neues" Denken auch nicht zu gefährden. Bei der Arbeit gab ich also vor, ein anderer Mensch zu sein. Die rasende Feuerwehr, die sich auf Zahlen, Termine und Leistung konzentrierte. Ich war also abwechselnd in beiden Welten zuhause und fühlte mich in jeder wohl – in der Welt des materiellen Denkens und des Geldes und in der Welt meines Studiums und der Spiritualität.

Beides war in mir und je nachdem, wo ich war, zeigte ich die jeweilige notwendige Facette, denn es gab für mich damals keine Verbindung dieser beiden Welten, zumindest nicht dort wo ich war. Ich war also nicht authentisch und diese innerliche Spaltung zermürbte mich immer mehr.

Es war so ungefähr wie der Zwiespalt, gehört zu haben, dass die Welt vielleicht doch keine Scheibe, sondern eine Kugel ist – und dennoch durfte ich mich nicht als Anhänger dieser neuen Theorie zeigen.

In meiner Arbeit hätte ich niemals zugeben können, dass ich mich in der Freizeit unter anderem mit spirituellen Denkweisen beschäftige. Und in den Fortbildungen und Seminaren, die ich besuchte, merkte ich regelmäßig bereits schon in der Vorstellungsrunde, dass ich mit meinem beruflichen Hintergrund im Management eher die Außenseiterin war und viele sich die Frage stellten, was ich auf dem Seminar überhaupt wollte.

Erschrecken Sie bitte nicht, wenn wir hier das Wort spirituell und Spiritualität benutzt haben. Es hat in unserer Gesellschaft ja doch ein umstrittenes Image. Wir möchten hier das Wort Spiritualität nicht im Sinne von Esoterik oder Religion verstanden wissen. Spiritualität ist für uns die innere Kraft, die jeden Menschen leitet und antreibt, seine wahre Identität zu finden, zu erwachen und ein Bewusstsein für größere Zusammenhänge und seine Persönlichkeit zu entwickeln.

Unter Spiritualität verstehen wir auch die bewusste Entwicklung unseres Selbst - diese findet im Alltag statt und ist somit auch nichts, was außerhalb unserer wirtschaftlichen Welt stattfindet oder stattfinden sollte.

So gut es mir anfangs immer noch gelungen war, täglich den Schalter vom materiellen Denken zum spirituellen Denken umzulegen, so machte es mir im Laufe der Jahre immer mehr Mühe, da in mir das Gefühl entstand, einen Teil meines Selbst zu verleugnen. Außerdem entstand mehr und mehr das Gefühl, gegen viele meiner innersten Werte zu verstoßen, da viele unternehmerische Entscheidungen nicht so waren, wie ich mir das in meiner inzwischen ganzheitlich entwickelten Denkweise gewünscht hätte.

Viele Denkweisen konnte ich nicht mehr mit meinem Gewissen vereinbaren und es gab viele Entscheidungen, hinter denen ich nicht stand, die ich für falsch hielt, und ich dennoch ohnmächtig ausgesetzt war, diese zu akzeptieren. Obwohl ich in meiner Arbeit sehr geschätzt wurde und zufrieden hätte sein können, wusste ich genau, dass, wenn ich in Gedanken auf meiner Lebens-Zeitschiene einige Jahre nach vorne in die Zukunft blickte, ich dieses Leben auf Dauer nicht leben wollte, weil es mehr und mehr gegen meine eigene Wahrheit ging.

Ich hatte in meiner Laufbahn so viele Raster für mich entdeckt, die zu mir gehörten und die ich auch als essenziell erachtete – von Betriebswirtschaftslehre über die Wirtschaftspsychologie, Change Management, Quantenphysische Theorien, Energiearbeit, etc., aber ich sah in meinem derzeitigen Angestelltenverhältnis keinen Weg diese Raster in einer Ganzheitlichkeit einzusetzen.

Umso mehr sah ich es als meine Mission an, dass sich hier in der Welt des Unternehmertums etwas ändern müsste, damit die Unternehmer und ihre Firmen für eine neue Zeit gerüstet wären. Für mich war klar, dass man Materie und Spiritualität in dem oben genannten Sinne nicht trennen muss und auch nicht kann –

ganz im Gegenteil: Sie gehören fest zusammen und sollten somit auch Bestandteil eines jeden Unternehmens sein.

Und so reifte in mir mehr und mehr die Überzeugung, dass es meine Mission ist, dieses Bewusstsein in die Unternehmen zu tragen, und so habe ich schlussendlich mein WARUM gefunden. Mit diesem WARUM war dann auch klar, dass ich dies nur in der Form der Selbstständigkeit umsetzen konnte. Niemals als Angestellter.

Als ich mich damals entschied, mich aus einem sehr gut bezahlten und sicheren Angestelltenverhältnis in die Selbstständigkeit zu begeben, hielten mich alle für verrückt. Vielleicht war es das im Nachhinein gesehen auch, ohne sicheres Finanzpolster und ohne Auffangnetz. Oftmals ist es im Leben gut, nicht zu wissen, was alles auf einen zukommt, ansonsten würde man es von vorneherein nicht angehen. Aber Rudolf hatte das Unternehmer-Gen in sich, und ich wollte es entwickeln und endlich ein authentisches Leben in „Freiheit" führen.

Rudolf und ich warfen also vor vielen Jahren unsere Talente zusammen und gründeten unsere eigene Firma – *die Q8 Success & Living - Ganzheitliche Unternehmensberatung* - welche anders sein sollte als andere - denn wir waren und sind anders.

Wir wollen Betriebswirtschaftslehre, Wirtschaftspsychologie, Menschenführung, Persönlichkeitsentwicklung und schlussendlich auch den selbstverständlichen Umgang mit Energien und Mind-Power in die Unternehmen bringen – und das Bewusstsein, dass das eine das andere nicht ausschließt. Sicherlich waren wir mit dieser Kombination unserer Zeit um einiges voraus und wurden zu unseren Anfängen oftmals auch belächelt.

In dieser ganzen Zeit wurden wir von unserem Feng-Shui und Geomantie Großmeister Chong Swan Lek, der seit Jahren zu unserem Mentor geworden war, immer wieder ermutigt und inspiriert. *‚Business meets Energy'* war in Asien mit der Consultation eines Feng-Shui Meisters ein elementarer und völlig normaler Bestandteil des Alltags, auch dort, wo es nicht nur um

Millionen, sondern um Milliarden ging. Wir hatten das große Glück, dass unser Lehrer uns in viele seiner Beratungen mit eingebunden hatte, sowohl in der Finanz- oder Großindustrie, als auch in Regierungskreisen. Ansonsten hätten wir dies als Europäer vielleicht ebenfalls nicht geglaubt. Denn in Europa sind noch viele Dinge anders und nicht so selbstverständlich wie in anderen Teilen dieser Welt.

Großmeister Chong Swan Lek hatte uns immer wieder ermutigt, nicht aufzugeben. Er tat dies mit den Worten: *„Be patient – you are still young"* – übersetzt also: *„habt Geduld – Ihr seid noch jung und habt das Leben noch vor Euch"*. *„Your time will come"* – *„Eure Zeit wird kommen."* Er sollte Recht behalten.

Wir alle, die gesamte Menschheit, befindet sich jetzt an der Schwelle in ein neues Zeitalter – in ein neues Denken und ein neues Bewusstsein. Es wird höchste Zeit, diesem Denken und Bewusstsein auch unser Unternehmertum anzupassen – das verstehen wir unter anderem als unsere gemeinsame Vision.

Und wie bereits erwähnt, ist nach über 13 Jahren der Tätigkeit in der ganzheitlichen Unternehmensberatung zusätzlich die Idee der *Q8 - Integralen Unternehmer-Schule* entstanden, da viele Unternehmer, die wir in den letzten Jahren in Ihrem unternehmerischen und persönlichen Entwicklungsprozess begleitet hatten, gerne zusätzlich die Kraft einer Mastermind-Gruppe nutzen, um weiter zu wachsen und sich zu entwickeln.

Und so unterstützen wir inzwischen, je nach persönlicher Vorliebe, Unternehmer in deren wichtigen Entwicklungsschritten und Veränderungs-, und Wachstums-Prozessen entweder im Einzelcoaching oder in der Mastermind-Gruppe. Wir helfen den Unternehmern dabei ihre persönliche Einzigartigkeit zu entwickeln und diese in ihren Firmen gezielt und maximal umzusetzen, indem sie selbst zu den besten Strategie- und Coaching-Experten für das eigene Unternehmen werden.

Nachdem wir die letzten Jahre mit vielen Unternehmern und Führungskräften gearbeitet haben, können wir folgendes prognostizieren: Erfolgreiche Unternehmer und Manager des 21. Jahrhunderts werden auch spirituelle Führungskräfte sein.

Sie sind ganzheitliche Unternehmer und Manager, die eine ausgeprägte Intuition haben, auf dem Boden der Integrität vorgehen und ihre Visionen mit Leidenschaft und Empathie umsetzen. In ihrem Tun wirken sie ansteckend auf andere und wecken das Potenzial derer, mit denen sie zusammenarbeiten. Diese Unternehmer und Führungskräfte vermögen es, den Anstoß zu geben, unsere Welt nachhaltig zu verbessern.

Alle Menschen aufzuzählen, die uns auf unserem Wege inspiriert und begleitet haben, würde die Grenzen dieses Buches sprengen. Deshalb nennen wir nur Einige.

Als Erstes danken wir unserem väterlichen Mentor und Großmeister Chong Swan Lek, der es nun leider nicht mehr physisch erlebt hat, dass wir dieses Buch geschrieben haben.

Er hat unser Bewusstsein erweitert und uns mit seiner Erfahrung, Weitsicht und Weisheit eine neue Sichtweise für unser Leben gegeben und es komplett verändert. Die Begegnung mit ihm war ein Geschenk, das uns bis heute zutiefst berührt und für das wir unendlich dankbar sind.

Unser Dank gilt auch Herrn Prof. Dr. Manfred Winterheller, von dem wir in Vorträgen und Seminaren, vieles zum Thema Leadership lernen durften. Er war es auch, der uns nochmals zu einer neuen, einfachen und praktikablen Sichtweise zum Thema „Führen“ inspirierte.

Bei dem Thema Change-Management wurden wir sehr von John Kotter inspiriert und auch ihm gilt unser aufrichtiger Dank. John P. Kotter ist Professor für Führungsmanagement an der Harvard Business School und er ist besonders bekannt für seine Arbeiten im Bereich Veränderungsmanagement.

Er hat uns in unserem Denken bestätigt, dass komplexe und schwierige Themen nicht auch immer zwangsläufig eine komplexe Lösung benötigen, sondern dass der Weg einfach sein kann, wenn man für bestimmte Dinge im Unternehmen ein gewisses Bewusstsein entwickelt. Die Voraussetzung ist natürlich, dass man auch selbst bereit für eine Veränderung ist.

Das Thema Leadership und Change-Management wurde für uns optimal ergänzt, als wir mit dem Werte-System von Clare Graves in Berührung kamen. Dieses System und auch die Ideen von Ken Wilber haben uns nochmals einen weiteren ganzheitlichen und integralen Blick geöffnet. Dieser hilft uns heute immer wieder, in der Art und Weise wie man mit Menschen zusammenarbeitet und wie diese zu führen sind.

Das daraus entwickelte Spiral Dynamics Modell ist sozusagen neben all den anderen wichtigen Dingen, die wir im Leben gelernt haben, und die Teil unserer Arbeit geworden sind, das sogenannte Tüpfelchen auf dem i.

Last but not least danken wir unserem Verleger, Reto Stuber, dem Idee und Inhalt unseres Buches so gut gefiel, dass er uns spontan ein Angebot für eine Zusammenarbeit unterbreitete. Sein außergewöhnliches Engagement und seine Liebe zum Detail in der Arbeit mit seinem Verlag, Stuber Publishing, ist für uns von unschätzbarem Wert. Es ist wunderbar, mit so hoch professionellen Menschen zusammenarbeiten zu dürfen, welche zusätzlich denselben Spirit teilen. Über diese Zusammenarbeit freuen wir uns ganz besonders.

Unser Nachwort möchten wir beenden mit einem Zitat von Prof. Dr. Winterheller: *„Ein entschlossener Mensch ist immer die Mehrheit.“* Wir waren entschlossen und sind es nach wie vor.

Zeigen auch Sie in Ihrem Leben, dass Sie entschlossen sind, Ihr WARUM zu finden, zu leben und Ihre Ziele zu verfolgen, und Ihr Leben wird einen Quantensprung machen.

Wir hoffen, wir können Ihnen mit unserem Buch, welches wir in Form einer kleinen, spannenden und unterhaltsamen Geschichte erzählen wollten, Mut dazu machen.

Vielleicht möchten auch Sie mal wieder gedanklich auf Ihrer Lebenslinie einen Blick nach vorne in die Zukunft werfen und überprüfen, ob dieses Leben, welches Sie heute führen, auch das ist, welches Sie noch in fünf oder zehn Jahren führen möchten oder ob es Zeit wird, den Kurs zu ändern. Das Leben ist es wert, es ständig auf sein höchstes Potenzial auszurichten, und es ist niemals zu spät, etwas zu verändern!

Heute wäre ein perfekter Tag, damit zu beginnen.

Herzlichst Ihre

Ulrike Bleicher-Rapp & Rudolf Bleicher

Bonus für Sie als Leser

Sie sind Unternehmer und wollen den nächsten Quantensprung für sich und Ihr Unternehmen angehen?

Wir helfen Ihnen dabei, und zwar kostenlos:

Wir verlosen monatlich 3 Potenzialanalysen im Wert von € 1250.- inklusive einem persönlichen Telefoncoaching.

Die Analyse zeigt Ihnen detailliert Ihre größten Engpässe auf und gibt Ihnen eine Schritt-für-Schritt-Anleitung, wie Sie diese Engpässe auflösen und somit neues Wachstum für sich und Ihr Unternehmen ermöglichen.

Gehen Sie dazu bitte auf folgende Seite:

www.integrale-unternehmerschule.de/Buch

und bewerben Sie sich mit folgendem Gutschein Code: **TU889**

Sie erhalten dann umgehend eine Bestätigung Ihrer Bewerbung sowie das genaue Datum der nächsten Auslosung.

Q8 - Mastermind-Programm zum Buch

„Der TÜRKISE UNTERNEHMER“

Wie im Buch beschrieben, leiten wir ein Mastermind-Programm für Unternehmer, die einen Quantensprung in ihrem Unternehmerleben erreichen wollen.

Diese **8 Schritte** erwarten Sie in unserem **Q8 Mastermind-Programm:**

Schritt1: Erkennen Sie als allererstes Ihr volles Potenzial, was Sie am liebsten und am besten tun, und erarbeiten Sie daraus Ihre Einzigartigkeit!

Schritt 2: Setzen Sie Ihre Einzigartigkeit in Ihrer Firma so gezielt ein, dass es Ihnen in Ihrem Unternehmerleben den größtmöglichen Nutzen und dennoch Freiraum gibt.

Schritt 3: Verwandeln Sie das Führungsteam Ihrer Firma in ein einzigartiges, schlagkräftiges System, sodass jeder Mitarbeiter aufmerksam, verantwortungsvoll und einfallsreich handelt.

Schritt 4: Verwandeln Sie Ihr persönliches Zeitmanagement und erhöhen dabei ständig Ihre Produktivität und Rentabilität.

Schritt 5: Erkennen Sie die Kunden, denen Sie mit Ihrer Einzigartigkeit den größten Nutzen bringen können, und bei welchen für Sie folglich die größten Chancen liegen.

Schritt 6: Verwandeln Sie Ihre Marketing- und Verkaufsstrategien in eine für Ihre Firma einzigartige Lösung, und vergrößern Sie permanent den Vorsprung zu Ihrem Wettbewerb.

Schritt 7: Transformieren Sie innere und äußere Widerstände, die Ihrem Erfolg noch im Weg stehen. Lernen Sie, die freigesetzte Energie optimal einzusetzen.

Schritt 8: Machen Sie Ihr Unternehmen zu einer sich selbst entwickelnden Organisation. Verwandeln Sie Ihren Lebensstil und erhalten Sie eine höhere Lebensqualität dadurch, dass Sie Ihre

Lebenszeit qualitativ neu entdecken. Erkennen Sie die wahre Kraft des Augenblickes und wechseln Sie in folgende 5 proaktive SEINS-Zustände:

In Seiner Mitte sein: ...leben in einer ausgewogenen Balance aller Lebensbereiche, in der jeder Bereich den anderen unterstützt und stärkt.

Selbstbestimmt sein: ...in der Lage sein, alle Lebensbereiche selbst zu steuern.

Ausgerichtet sein: ...auf das konzentriert zu sein, was man am liebsten tut und am besten kann und dieses kontinuierlich ausbaut.

Entschieden sein: ...die besten Chancen und Gelegenheiten zielsicher erkennen und sich kraftvoll dafür zu entscheiden.

Angekommen sein: ... die eigene Einzigartigkeit entdecken und diese in Freude und Dankbarkeit leben.

Das Leben findet immer nur JETZT statt.
Schön für diejenigen, die dabei SEIN können.

Für:

...mehr Freiheit | ...mehr Einkommen|
...Raum für Selbstverwirklichung

Alle Informationen zu diesem Programm erhalten Sie hier:
http://www.integrale-Unternehmerschule.de

Quellennachweis

---

[1] Simon Sinek – Leadership Experte und Autor des Buches: „Start with why“ – Begründer des Konzepts „Golden circle“

[2] EKS – „Engpasskonzentrierte Strategie nach Mewes. „Mit Nischenstrategie zur Marktführerschaft. Beratungs-Handbuch für mittelständische Unternehmen“ von Wolfgang Mewes

[3] Alchimedus® Prinzip: - „Das Alchimedus-Prinzip. Die ganzheitliche Unternehmerstrategie“ v. Sascha Kugler

[4] Blue Ocean Strategie – „Der Blaue Ozean als Strategie. Wie man neue Märkte schafft, wo es keine Konkurrenz gibt“ von W. Chan Kim, Renée Mauborgne

[5] Clare Graves - Clare W. Graves (* 21. Dezember 1914 in New Richmond, Indiana; † 3. Januar 1986) war ein US-amerikanischer Professor für Psychologie und Begründer der Ebenentheorie der Persönlichkeitsentwicklung und des Werte-Systems nach Graves.

[6] Ken Wilber – Autor u.a. der Bücher: „Integrale Vision: Eine kurze Geschichte der integralen Spiritualität“ und „Wege zum Selbst: Östliche und westliche Ansätze zu persönlichem Wachstum“

[7] Spiral Dynamics – „Spiral Dynamics - Leadership, Werte und Wandel: Eine Landkarte für das Business, Politik und Gesellschaft im 21. Jahrhundert“ von Don Beck und Christopher Cowan

[8] Chong Swan Lek – Feng-Shui Grossmeister der 4. Generation aus Singapur – einer der berühmtesten und bekanntesten Geomancer in Südostasien (†2008) – nahm die Autoren Rudolf Bleicher und Ulrike Bleicher-Rapp als seine Schüler an und bildete diese über viele Jahre aus.

[9] Radionik – „RADIONIK im 21. Jahrhundert: Unser (Un-)Bewusstsein, die Brücke zum positiven Lebens-Erfolg" von Axel Werbach

[10] Rupert Sheldrake – „Das schöpferische Universum: Die Theorie des Morphogenetischen Feldes"

[11] Aura-Soma Farbsystem: www.asiact.org

[12] Vicky Wall – „Aura-Soma: Das Wunder der Farbheilung und die Geschichte eines Lebens"

36406429R00162

Printed in Poland
by Amazon Fulfillment
Poland Sp. z o.o., Wrocław